幼狮工程

U1075134

农村幼儿园
设备配置与使用指南

编委会主任◎倪道潜
委　　员◎陆岳新　陈峥嵘　沈九林　赵桂丽
　　　　　尹坚勤　谭海波　陈国强　张　晖
执行主编◎尹坚勤　陆岳新　陈国强

江苏省教科院幼教与特教研究所　编著

江苏教育出版社

图书在版编目（CIP）数据

农村幼儿园设备配置与使用指南 / 江苏省教科院幼教特教研究所著. — 南京 ：江苏教育出版社，2012.6
(幼狮工程)
ISBN 978-7-5499-2057-0

I. ①农… II. ①江… III. ①农村－幼儿园－教具－指南 IV. ①G614-62

中国版本图书馆 CIP 数据核字(2012)第 138868 号

幼狮工程

书　名	农村幼儿园设备配置与使用指南
编　著	江苏省教科院幼教与特教研究所
责任编辑	李一民
出版发行	凤凰出版传媒集团 凤凰出版传媒股份有限公司 江苏教育出版社(南京市湖南路 1 号 A 楼　邮编 210009)
苏教网址	http://www.1088.com.cn
集团网址	凤凰出版传媒网 http://www.ppm.cn
照　排	南京紫藤制版印务中心
印　刷	常熟市华通印刷有限公司(电话:0512-52391383)
厂　址	常熟市虞山高新园阳光大道 28 号
开　本	787 毫米×1092 毫米　1/16
印　张	18.25
字　数	260 000
版　次	2012 年 7 月第 1 版　2012 年 7 月第 1 次印刷
书　号	ISBN 978-7-5499-2057-0
定　价	50.00 元
邮购电话	025-85406265，85400774，短信 02585420909
E－mail	jsep@vip.163.com
盗版举报	025-83658837

序

人生百年，立于幼学。学前教育作为基础教育的起始环节，在国民教育体系中居于基础性和奠基性地位，是十分重要的社会公益事业和民生工程。它不仅对个体一生发展具有特殊的重要意义，更加关乎一个国家的国民整体素质，对国家经济社会长远发展和国际竞争力提高具有重大战略意义。

近年来，党中央和国务院高度重视学前教育发展，党的十七大报告首次在党的纲领性文件中明确指出要“重视学前教育”。党中央国务院2010年7月颁布的《国家中长期教育改革和发展规划纲要》设立“学前教育”专章专条，突出强调了加快发展学前教育的方针、原则和重点、措施，进一步强化了学前教育的战略地位与发展机制。国务院于2010年11月21日颁布了《关于当前发展学前教育的若干意见》，出台了加快发展学前教育的一系列重大政策措施。江苏省委、省政府也十分重视学前教育尤其是农村学前教育的发展，从全局和战略的高度，切实把发展学前教育作为构建终身教育体系、实施民生幸福工程的重要内容，作为江苏推进教育现代化的重点工作，加大统筹力度，强化政府责任，增加教育投入，先后规划部署学前教育五年行动计划和改革发展示范区建设等重大举措，推动学前教育健康、持续、优质、协调发展。目前，我省共有幼儿园4257所，在园幼儿217.5万人，全省学前三年幼儿入园率达95.6%，已经普及学前三年教育。但我们也清醒地认识到，总体上看，学前教育仍是我省整个教育中最薄弱的一个环节，城乡之间、区域之间、园际之间发展不够均衡，尤其是农村学前教育显得更为薄弱。

江苏省在加快发展农村学前教育方面，采取了一系列重大措施，取得了显著的成效。特别值得一提的是，我省从2008年至2010年实施了“农村合格幼儿园建设工程”。两年期间，省财政安排2亿元专项资金，地方各级政府投入11.1亿元，用于改善农村幼儿园的场地和园舍条件，免费配送标准的保教设备设施，共完成了56个县(市、区)的980所公办乡镇中心幼儿园的办园条件改造任务，建成了合格幼儿园，直接惠及近25万名农村儿童。为巩固和提高合格园建设工程成果，充分发挥保教设备设施的使用和管理效益，江苏省教育厅于2010年用了近半年的时间，安排专项经费，组织高水平幼儿教育专家和学者，分批对4000多位园长、教师、保健员和电教管理员等各类人员进行免费培训。这次培训以发挥农村合格园建设工程保教设备育人功效、提高项目幼儿园保教水平为主线，以保教设备管理和使用的基本知识、基本技能为重点，切实提高保教设备的管理和使用水平，促使参加培训的园长、教师树立先进的学前教育理念，增强相应的保教工作技能，全面提升我省农村幼儿园的保教质量和办园水平。

这本书就是在借鉴参考“农村合格园建设工程”园长和教师培训讲义的基础上，根据当前农村幼儿园的实际，结合学前教育现代化发展的需要，委托江苏省教科院幼教与特教研究所组织省内知名幼教专家精心编写的，旨在为农村幼儿园提供一套园所环境创设、保教活动开展、卫生保健等方面的科学化规范标准、示范案例和管理制度，为农村幼儿园园长和教师提供一本日常保教活动需要的教学常规和设备使用的基本知识与操作技能。本书集理论性与指导性于一体，更兼操作性和工具性的特点，是一本直接提高农村幼儿园保教质量和水平的培训教材，也是一本快速为农村幼儿教师提升保教素养和能力的操作指南。我相信，本书的编辑出版，一定会为当前加快发展学前教育事业、普遍提高农村幼儿园的保教质量发一份光，添一份力，作出一份贡献；也相信广大农村幼儿园的园长和老师们会喜欢这本书，从中汲取知识和力量，共同推动学前教育的又好又快发展。

是为序。

江苏省教育厅副厅长：

2012年4月28日

目　录

第一章

农村幼教事业发展与乡镇中心幼儿园地位

第一节　乡镇中心幼儿园的地位和作用

我国是一个典型的具有城乡二元结构特征的农业大国，目前，农村人口6.74亿，占全国总人口的50.32%，农业、农村、农民问题是影响和决定我国现代化建设与发展的重大问题。农村教育作为整个教育的重中之重，在经济和社会发展中具有特别重要而突出的地位和作用。

农村学前教育是农村教育的重要组成部分，具有基础性和战略性的重要地位，是发展农村教育的基石。改革开放30多年来，我国农村学前教育走过曲折而艰难的历程，进入了稳定而健康的发展阶段，东部发达地区基本建成了具有较高普及水平、方便农村适龄儿童入园、有基本办园条件和质量保障的农村学前教育体系，中西部地区也有长足的发展。当前农村学前教育发展中，乡镇中心幼儿园具有突出的重要地位，起着核心主体作用。乡镇中心幼儿园既要承担满足周围群众就近入园，高质量办好本园的主要任务，又要承担发展全乡镇学前教育，扩大幼教资源的重要任务；既要在引领办园理念、建设师资队伍、提高保教质量等方面起示范辐射作用，又要在统筹全乡镇学前教育资源、优化师资配置、开展教学科研等方面提供服务与指导。

为此，有必要深入开展农村乡镇中心幼儿园地位和作用的研究，促进乡镇中心幼儿园的规范布局、科学管理和有序发展。

一、乡镇中心幼儿园的地位

（一）乡镇中心幼儿园的地位

1. 基本含义

乡镇中心幼儿园，顾名思义，就是以乡镇为单位，以中心幼儿园为坐标原点，在全乡镇范围内的幼教机构中起主导核心作用的幼儿园。其影响辐射全乡镇幼儿园、学前班、村办班，在乡镇幼儿园中占有举足轻重的地位。

2. 中心地位

乡镇中心幼儿园是农村幼儿教育的主导与主体力量，是开展农村幼儿教育的主阵地，承载农村幼儿教育重任的脊梁，处于乡镇农村幼儿教育的中心地位。其保教质量的高低直接关系到广大农村儿童的身心健康与全面和谐发展，关系到未来国民素质的提高。

（二）乡镇中心幼儿园在农村幼儿教育中的优势

乡镇中心幼儿园的中心地位决定着它在农村幼儿园中的优势，具体体现在师资力量、物质条件、社区资源等方面。

1. 师资力量的优势

从现实的情况看，目前，我国乡镇中心幼儿园的园长、教师，有相当一部分是受过专业培训的公办教师，即使是民办教师或者合同教师，也有不少人经过自学考试等途径取得了大中专及以上学历。相对于农村村办幼儿园，乡镇中心园的园长、教师了解幼教信息的渠道广，参与外出观摩学习与培训的机会较多，所获取的教育理念比较新，研究反思实践的机会多，专业技能水平也高。所以，乡镇中心幼儿园的师资力量，占有素质上的优势和班级教师配备职数上的优势。这种师资力量的优势，是乡镇中心幼儿园中心地位确立的关键。

2. 物质条件的优势

乡镇中心幼儿园是农村幼教财力、物力资源的集中地。随着社会经济的发展，农村社会与家庭对幼儿教育质量的要求越来越高，各级政府及教育行政部门也更加重视幼儿教育。例如江苏省“一个乡镇办好一所中心幼儿园”的农村幼教政策，为农村乡镇中心幼儿园的发展提供了机遇，创造了条件，注入了活力。各乡镇中心幼儿园，大多都建造了安全、坚固、实用的园舍，有符合要求的幼儿班级活动室、各类专用活动室及幼儿生活用房；有适应幼儿游戏、活动、生活需要的室外场地；配置了符合教育和幼儿发展要求的用品、玩具、设施等。与村办幼儿园相比，房舍、场地、设备设施，这些物质条件的优势，是乡镇中心幼儿园中心地位稳固的基础。

3. 社区资源的优势

乡镇是农村政治、经济、文化中心，是乡镇政府机关、学校、企业所在地。首先，相对于村办园，位于乡镇中心地理位置的乡镇中心幼儿园，有着良好的政治、经济、文化环境，使得幼儿园职工视野宽、见识广，获取新知识的渠道也多，能不断地丰富和充实自己；其次，乡镇企事业单位和单位职工，对幼儿教育的认同度高，对为幼儿园办事、为幼儿出力，也能持积极友好的态度，给予帮助和扶持；再次，乡镇自己独特的地方资源和人文景观，也是幼儿发展的宝贵资源。因此，社区资源的优势，是乡镇中心幼儿园中心地位发展的条件。

二、乡镇中心幼儿园的作用

乡镇中心幼儿园是我国幼教行政管理体系中最基本的单位，是农村幼儿教育的主阵地。作为乡镇幼儿教育排头兵的乡镇中心幼儿园，是全乡镇教育资源最为丰富、职工队伍最为优秀、物质条件最为优越的幼儿园，在园务管理、教育活动、教育研究等方面应处处给全乡镇各幼儿园起示范辐射作用。作为处于全乡镇幼儿教育中心地位的乡镇中心幼儿园，应利用其得天独厚的各种优势，在贯彻教育方针、传递新的教育信息、搭建竞争发展平台、实践新的教育理念等方面给全乡镇各幼儿园起骨干引领作用。作为乡镇幼儿教育主阵地的乡镇中心幼儿园，应发挥主观能动性，在提高教育教学质量、规范各种教育行为、建设高素质师资队伍、整合各类教育资源等方面起组织管理作用。

（一）乡镇中心幼儿园的示范辐射作用

乡镇幼儿教育教学水平与管理水平怎样，很大程度上是看中心幼儿园做得如何，乡镇中心幼儿园质量的高低直接影响着全镇幼儿教育质量的高低。所以，要充分发挥中心幼儿园的示范辐射作用，以点带面、以中心辐射全乡镇。中心幼儿园示范的内容是很广的，包括幼儿园工作的各个方面。

1. 规范管理的示范

中心幼儿园的管理应该站在全乡镇幼儿教育的高度，规范自身幼儿园的管理，建立一整套切实可行的管理制度，不断加强管理创新。同时，将本园的管理经验，有效地辐射到其他的村办园，指导村办园的管理工作。

2. 保教活动的示范

村级幼儿园教师组织的教育活动，有相当一部分还承袭着传统的小学教学模式，教师讲，孩子听，所缺的是新型的教育教学组织形式。所以，中心幼儿园要高度重视教育活动的示范，通过实践展示，改变部分农村幼儿园小学化的现象。示范的形式可以有：（1）公开示范教育教学活动。每学期1~2次向村办园及周边幼儿园公开示范教育教学活动；（2）送教下乡。每学期组织1~2次的中心幼儿园骨干教师到各村办园示范教学活动；（3）样板示范。比如环境布置、园地种植等，通过这种现场示范，让村办园教师观摩、思考，形成自己的思想。通过这些示范，不仅使村办幼儿园教师从教育教学活动上借鉴到新的模式，而且也让教师们开阔视野，引起思考，理论上也得到提升。

3. 教育科研的示范

教育科研能给幼儿园发展注入源源不断的活水，能促进幼儿教师的专业化发展。农村有着丰富的乡土资源。作为乡镇中心幼儿园，应该根据本园实际和教师素质现状，充分发掘本土资源，加强教育科研。同时，从实际入手，以成果示人，带动全乡镇幼儿园走科研兴教、科研兴园之路。

（二）对全乡镇幼儿园的骨干引领作用

骨干起领头、起轴承的作用。乡镇中心幼儿园是全乡镇的骨干幼儿园，乡镇中心幼儿园的骨干教师，是幼儿园的宝贵财富，是乡村幼教这片蓝天下的领头雁。乡镇中心幼儿园要加强自身建设，发挥中心园的骨干作用；加强教师队伍建设，发挥骨干教师领头雁的引领作用，促进乡镇幼儿教育在正确的方向、快速的轨道上前行。

1. 理念引领

随着社会的进步，幼儿教育越来越受到人们的重视。但是，一般人特别是乡村幼儿家长，对幼儿教育规律的认识还是很肤浅甚至是错误的，不少乡村幼儿园为了顺从家长意愿，教认字、学拼音、读英语，这是严重违背幼儿身心发展规律和教育规律的。以牺牲幼儿的快乐童年和身心健康发展作代价，换取一点幼儿时期并不需要的知识，这是一种短视的行为，是一种教育的犯罪。所以，乡镇中心幼儿园要通过政治业务学习、教育教学、问题研讨等各种活动进行引领，向外准确地传达幼儿教育政策法规，介绍幼儿发展和教育规律，传递幼教改革新的举措，交流幼儿教育新的动态，确保村办园发展的正确方向。

2. 专业引领

乡镇中心幼儿园要进行积极科学的引导，充分发挥骨干教师的言传身教作用，通过各种活动，使全乡镇教师知道该怎么做、怎么才能做好，借“中心”教师之力，在中心幼儿园与村办幼儿园之间架起友谊的桥梁，引领村办园教师踩着“师傅”的肩膀，加速专业成长，在实践中不断走向成熟。

3. 发展引领

幼儿园的发展，幼儿教师素质上的提高，离不开教职工们比学赶超、勇于竞争的意识。所以，乡镇中心幼儿园应利用各种手段，通过骨干们的引领，营造你追我赶、求实创新的积极氛围。这样，农村幼儿园就可以保持可持续发展，就会有源源不断的活水流进来，永远充满生机和活力。

（三）对全乡镇幼儿园的管理指导作用

随着乡镇教育管理机构的改革，现在的乡镇中心幼儿园，基本都兼有对全乡镇村办幼儿园的管理督察职能。其管理督察作用如何发挥？一是加强园长管理，定期召开园长管理工作会议，使各园之间相互取长补短，共同提高；二是充分发挥村办园园长们的主观能动作用，帮助她们出主意、想办法，使各幼儿园的工作既有共性，又有个性，不断向前发展；三是对全镇村办幼儿园的开学工作、教育教学、幼儿活动、教育科研、工作常规环节、教师业务培训等进行管理、检查与指导。

（四）对全乡镇幼儿园的统筹协调作用

一是组织全乡镇幼儿教育工作年度计划的制订；二是经常组织开展全乡镇幼儿园教师的学习、教育科研、课题研究等活动；三是对全乡镇幼儿园的教育资源进行调配使用，发挥最大效益；四是对全乡镇幼儿园活动进行组织，对上级主管部门通知的各种培训学习在各园之间进行协调，落实人员，并督促按时参加；五是特殊情况下，在幼儿园间调拨使用人员，保证中心幼儿园和村办园工作的正常开展。

三、乡镇中心幼儿园的基本职能

乡镇中心幼儿园的地位、作用，决定了它所肩负的责任及所要完成的任务。乡镇中心幼儿园是宣传党的教育方针、贯彻幼教政策法规、传递新的幼教信息、实践新的教育理念、引领村办幼儿园及全体教师不断走向规范发展的重要中介和桥梁。乡镇中心幼儿园的任务主要体现在以下几方面：

（一）把握乡镇幼儿教育的办园方向，实现幼儿教育管理的规范化、科学化

作为乡镇幼儿教育的管理指导者，首先，乡镇中心幼儿园要非常理性地把握乡镇幼儿教育的办园方向，始终坚持用幼儿教育的政策法规来统领全局，要以全镇幼儿教育的长远发展为要务，严禁幼儿园教育的小学化、成人化倾向；其次是要制订各种切实可行的制度，通过制度来规范管理；三是编制规划。规划是龙头，是教育思想的细化，也是各幼儿园开展工作、制订计划的蓝图和目标，所以，要力求编制全面、科学、操作性强的发展规划，以指导乡镇幼儿教育工作。要避免教育上的短视行为，不为社会上某些不正确的观点所左右，不能出现违背教育规律、背离幼儿身心发展特点的现象，一切管理工作必须有利于促进幼儿身心的健康发展。

（二）加强自身建设，外树形象，内强素质，发挥乡镇中心园的示范作用

乡镇中心幼儿园的中心地位既是政府确定的，更是人心所秤量的。镇中心幼儿园要使自己产生真正“使人信服的威望和力量”，必须塑造良好的自身形象，具备过硬的内功，建立一支凝聚力强、拉得出、打得响的师资队伍，才能确立自己的权威性，真正领跑乡镇幼儿教育；做遵守教育法规、遵循教育规律的模范，做苦练内功、钻研业务的模范，做恪守师德、富于爱心的模范，促进幼儿身心的全面健康和谐发展。要杜绝中心幼儿园利用行政手段来确立自己的“霸主”地位，长官意识、行政命令是行不通的。

（三）履行对村办园的组织管理职能，提高村办园的办园水平和教师业务素质

中心幼儿园应该充分发挥自身优势，努力提高村办园的办园水平和教师的业务素质。首先，中心幼儿园要帮助教师搭建发展的平台，充分发挥骨干教师的引领作用，开展各种形式的活动（教育教学、教研科研等），搭台

子，引路子，借脑子，引领村办幼儿园教师的专业成长。同时，这也为本园骨干教师们提供了实践锻炼的机会，让她们在实践中更加丰满和成熟。其次，以各种活动为载体，形成有序竞争、合作发展的氛围，相互取长补短，让每一位教师通过活动都能获得发展。第三，协调各方关系、帮助解决问题。在工作的过程中，村办园总会遇到各种各样的问题，乡镇中心幼儿园要及时靠上去，协调好各方面的关系和矛盾，能够自己解决的自己解决，不能自己解决的积极向上级相关部门汇报，争取上级的支持和帮助。第四，充分挖掘中心园与村办园沟通的渠道，综合园本再生资源，整合异地教育资源，实现资源共享，达到资源利用的最大化。同时，要避免固步自封、不思进取、轻视村办园等现象，否则，将会影响全乡镇幼儿教育的发展，影响中心幼儿园中心地位的确立和中心作用的发挥，影响教师的专业成长。

（四）整合教育资源，做好家长工作

1. 挖掘幼儿园资源，向家长宣传教育方针政策，宣传新的教育理念

现在的幼儿园孩子，绝大多数是独生子女，家长对孩子的期望值比较高，对孩子的早期教育也越来越重视。但由于受家长自身教育素养和教育观念的影响，受隔代教育溺爱、放任等现象的制约，家园之间在教育方法上大相径庭。所以，中心幼儿园应该充分挖掘幼儿园的文化环境资源、教师的人力资源及家长资源等，以分片召开家长会等形式，组织家长聆听优秀家长谈家庭教育，阅读介绍育儿经验的好文章，向家长展现教育新理念，介绍幼儿教育的科学知识，实现家长对幼儿园教育在思想上的认同。农村幼儿园应成为社会主义新农村物质与文明建设的宣传阵地。

2. 采取有效措施，开展家园互动，提高家庭教育的实效性

孩子是纽带，将幼儿园与幼儿家庭联系在一起。为了“让幼儿健康成长”这个共同的目标，幼儿园与家庭是有共同语言的。中心幼儿园应发挥自身社区资源方面的优势，整合社区中的人文资源、物质资源、环境资源、幼儿园资源、家长资源等等，开展各种形式的互动，服务于幼儿教育。家园互动的形式是多种多样的，如家长会、家长开放日、家园联系册（条）、亲子运动会、亲子文艺表演活动、家长服务日、家园小制作等。总之，通过家园互动，引导家长掌握科学育儿的方法和技巧，实现家园教育的联动，提高家庭教育的科学性、实效性。

第二节　乡镇中心幼儿园园长

农村乡镇中心幼儿园园长和教师如何把握机遇，用足用好资源，积极改善农村幼儿园的办园条件和办园质量，切实让幼儿获得发展，是办好农村乡镇中心幼儿园的关键。

一、农村乡镇中心幼儿园园长

（一）农村乡镇中心幼儿园园长的角色

乡镇中心幼儿园园长是指在农村乡镇中心幼儿园这个特定团体中，具有领导身份和地位的人，是实现领导职能、办好农村乡镇中心幼儿园、引领教师健康发展的关键角色。了解乡镇中心幼儿园园长的功能，有利于增强乡镇中心幼儿园园长自身的角色意识，发挥角色的正确功能。

1. 园长是园所发展的决策者

园长是幼儿园行政工作的最高领导者。农村乡镇中心幼儿园目标的实现，是以园长为首的领导集体，通过计划、组织、指挥、协调、控制等活动去达到的。园长是办好农村乡镇中心幼儿园的中心人物，园长的决策能力决定和影响着园所的发展方向与水平。

案例：某中心幼儿园的院子里有3块天然的土质活动场地，但当时的园长看到九格砖显得干净整齐，便改土质地为九格砖地。该园因此获得镇政府颁发的“环境建设显著进步奖”。该园长退休后，继任的园长为扩大人均活动面积，修建了一个柏油场地，但只要孩子们跌倒后皮肤擦伤就很严重，家长们的意见很大。不久，继任园长筹集资金将柏油场地改成塑胶场地，还修建了30米长的跑道，幼儿园当年被评为一级园所。第三任园长因有关专家和媒体说塑胶场质地柔软，缺乏一定的硬度，婴幼儿长期在塑胶场地上活动，会影响骨骼的正常生长，于是拆除一部分塑胶场地改为绿草地，以实现绿地面积达到场地总面积40%的任期目标。几年间，幼儿园投入了大量的人力、物力、财力和时间，幼儿的活动场地几易面貌，幼儿园也获得了一定的荣誉。然而，孩子从中又得到了什么？

案例中不断翻修场地，呈现的是3位园长在制订和落实任期目标的过程中，缺乏统筹考虑和系统安排，缺乏管理的科学性。案例中的幼儿园可以根据实际情况划分一定区域，铺上塑胶跑道，确保幼儿的活动安全；适当保留部分有一定硬度的场地，以满足幼儿充分活动、骨骼正常生长发育的需要。园长应抱着科学的发展观，采取实事求是的态度，花较少的钱办更多的实事，切不可搞形式主义、劳民伤财的“泡沫工程”，尤其应当杜绝盲目创“一流”等急功近利的做法。

农村乡镇中心幼儿园作为农村幼儿园的领头羊，园长是第一责任人，园长自身的状况和特点，与外部对象关系的认识和评价，会在幼儿园管理及决策中有不同的行为表现。如有的幼儿园园长充当着消防队员的角色，哪里起火就到哪里去灭火——有人来参观了，园长忙于接待参观；上级来检查了，园长迎接检查；门窗坏了，园长到处找人维修……园长就是这样疲于应付，无心去思考园所发展。这样的园所发展一定缺乏后劲。

园长的决策主要是幼儿园发展的战略决策，而非程序决策。一所农村乡镇中心幼儿园能否进入良好的发展轨道，园长是关键。就乡镇中心幼儿园的特色建设来说，这就需要园长做出合理、科学的决策。园长应当明确：特色是体现一所幼儿园独特的风貌，支撑幼儿园可持续发展的关键。园长应带头学习、领会《幼儿园教育指导纲要》（以下简称《纲要》）精神，客观地分析、总结、挖掘本园的办园优势和区域特点，明确地提出园所短期、中期、长期发展优势、打造特色的规划。如某农村幼儿园周边有丰富的农作物资源，棉花、麦秆等材料唾手可得，可以用于美工装饰，让幼儿在做做玩玩中获得发展。于是，该园园长和教师、专家在共同探讨后决定，以“充分开发利用农作物资源，发展幼儿的动手能力”为课题，积极探索幼儿园的教育发展优势，并在环境和教育实践中予以呈现，不断形成和体现园所的办园优势。可见，乡镇中心幼儿园园长应科学决策幼儿园的发展方向，切实改变幼儿园简单地迎合市场需要，以“读、写、算”为主的“小学化”倾向，引领幼儿园走上科学规范、健康快速的发展之路。

楼梯道的利用——快乐小屋

乡土资源利用——棕香人家

2. 园长是教师成长的指导者

案例：户外活动时，王老师带着孩子们到户外玩崭新的大型玩具。淘气的东东高兴地从滑梯的正面向上爬，王老师看见了，觉得这样既影响了其他幼儿滑滑梯，又容易发生意外事故，于是提醒他不能这样玩……可是当王老师照顾其他幼儿的时候，东东又从正面往上爬。王老师只有请东东站在自己的身边进行反省。园长看到了对王老师说："快让孩子玩新器械呀！不能体罚孩子的。"王老师不知该如何是好。

著名教育家苏霍姆林斯基说过："如果你想成为一个好校长，那你首先就得努力成为一个好教师"，"成为一个有威信、博学多识的教师的教师"。园长应成为教师的指导者——教师的教师，这不仅是行政意义上的指导，更是对教师教育工作的具体指导。在案例中园长没有弄清体罚和惩罚的界限，王老师对孩子实行的是惩罚而不是体罚。园长在没有做调查的情况下，看到东东站在王老师身边就认为是体罚，将教师的行为"上纲上线"，使教师感到手足无措。园长作为指导者，把握自身角色的过程，就是处理与内在自我、与外在教育现实以及与教师关系的过程。农村乡镇中心幼儿园园长应该从以下几方面把握指导者的角色：

第一，坚持"以教师发展为本"的理念。

案例：某乡镇中心幼儿园开展"游戏环境创设"评比活动，王老师对园长说："听我同学说，她们幼儿园游戏开展得非常丰富，能不能让我们去参观……"李老师说："我看到《幼儿园区角环境创设》一书非常好，给我们买几本吧，让我们学习学习……"可园长脸一黑说："你们整天就要出去参观啊、学习啊！就是不爱自己动脑筋，你们都出去了，谁来带班？你们的责任就是带好班，用现成的材料做环境吧！以后有机会我再考虑……"园长的几句话，让不少老师积极性受损，大家觉得评比活动只是走走形式！

这位园长家长式的管理使得教师处在从属地位，被动接受管理和指导，这样难以让教师感受到“幼儿园是我们大家的”，难以树立“幼儿园发展我发展，我为幼儿园争光荣”的意识。园长应针对农村幼儿园教师少、流动性大的现状，把自己视为幼儿园的一份子，去思考自己在农村乡镇中心幼儿园发展中的地位和作用。如一所乡镇中心幼儿园坚持“以教师发展为本”的理念，开展 “XX大舞台，有你有我更精彩”主题活动，把“幼儿园是我的”转变为“幼儿园是我们大家的”、“我是幼儿园的”，积极发挥全体教职工的聪明才智，以此推动了该园的发展。

第二，关注教师教育技能的提升。上述案例中，王老师在对东东进行教育时，一直比较被动，惩罚也是“无奈之举”，说明王老师应不断更新教育观念、改进教育方法，应当采用积极主动的方式对幼儿进行有针对性的教育。在大型运动器械投入使用时，园长应引导教师首先熟悉其功能与玩法，可以建议教师和幼儿共同商量、制订规则，帮助孩子理解和把握规则，养成遵守规则的好习惯；也可以建议教师，让孩子通过角色的扮演理解和掌握玩器械的规则和方法。园长作为指导者，要适时地通过行为，帮助教师树立正确的教育观、儿童观，引领教师专业能力的提升。幼儿园正常有序的运转离不开各部门工作的正常开展，因此乡镇中心幼儿园园长要注重对各部门工作的指导，尤其要加强对教师组织一日活动的指导。在指导的过程中要善于发现问题，并想办法解决问题。如：一日活动作息时间是否合理？在执行过程中出现了什么问题？一日活动中哪些环节还需要优化？如何解决等。在检查的过程中注意，保证幼儿每天参与游戏的时间不得少于两小时。园长通过多检查、多思考，把握好对教师指导的方法，从而保证各班组、幼儿园各项工作的正常开展。再如，指导教师学会使用教育资源。乡镇中心幼儿园园长可通过专题培训，组织教师倾听专家介绍、相互交流等，帮助教师了解配备的各类教育教学设施设备的正确使用方法，挖掘其教育价值。比如对教师进行“小型户外玩具器材”的专项培训，让教师了解体操圈等器械的玩法，让教师在玩一玩、想一想、说一说中，知道体操圈可以用来做器械操，可以用来穿、滚、走、套、转、跳、钻、顶等。这样就能生动、具体地指导教师掌握户外玩具器材的玩法，提高教师合理使用教育设施、把握教育活动的能力。

第三，注重指导的方法和策略。乡镇中心幼儿园园长在对教师指导的过程中，可以采取“讲、看、练、查、研”等方法对教师进行指导。“讲”，就是以《幼儿园工作规程》（以下简称《规程》）和《纲要》为指导，对幼儿园的任务、保育教育的内容、活动组织的原则等方面进行认真的讲解，可以请专家辅导，让教师自己讲心得，通过多“讲”，夯实教师的理论基础。“练”，就是开展练基本功的活动，如舞蹈、绘画、弹唱、手工制作、普通话、计划制订等，通过“练”提高教师的专业技能。“查”，就是注重对教师工作的检查，了解教师将理论转换为教育实践的情况，通过“查”，发现教师的工作成绩和不足之处，对教师的成绩要予以表扬，对教师的不足要通过委婉的方式批评，激发教师工作的积极性。“研”，就是充分发挥教研小组的作用，将“查”到的问题作为学习研讨的课题，不断解决发现的问题，提高教师的业务能力。对教师的评价，以肯定和鼓励为主，赏识教师创新的做法，只要教师去做了，无论做的程度如何，园长都可以先给予鼓励和肯定，然后再进行引导。比如在活动区活动中，开始教师虽然都能努力地去创设环境，认真地去组织活动，但在材料的提供上，在活动的指导上，教师的目标意识还不强，对孩子的指导不到位，活动未能达到预期的效果。在评价活动时，园长可先表扬教师能够创设良好的区域环境，然后再提出问题，帮助教师分析原因，大家达成共识后再进行调整。

园长对教师行为的支持是最好的指导方法。园长应努力创造机会让教师走出去，多接触外界的信息，丰富教师的感性认识……园长要支持、鼓励教师勇于尝试，不断地获取经验，获得成功和自我完善。教师在工作中，有不断发展、完善自我的需求，因此他们会尝试一些新的教学方法和手段，在这些尝试过程中，他们也许会因失败而倍感挫折，园长应适时地引导教师从失败中获取有益的经验。园长还应随时观察和了解教师的需要，做到有的放矢地予以帮助和点拨，引领教师实现专业成长。

3. 园长是幼儿健康成长的责任者

乡镇中心幼儿园的建设受到了各级政府的大力关心、支持和帮助。不少地区的政府为农村乡镇中心幼儿园配送了基本的、必备的、质量较高的保教设施设备，以及对幼儿园园舍场地进行改造。园长要充分了解每一项设备设施的功能，适当、合理地进行运用，以充分发挥良好硬件设施的功能，达到促进幼儿健康成长之目的。

为班级配备的玩具柜和建构类、角色游戏类的玩具要布置在各个活动区，为幼儿提供必要的时间和空间对玩具进行操作，让幼儿在快乐的游戏、操作、探索中动手、动脑。如果园长仅将所配备的设备作为摆设或者作为验收时的工具，这与加速发展乡镇中心幼儿园的初衷是违背的，也是不符合幼儿教育发展规律的。“海洋球成了装饰品”就是一个鲜活例子：

案例：某幼儿园为了创建申请到一批玩具，户外活动时，幼儿们都争先恐后地挤到海洋球屋和弹簧床旁。为了幼儿的安全，也为了延长玩具的使用寿命，园长在这两件玩具上加了锁，并挂上小木牌，牌子上明文规定开放时间和每次玩的人数，并安排专人负责每天开门和锁门。这样，活动开展得井井有条，再也没有出现拥挤现象。但是，由于专人只是负责每天开门和锁门，没有及时地检查和维修，弹簧床上许多螺丝掉下来而没人拧上去；海洋球屋虽有屋棚，但屋檐太浅，雨水常飘进屋内，又没人清扫，孩子们一进去就弄一身湿，这样，教师也不愿意带幼儿去玩了。半年后，弹簧床散了架，变成了一堆废品搁在幼儿园的杂屋里，海洋球上沾满了水和土，屋门上挂着大锁，成了幼儿的“装饰品”。

这个案例值得我们反思，幼儿园添置大型运动器械的目的是什么？大型玩具的利用与幼儿园管理的关系如何处理？……可见，乡镇中心幼儿园园长在统筹安排和使用大型器械上是大有“学问”的。如大型玩具应放在合适的位置。一要放在相对空旷的大场地，周围没有堆积物或尖锐的器物，这样能保障幼儿在玩耍器械时的安全性；二要注意大型器械放置的地面要平整，且最好是软底，如草地、人造草坪、地毯，或木屑、沙地，实在不行水泥地上也行，但周边需有软质地，这样才能保障幼儿不小心落地时不会受到伤害；三要在摆放器械时请玩具厂家上门安装固定，保证其表面光滑和牢固性、安全性；四要检查是否提供警示牌，标明使用者年龄段以及注意事项。同时，园长应引导教师及全体人员研究和熟悉大型器械的功能及其对幼儿的发展价值。明确幼儿通过玩器械中的攀登、平衡、钻爬、荡、踩等，发展儿童攀登、爬越、平衡、灵敏、协调及综合能力。园长还应建立健全使用与管理大型户外玩具的相应制度，注意器械的维护和保管，定期对玩具检查、清洁，以确保幼儿活动时的安全，避免意外事故的发生，最大化地挖掘和发挥大型器械的使用价值。

场地规划

乡镇中心幼儿园园长应强化全员安全防范的意识，关注细节，做到日常安全管理责任到人，及时排除安全隐患，确保幼儿身体健康发展。

4. 园长是不懈奋进的学习者

善于学习，才善于指导，才能赢得发展。乡镇中心幼儿园园长应让学习成为一种习惯，学习法律法规、学习专业知识、学习管理经验，虚心向教师、同行学习，努力使自己成为一名幼儿教育的能手。

农村乡镇中心幼儿园的建设与发展，对园长的管理能力提出了更高的要求。园长要善于学习，要珍惜各级各类培训的学习机会，学习和掌握新的教育管理思想、教育管理方法。特别是在现代信息瞬息万变的形势下，要学习和掌握计算机的使用知识和技能，学会信息网络的使用；要善于在市场竞争中学习自我发展的相关经验。学习，可以使园长掌握最新的信息和发展动态，使园长时刻保持清醒的头脑，保持进步的态势。以人为师，也就是向领导、同事、社会各行各业的能人学习，向幼教界的专家学者及教学一线的骨干教师学习。以实为本，就是观念创新不是纸上谈兵，要踏踏实实，必须与本园的实际情况有机结合。

园长要学会学习。以书为友就是多学习，学理论，学管理，多学幼儿教育法规文件及教育教学理论，学当前幼教课程改革的动态及姊妹园成功的办园经验，为园所的发展做出正确科学的决策。作为一名园长，学习的内容有很多：一是学习相关法律、法规、政策、文件精神。园长是一园之魂，对各项方针、政策的把握直接关系到幼儿园的办园方向，因此，园长要时常学习相关的法律、法规、文件，如《幼儿园工作规程》、《中华人民共和国未成年人保护法》等。园长领会了精神才能在实践中带领教师向着目标去努力。二是学习与幼儿教育相关的知识，主要包括与幼儿教育相关的教育教学理论和实践经验，从专业素养到业务技能，从广博的知识面到良好的学习习惯与方法，都应不断地充实和更新。三是学习先进教育思想和管理经验。学习管理理论书籍，有助于掌握科学的管理方法；学习如何帮助教师专业成长的方法论知识，如，教师究竟可以通过什么渠道提高自己，一线教师究竟应该怎样进行教育教学研究等，使得对教师工作的指导更加具体和有效。园长只有不断地学习、反思，才能给教师提供良好的支持与服务，才能引领教师高效实施乡镇中心幼儿园的建设工程。

（二）农村乡镇中心幼儿园园长必须具备科学的管理理念

1. 具备规范办园的管理理念

案例：一天，一位家长将一位轻度残疾的幼儿送到幼儿园，要求入园。

园长出于同情心和责任心同意了家长的请求。不几日，该幼儿园迎接县级验收，园长出于对验收的高度重视，担心这孩子的到来会使得幼儿园多项指标不能达标，便和家长商量，让该孩子迟半个月来园。可家长非常生气，拿出《残疾人保护法》和《未成年人保护法》等法规条文质问园长，园长又惭愧又无奈……园长该如何面对验收与法规？通常幼儿园验收是评价幼儿园办园质量高低的一个重要手段，是促进幼儿园开展竞争的有效方式，但是验收仅仅是评价的一个手段，绝不是目的，园长不能为了迎接验收而忽视了幼儿园应当承担的教育任务。

幼教法规是幼儿园办园的依据，切实树立科学管理的意识是落实科学发展观的根本，是规范办园、深化幼教改革的基础。乡镇中心幼儿园园长应学习、贯彻《规程》、《纲要》和各级政府的有关文件精神，不断提高科学管理的水平，不断增强责任意识和法律意识，坚决做到依法治园、依法治教。如科学合理地组织幼儿一日活动，切实改变简单地迎合市场需要，以“读、写、算”为主的“小学化”现象；严格财务管理，管好用好经费，切实做到账目清楚、日清月结、有据可查，保证专款专用，经得起社会各方的检查。贯彻《劳动法》，维护教职工合法权益；争取地方政府的政策扶持，积极解决幼儿园发展中的新问题……

2. 具备以人为本的管理理念

乡镇中心幼儿园园长必须树立“以人为本”的理念，在幼儿园营造一种良好的民主氛围。幼儿园的中层干部是幼儿园的支柱，是园长的参谋助手，发挥他们的积极性，对幼儿园各项工作的展开起着推动作用。园长要尊重他们的才干，根据各人的特长、能力和态度安排恰当的职位，让他们分管得心应手的工作，为幼儿园各项工作顺利展开发挥自己的才干和作用。

幼儿园要设立一套完整的民主管理的运行机制，制订健全的运行制度，实行政务公开，通过各组织高效、和谐的运行，让每一个人都成为决策的参与者，使每个教师的能力都得到最有效的发挥，在无形中增强其主人翁意识，使全园的凝聚力增强，从而为幼儿园提升保教质量奠定坚实的基础。

园长以人为本的意识还应体现在贯彻《纲要》的精神——尊重幼儿、保障幼儿的权利、促进幼儿全面和谐地发展。乡镇中心幼儿园园长应带头尊重幼儿，引导教师们尊重幼儿人格的独立性，让幼儿做幼儿爱做的事，保护幼儿的自尊心，蹲下来和幼儿说话，真心诚意地与幼儿说话……

3. 具备合作办园的管理理念

农村与城市相比，家长用于照顾幼儿的时间、投入的精力一般会多一些。乡镇中心幼儿园园长应承认和尊重家长及关心幼儿成长的人们的教育价值，包括他们已有的经验、情感、文化基础等，幼儿园应将这种力量组织起来，解决具体问题并满足幼儿发展的需要。乡镇中心幼儿园园长应具有家园合作的意识，如组织愿意参与的家长轮流到园（班），帮助教师准备活动材料、制作玩教具、参与幼儿活动，引导家长模仿、学习教师的教育技能，逐步成为有经验的教师助手。幼儿园活动有家长的参与，幼儿的分组活动、区域活动就有可能很好地开展，幼儿的时间不会被浪费在等待活动、维持纪律上。

乡镇中心幼儿园园长还应加强与社区的合作，优化家庭和社区的教育环境。幼儿园开展适宜家长和社区人们参与的早期教育活动，可从他们易于接受、容易做到的、能引发兴趣的活动开始。如园内定期组织家长会、家长学校讲座，利用家长宣传橱窗、家访以及家长接送时间，加大与家长沟通的力度。通过“家园直通车”“宝宝论坛”与家长共同探讨育儿话题，丰富和提升家长育儿的能力与水平，充分满足家长与教师互动的愿望，努力为家长提供有效的教育咨询和服务，不断提高家长的育儿水平，使家长感到，生活中确实有教育，自己也能当好幼儿的第一任教师，引发起进一步学习科学育儿知识和方法的愿望。针对农村留守现象，幼儿园应发挥教育资源的多种功能，为社区提供多种早期教育服务，如宣传科学育儿的知识、传授科学育儿的方法，提供现代教育的信息，开放园所资源，帮助社区的人们改善和提高教育、生活、学习的水平，进而带动整个区域幼儿教育的发展。

（三）农村乡镇中心幼儿园园长的素质与能力

乡镇中心幼儿园园长应具有较高素质与能力，其所产生的是信服威信，而不是权力威信，它不带强制性。农村乡镇中心幼儿园园长的素质与能力一般体现在具有较高的政治素质、具有良好的师德风范、具有现代教育管理的素质与能力、具有较强专业知识及能力和具有较强的社会适应性。

1. 具有较高的政治素质

根据我国在社会主义现代化建设时期提出的干部四化要求，结合幼儿园领导工作的特点，要求园长有较高的思想素质，要学会运用马克思主义的立场、观点和方法去观察处理问题，也就是坚持实事求是，一切从实际出发，按客观规律办事。要能自觉地执行党的教育方针，认真贯彻《纲要》和《规程》的有关精神，能正确处理国家、幼儿园、保教人员三者利益关系，自觉维护幼儿的利益。只有这样，才能率领和引导保教人员搞好幼儿园的各项工作，把幼儿园办好。

乡镇中心幼儿园园长要有理解和掌握方针、政策的水平。这是由教育的性质和园长在园中的地位以及所担负的职责所决定的。《规程》明确指出："园长的职责之一是，贯彻国家的有关法律、法规、方针、政策和上级主管部门的规定。"

乡镇中心幼儿园园长要有强烈的事业心和责任感，这是幼儿园园长不可缺少的政治素养。具体表现在热爱幼教工作，视园为家；热爱幼儿，热爱教师。要使教职工能全心全意为幼儿服务，园长就要全心全意为教职工服务，以为教职工服务为己任，密切联系教职工，发扬民主作风，做教职工的贴心人，激发教师将爱放在幼儿身上，热爱自己的幼教事业。

乡镇中心幼儿园园长要有谦让容人的宽广胸襟。园长要有大公无私的高尚情操，应当以权谋公，遇事优先考虑集体、幼儿和教职工的利益，不假公济私，不以权谋私，要有严于律己的自省精神。园长要在坚持原则的基础上，听得进各种意见，不计个人恩怨，不讲个人好恶；能和观点意见不同、性格情趣不相同的人合作共事，团结有各种缺点的人一道工作。为了顾全大局，乡镇中心幼儿园长必须能委曲求全，有听取批评意见的勇气，不论是来自上级或下级的批评，都取虚怀若谷的态度，有则改之，无则加勉，实事求是，坦率诚恳。

2. 具有良好的师德风范

俗话说："一个篱笆三个桩，一个好汉三个帮"。园长要管理好幼儿园必须得到教职工的支持。园长是幼儿园的领导核心，是引领教师实现目标的向导，单靠常规的制度管理等权力因素是不够的，还需要园长在使用手中的权力时，千万不要忘记提升自己的人格魅力，在管理中注入非职权的影响力因素。因此，乡镇中心幼儿园园长应学习、贯彻《中小学教师职业道德规范》、《幼儿园教师职业道德条例》、《幼儿园教师行为十不准》、《幼儿园文明用语》等文件精神，增强自身的非职权影响力，严格自律，以德服人；坚持学习，以能悦人，使自己不仅成为行政上的领导者，更要成为一个人格上的强者，以促使教师心悦诚服地接受自己的领导。

园长是执行规章制度的垂范者。没有规矩,就无所谓方圆。规章制度的制定不是随领导的意志而转移，想如何就如何的。它必须广泛征求群众的意见，然后进行意见综合，最后得出既合情又合理的实施方案。规章制度出来之后，就得让所有人去自觉执行它、维护它，这样的制度才能产生实际的效应，起到应有的规范和制约作用。在执行规章制度方面，园长必须首先带头执行。教师七点半以前到园上班，园长也应一样准时上下班；教师不留长指甲、染指甲，衣着朴素、清洁干净、雅观大方，园长必须首先带头做好。当园长首先做好自己、规范自己、做得尽善尽美之后，才能去说服别人、规范别人。这样，工作才好开展，才会具有凝聚力。园里有再大的困难，工作中遇到多大的阻力，都会因为有园长的以身作则而迎刃而解。

3. 具有较强的专业知识及能力

文化素质是构成乡镇中心幼儿园园长专业能力的重要部分。园长必须具备较高的科学文化水平和专业知识。

要有比较扎实的文化基础。一定的文化知识，是进一步学习先进的幼教理论和科学系统的管理知识的基础。加强文化知识基础，既要讲学历，又不要唯学历，要实事求是，讲求真才实学。要真正具有比较扎实的文化基础，还要有虚心好学的钻研精神。园长要适应时代的要求，不断吸取新的知识，以更新和完善自己的知识结构。

要掌握国家的政策法令。正确理解国家的政策法令，是依法办园的保证。园长是幼儿园的法人代表，只有掌握好国家的政策法令，才能严格贯彻执行，保障幼儿园的合法权益，更好地把握幼儿园的发展方向。

要掌握幼儿教育的专业知识和基本理论、方法。园长只有掌握专业知识，才能把智慧用到点子上，用人用到恰当的岗位上；才能养成尊重知识、尊重人才，按客观规律办事的好作风。

要具备较广的知识面，这样才能敏捷地接受各种新信息，才能正确地处理幼儿园领导工作中遇到的各种问题。知识面要尽可能宽一些，知识水平要尽可能高一些，以适应幼儿教育日益发展的社会需要。

4. 具有现代教育管理的素质与能力

园长工作是一项专业工作，乡镇中心幼儿园园长不仅要具备一定的思想素质和文化素质，还应具备一定的现代管理素质。

要有勇于探索、善于探索的创新能力。对新鲜事情敏感，能够及时发现新问题；善于听取各种不同意见，集中集体智慧，形成独到的新见解；思路开阔，富有想象力，善于提出大胆而新颖的推测和设想，提出新方案；善于宣传和鼓动，发挥自己的影响力，组织教师采取有效的新行动；善于开拓创新，开创新的局面。总之，就是敢于和善于改革，每年的工作都有一些新点子、新路子，永不满足，不断用新的更高的目标去鼓舞教职工前进。

要有民主集中、权衡利弊的决策能力。正确的决断关键在于民主集中、权衡利弊。教工的意见总是分散的，各个方案各有利弊，优柔寡断就会无所适从，主观武断又会贻误大事。所以必须有正确的决断。园长要做到决策民主化和科学化的统一，就要科学地、周密地权衡利弊得失，不仅看眼前，还要看长远，不仅看局部，还要看全局。正确的决策应当实现乡镇中心幼儿园的整体利益和局部利益的统一，长远利益和暂时利益的统一。

要有尊重人才、知人善任、优化结构、提高效能的组织能力。用人成功是幼儿园成功的必由之路。要善于识别和发现人才，敢于推荐、提拔和使用人才，用人之所长，避人之所短。重视骨干教师和保教人员的培养和训练。建立一套高效率的合理的组织机构，优化劳动组合，协调人力、物力、财力，充分有效地发挥诸要素的作用，以期达到综合平衡，获得最优效果。

要有突出重点、兼顾一般，雷厉风行、合理严格的指挥能力。园长要把决策付诸行动，需要周密计划。既要找出能带动整个链条的重点环节，又要顾及整个链条的每一个环节。为此，园长既要制订合理的规章制度和工作规范，使教职工有章可循，明确做什么和怎么做；又要严格执行这些规章制度和工作规范。园长还须学会全面地、系统地、发展地观察和考虑问题，学会“弹钢琴”的工作方法。

5. 具有较强的社会适应能力

面对不同的领导、教师、家长和幼儿，乡镇中心幼儿园园长应积极营造幼儿园良好的人际环境，推进教师在乡镇中心幼儿园建设中的专业成长，促进幼儿身心和谐发展；园长还应统筹兼顾，积极协调与上级、外部的关系，为幼儿园的建设工程的顺利实施与园所发展，营造宽松和谐的外部环境。

园长要有公正处事、善于沟通的组织协调能力。园长应以待人处世的良好态度自觉地同下属平等相处，对下属要多鼓励、尊重、理解、关心、帮助，把教职工吸引到一起，形成和谐的集体。善于将幼儿园的人、财、物等管理要素有效地组织起来，并合理地运用。能在繁杂的日常事务中抓住主要矛盾。善于协调好农村乡镇中心幼儿园的建设和教师的需要，公正地评价每位教职工的工作业绩，处理好各种矛盾，调动一切积极因素，推动农村乡镇中心幼儿园的顺利发展。

园长要有谦虚谨慎、善于协调的公关能力。园长要善于同各种人打交道，善于沟通上下级之间、园所之间、同事之间的信息，协调幼儿园内外部各种关系。园长应尊重上级，及时汇报，主动联系，争取上级的指导、帮助和支持。对教师要多默契、尊重、理解、谅解、支持、补充，实现相互协作、资源共享、共同提升。园长应热情、公平、客观地对待家长。家长是幼儿园的朋友，是乡镇中心幼儿园建设的合作者、评价者。园长应给予家长安全感和信任感，帮助家长解决教育子女方面的困难，获得家长对幼儿园工作的支持，为家长和教师架起友谊的桥梁。园长要依靠家长共同担负起教育幼儿的任务，建立起友善的合作关系，使幼儿园的各项工作都得到家长的好评。

园长的素质与能力至关重要。乡镇中心幼儿园园长应不断完善、充实自己，使自己的理想、追求目标更明、思想品格更优、学识才干提高更快、人格风范更具魅力，才能紧紧团结、影响教职工，引领幼儿园向更高层次的目标迈进。

第三节　乡镇中心幼儿园教师

《规程》第三十七条规定，教师的主要职责之一是，观察了解幼儿，依据国家规定的幼儿园课程标准，结合本班幼儿的具体情况，制订和执行教育工作计划，完成教育任务。作为一名农村乡镇中心幼儿园的教师，首先要具有能够组织幼儿一日活动的能力：能够参照教师参考用书、按照一日作息时间合理制订、安排幼儿一日活动计划，并按照计划实施。

一、乡镇中心幼儿园教师的角色

1. 教师是《规程》、《纲要》的实施者

案例：一天，李老师带中班孩子们在菜地里种植青菜。孩子们一边学习种植，一边向老师提出“为什么要把种子种到土里？”“为什么要给它浇水？”等等一系列的问题。李老师没有急于回答他们，而是给他们提出了问题：“把种子放在水里或是直接放在盘子里可以发芽吗？”有的说可以发芽，有的说不可以发芽。当幼儿回答出各种不同的答案后，小朋友们都用期待的目光看着李老师。为了激发幼儿继续探索的兴趣，李老师提出大家一起做个实验，把种子放在水里和盘子里，过几天再看结果。这又激起了孩子进一步探索种子发芽的兴趣，推动了活动不断向前发展。

在案例中，李老师通过观察、倾听，参与幼儿的活动，把握幼儿活动的方向，使孩子进入主动学习的状态，使活动得以开展。教师是幼儿学习活动的支持者、合作者、引导者，这是新课程下教师角色的根本变化，是教师角色的一个飞跃与突变。在幼儿园的一日活动中，幼儿随时都会产生许多问题，但由于年龄的特点和经验有限，他们往往还不会归纳事物的特点，这时就需要教师及时地介入和引导，使探索深入下去，从而促进孩子的主动学

习。李老师的做法符合《纲要》的要求。乡镇中心幼儿园的教师要在组织好幼儿一日生活环节的基础上，围绕孩子的兴趣开展教育活动，以促进幼儿的发展，落实《纲要》精神。

2. 教师是敏锐的观察者

观察是教师的职责之一。观察可以向孩子传达教师对他们的关注、重视、尊重和欣赏。在观察中，教师能捕捉到孩子瞬间即逝的现象和变化过程，了解孩子的个体差异，获得第一手材料；能发现幼儿谈论的热点话题，及时捕捉幼儿的兴趣，分析幼儿的探索，从而确立幼儿感兴趣的主题。

观察孩子还体现在教师要关注孩子现有的认知能力和生活经验。

案例：中班的科学活动“好用的牙刷”结束之后，好多孩子对“刷子”产生了兴趣，于是主题活动“刷子”生成了。孩子们与家长共同收集资料，有的从家里带来了鞋刷、杯刷，教师也同样为孩子们准备了各种各样的刷子，有水池刷、眉刷、口红刷、油漆刷等等。特别是在开展“探索型主题活动：如何使用刷子”的过程中，通过让孩子看一看、摸一摸（了解外形特征）；拿一拿、用一用（学习如何使用）；交换使用刷子（了解各种刷子的用途）；记一记（学习简单的记录方法），从而在充分感知与体验的过程中获得了技能与经验。

只有教师留心观察、倾听才能发现来自幼儿的活动主题。当活动的内容是孩子们所喜欢和感兴趣的时候，幼儿所表现出来的学习积极性和主动性是我们难以想象的，此时，幼儿的潜能才得到真正的发挥。

教师要学会观察孩子，观察孩子的活动，观察孩子的表情，观察孩子参与活动的兴趣。只有及时观察孩子的行为才能适时反思自身的行为，调整活动，从而使活动的安排和组织能符合孩子的兴趣，符合孩子的发展特点。教师对孩子的观察体现在一日活动的各个环节：在晨间锻炼中，在喝牛奶、进餐环节中，在教育教学活动中，在游戏活动中等。教师还要能够从观察得到的信息中去分析、去思考，调整活动，调整行为，从而优化活动，达到促进幼儿发展的目的。

案例：在晨间锻炼活动中，钱老师安排小朋友们走平衡凳。钱老师发现，来走平衡凳的小朋友很少，而且玩了一会儿就离开了。平衡凳是用来发展孩子平衡能力的，在锻炼活动中不能缺少。钱老师决定：配合平衡凳，创设“种萝卜”、“拔萝卜”的游戏情境，引导孩子每次拿着一个萝卜，走过平衡凳去“种萝卜”；当萝卜都被“种”到“地里”后，再引导孩子走过平衡凳去“拔萝卜”。通过游戏情境的设置，小朋友的兴趣增加了，在他们感兴趣的活动中发展了平衡能力。后来，来参加这个游戏的小朋友多了，排队等待现象比较严重，钱老师又通过添加“小白兔”的头饰，将每次活动人数控制在一定的范围内，其余小朋友可以通过游戏交换来选择这个游戏。

钱老师对小朋友参加晨间锻炼“走平衡凳”进行观察，通过参加活动的人数来判断幼儿对活动的感兴趣程度。当参与人数少时，通过增加游戏情境激发幼儿参与活动的兴趣；当参与人数多时，通过角色的添加来控制人数，使得“走平衡凳”活动开展得有趣又有序。如果钱老师不注重观察，那么，“走平衡凳”活动可能就会一直“冷冷清清”，其对幼儿的发展功能也无法得以体现。

一位伟人曾经说过，对于人的眼睛来说，生活中并不缺少美，而是缺少发现。这正是对观察做的最精辟的诠释。一名乡镇中心幼儿园的教师，只要在生活中做一个有心人，善于观察每一位幼儿，一定能从平凡的世界中发现不平凡的人和事。

3. 教师是友善的合作者

在现实生活中，人们会为了某个目标而联合起来共同行动，这就是合作。《纲要》也指出了教师合作的资源：幼儿同伴群体及幼儿园教师集体是宝贵的教育资源，应充分发挥这一资源的作用；家庭是幼儿园重要的合作伙伴，应本着尊重、平等、合作的原则，争取家长的理解、支持和主动参与，并积极支持、帮助家长提高教育能力。教师应成为幼儿学习活动的支持者、合作者、引导者。从这个意义上来说，教师要成为一个合作者，乡镇中心幼儿园教师也应如此。

教师在合作中，要看到别人的长处，学会尊重别人的劳动成果。在与别人合作时，对别人多几句赞扬的话，对别人的工作成绩多尊重一些，会使合作的气氛更加融洽，同时也有利于体现自己的良好品质。在合作中，我们既要看到别人的优点和成绩，同时也要善于发现自己的闪光点，表现自己的闪光点。只有自己的闪光点与别人的闪光点融合在一起，才能演奏出一曲优美和谐的乐章。

在与幼儿合作时，要以朋友的身份和幼儿交往，注重观察幼儿，倾听幼儿的声音，了解幼儿的想法。这些都可以通过一定的言行得以表现。如有的幼儿园提出要求：教师蹲下来、弯下腰，用和蔼的语气与孩子交流，交流的过程中多问一些“你是怎么想的？”“你为什么要这样做呢？”等问题。

著名教育学家赞可夫说过，就教育效果而言，很重要的一点是看师生关系如何。教师对幼儿多支持、多肯定、多接纳、多表扬、多鼓励、多信任以及多给他们自由、多让他们自立，是形成融洽、和谐、健康人际关系的必要条件。生活在这种气氛中的幼儿，容易形成积极的个性特征、良好的行为技能和学习成绩。这种温暖健康的气氛是幼儿道德、自尊心、社会行为以及创造性地使用工具的能力等方面发展的关键。根据不同年龄幼儿的特点，教师的合作的角色是应该改变的：小班幼儿依赖性强，对新的环境不适应，教师与幼儿合作的角色应该是妈妈，对待幼儿就像母亲对待自己的孩子一样，亲一亲、摸一摸、抱一抱，孩子的陌生感消失了，对教师的信任、依赖就增强了；中班幼儿开始有了自己的想法，既需要教师的帮助，又不愿意被干涉过多，这时教师的合作角色由妈妈变成了大姐姐，大姐姐具有孩子般的童心，能很快地理解孩子的意图，能和孩子们一起快乐地游戏，并且能适时地帮助他们；到了大班，幼儿社会性发展更强了，想法和从前又有了很大的不同，他们希望教师以平等的身份参与到他们的活动中去，于是教师又成了小朋友，朋友式的师幼关系使得孩子们能够感受到更为融洽、和谐、宽容的生活、学习氛围，进而增强学习的主动性、积极性。

在与其他教师合作时，一方面要主动履行自身的职责，另一方面，教师之间应该多商量、多沟通和交流，在对事情的处理上达成一致的意见。比如，教师在组织全体幼儿活动时，可能有个别幼儿不专心，或者在进行其他的活动，配班教师可以适时提醒，配合主班教师较好完成教学内容；在晨间锻炼活动中，针对幼儿活动项目多、场地跨度大的特点，教师之间应该分工合作，每人负责几项活动的组织与管理，这样能发挥教师之间的合力，促使晨间锻炼活动高效开展。

在与家长合作时，要多听取家长的意见，多向家长进行宣传，取得家长的信任和支持。如：在教育教学活动中需要家长配合带一些废旧材料，可以向家长说明带这些材料的作用是什么，取得家长的支持。

4. 教师是进取的学习者

终身教育的理念使教育越出了学校的围墙，越出了人们原定的受教育年限，扩展到了人类生活的全部时空。作为基础教育重要组成部分的幼儿教育，也面对终身教育和终身学习理念的渗透与挑战。一方面，幼儿园教师和其他所有社会成员一样，一劳永逸获取知识的时代已成为过去。在学习化社会里，幼儿园教师的职业也是一个永无止境的完善过程和学习过程，教师的受教育时空将被打破和重新确立，职前、职后教育，校内、校外教育，将融入终身教育的完整体系之中。教师理应成为终身学习的典范。

首先，教师要学习文化知识。每个幼儿兴趣点不一样，教师应对每位幼儿的兴趣点予以关注和了解。因此，教师应尽可能多地扩大自己的知识面，帮助孩子对兴趣点深入了解。广泛的知识面能够帮助教师拓展经验和视野，便于教师提升自身的理论素养。

其次，教师要学习专业知识。教师需要掌握心理学、教育学、教学法等必备知识。教师应加强对这部分理论的学习。专业知识的学习可以夯实教师的理论基础。教师在学习的过程中要结合自身实践加以思考，以获得对理论的深入理解，从而能更好地以理论指导自身的实践。专业知识的学习，也可以表现为对实践活动的学习。

案例：在小班美工活动中，教师发现幼儿的剪纸能力差异非常明显。为了激发幼儿的剪纸兴趣，教师根据幼儿发展水平精心设计了有梯度的目标，层层递进、难易适度：能随意剪纸——能朝一个方向剪直线——能剪简单转折线——能剪复杂转折线——能剪弧线——能剪不同形状的弧线，目标梯度非常明显。幼儿在教师不断深化的目标的引领下进行剪纸活动，既不感到高不可及，又不感到毫不费劲。语言活动中，王老师正讲得兴致勃勃，孩子们也听得津津有味，被称为“机灵鬼”的李轩又在做小动作了。教师真不忍心打破这宁静的课堂气氛，怎么提醒他呢？急切之下，王老师伸手朝李轩做了个“OK”手势。没想到，李轩好像领悟到了什么，马上坐好了。几分钟过去了，李轩又坐不住了，教师又朝他做了个手势。果真很灵。下课时，王老师表扬了李轩。下午，妈妈来接李轩，李轩高兴得跑过去，拉住妈妈的手：“妈妈，今天我听讲很认真，教师表扬我了，还朝我说‘OK’呢！”这是巧妙的一种师生交流呀，虽是以提醒幼儿遵守规则为目的的交流，却没有影响课堂教学、当众批评幼儿去伤害孩子的自尊心，而是通过一个小小的手势传达了教师的暗示和对幼儿的关注，使幼儿由消极的举动转向了积极的配合，不仅改正了“错误”，还由此产生了愉快的情绪。

第三，教师要学习专业技能。弹、唱、绘画、讲故事、跳舞、电教等是幼儿教师必备的技能。教师要加强这些技能的学习和训练，做到“拳不离手，曲不离口”。许多乡镇中心幼儿园都配备了电子钢琴，教师首先要熟练弹钢琴才能在教学活动中进行使用。教师可以每天用15~30分钟时间进行钢琴练习，日积月累的练习可以提高教师弹钢琴的水平和能力。

二、农村乡镇中心幼儿园教师必须具备的教育理念

1. 具备以儿童为本的理念

为幼儿创设一个充满爱与温暖的环境。乡镇中心幼儿园教师应树立“以幼儿发展为本”的理念，积极地为幼儿营造温馨的氛围，使幼儿在自由、平等、理解、温暖、友爱、宽容、人际关系亲密、安全合作的气氛中自由地活动，使幼儿在亲切中有真诚、和谐中有严格的师生关系中，感到心境自由宽松，获得快乐的体验……

案例：我班有这样一个插班来的女孩，她从小由奶奶带着，性格比较孤僻、怯懦，不合群，总是小心翼翼的，眼里充满了忧郁，不像其他孩子那样尽情地玩、尽情地笑。在活动中，我主动以朋友的身份去接近她，和她聊天，谈一些她比较感兴趣的事情；活动中拉拉她的手，摸摸她的头，使她有一种安全感和亲切感；对她每一点进步有看在眼里，把她的绘画作品在幼儿面前展示，多鼓励她，使她树立“我也行”的自信心；游戏中主动邀请她一起玩，请她扮演小动物，鼓励她积极参加区域活动；在“娃娃家”的活动中，让她当孩子，通过“爸爸”“妈妈”对她的照顾，使她感到亲情的温暖。慢慢地，她的胆子大了，爱说爱笑了。教师正是用自己的爱改变着幼儿，在她们的师爱下，幼儿成长了……

尊重每个幼儿的人格，保护孩子的自尊心。 教育工作是心灵接触和情感交流的微妙世界，如果一个孩子的自尊心受到教师的损害，会引起孩子内心的愤怒和反抗，造成师生情感对立，使教育工作难以对他产生良好的影响。陶行之先生曾说，要“爱满天下”。做为乡镇中心幼儿园的幼儿教师更应做到，不断提高自身素养，对每一位幼儿关心体贴，做他们的知心朋友，用一颗慈母心去呵护他们，为他们创设鼓励、支持性的环境。幼儿不分灵笨、美丑，都是独立的受尊重的个体，都有学习、参与及当众展示自己的机会和权利，教师要一视同仁，像妈妈爱自己的孩子一样，使幼儿感到信任、理解。为此，教师在设计并组织班内的各种比赛活动，如拍球比赛、讲故事比赛、泥工比赛、折纸比赛、光荣的小旗手、勤劳的值日生活动等，都应鼓励每个幼儿参与，并购买或制作奖品予以奖励。这会极大地激发幼儿参与的积极性，让幼儿看到自己的能力，体验成功的喜悦。

幼儿的健康和安全是家长和社会关注的焦点，是幼儿园和教师的责任，是开展一切活动的基础和保证。幼儿年龄小，有强烈的好奇心，好动，但他

们的体力和能力有限，知识经验缺乏，不能对危险的事情做出正确的判断，也不能预见行为的后果，难以保护自己。因此，“保护幼儿的生命，保证幼儿的健康”是教师的重要职责。教师应遵循“安全工作要防患于未然”的原则，每天从小事做起，如每天离园前检查班级及各活动室的门窗、电器，并做好记录；在炎热的夏季，每天坚持喷杀虫剂、点蚊香，注意饮食、盥洗、睡眠中的安全防范；仔细地组织好一日活动，认真地查找一日生活各个环节中的安全隐患，以保证幼儿有舒适、愉悦、安全的生活活动环境。教师应利用各项活动，向幼儿宣传安全常识、传染病的预防和自我保护的方法。班级还可开展各种安全教育活动，提高幼儿自我保护和应变应急的能力，顺应幼儿生长和生活的需要，为幼儿健康成长奠定必需的基础。

2. 具备为幼儿和家长服务的理念

教师素质以德为首，师德建设是幼儿园发展的核心。乡镇中心幼儿园应重视强化师德教育，强化服务意识。幼儿园可通过开展“假如我是家长”、“假如我是孩子”、“我心中的教师”等系列活动，激励教职工严格遵守职业道德规范，以高尚的师德和人格魅力服务、教育、影响家长和幼儿，真正落实以德治教，让师爱之情不断升华。现在的孩子大多是独生子女，聪明、健康、活泼、可爱，但如果教育不当，“过度关心”，“溺爱无度”，也容易造成以自我为中心，自私、任性、懒惰，不关心别人，爱发脾气。

案例一：针对中班幼儿交往的愿望明显增强，但遇到一些问题又不会解决，因此告状、冲突时有发生的状况，我创设了“我的好朋友”的墙饰，又通过一些情境，去使他们明白，我们班是一个大家庭，每个小朋友都是这个大家庭的主人，大家应该互相关心，互相帮助，互相谦让，有事情大家抢着做，有问题大家共同解决，胆子小的朋友我们主动去邀请，有困难的朋友我们主动去帮助。这样大家都感到了集体的温暖，也越来越喜欢我们班了，在这样的环境中生活，对幼儿来说无疑是幸福的。

案例二：我班的田园小朋友是个残疾孩子，一生下来就没有了左手，为了让他能享受童年的快乐，我每天尽心尽力地去照顾他，帮助他穿脱衣裤、喝水、进餐、大小便、洗手等，活动时也尽量安排一些适宜他的活动，同时还争取适当的方法培养他的自理能力。现在田园已经能独立做很多事情了。在教师的影响下，班上幼儿都能主动帮助他、照顾他，使他来园后从没感到孤独、压抑，也从没有感到身体原因给他带来的不便，他享受了平等、友爱、人际关系的亲密和童年的快乐。

教师的服务意识还应体现在关心、指导家长上。

案例：早晨，中二班的小晶被姥姥送来幼儿园时情绪十分低落，于是教师就在户外活动时间与小晶聊天。原来早晨小晶想喝橘汁，却不小心把杯子打破了，姥姥发现后十分生气，打了小晶一顿。下午离园时，教师把小晶今天情绪低落的情况告诉了姥姥，并耐心地向姥姥讲了幼儿的情绪对其行为和发展的影响，还用最通俗的道理向老人家讲明不能用体罚的方法来教育孩子。姥姥表示以后不会再随意打小晶了，凡事要讲道理，用适当方式进行教育。

这位教师是个有心人，她及时地发现了小朋友情绪的些微变化，并且及时询问了解情况、解决问题，以一件小事作为家园共育的突破点，既向家长宣讲了育儿知识，又争取了家长的配合。在家园配合问题上，许多园长和教师认为和老人打交道非常困难，老人一般文化水平低，受传统育儿观影响较深，一方面信奉“棍棒出孝子”，另一方面又容易溺爱孩子；有的老人不爱听幼儿园讲的科学育儿理论，或者是听不懂，或者是认为自己很有育儿经验，幼儿园讲的都是纸上谈兵，没有用。而现在年轻的父母由于事业的关系，往往把带孩子的任务委托给老人，这样幼儿园就面临着和隔代家长打交道的问题。这也正是农村乡镇中心幼儿园教师为家长服务的重要内容。

3. 具备自身专业发展的理念

发展意识是指人们不满足于现状，追求社会生活的更大更新进步。竞争是一种相互比较，更是一种事业上的争先恐后，必然形成不断追求进步的心理。“发展是硬道理”。作为乡镇中心幼儿园的教师应有发展意识。俗话说，“教书三年教自己”。教师的成长要走三步曲：首先做“学习型”教师；其次做“胜任型”教师；最后做“骨干型”教师。要走好这三步曲，是件不容易的事情，需要教师付出艰辛的努力。可以从以下几个方面做起：

发现问题。发现问题的过程就是追求进步的过程。发现问题是基础，不能发现问题，就无从构建有意义的思考。教师应该从大量天天接触和参与的教学活动中寻找能引起共鸣和思考的问题，寻找感到困惑的问题，如晨间体育锻炼时间安排是否科学，强度是否适宜，幼儿与幼儿有效交往频率是否高等；再如这样的自然角有价值吗？这样的摆放安全吗？科学发现室创设的意义何在？教师要能发现这样的问题，进行研讨来解决这些问题。

这样的自然角不丰富

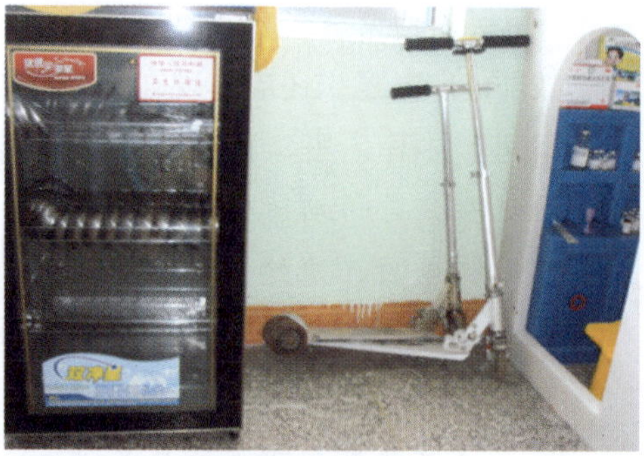

这样摆放不合适

科学发现室

坚持实践。要用正确的理念来指导教育教学实践，产生实实在在的教学成果。在具体实施中，可从规范备课环节开始，研究如何规范教师常规、幼儿常规，如何提高教学活动效率，分析幼儿发展的特点，研究教学活动的内容与处理方式，研究教师的教和幼儿的学，研究教学资源的开发和利用途径等。如上例，合理安排一天一小时体育活动时间，使体育活动的强度、密度、运动负荷符合幼儿年龄特点和生理特点，真正做到“体育活动张弛有度，强度密度合理”，使幼儿生活有规律，促进生长发育，有利于幼儿的全面发展。再如，教师需要掌握幼儿园各项教育设施设备的使用方法，如球，可以有“滚球”、“抛接球”、“拍球”等多种玩法，教师需要掌握每一项设施设备的玩法，以便组织幼儿活动。教师可以针对以上的内容，在一段时间内有选择性地进行思考和实践，在实践的过程中实现发展。

坚持发展。新教师研究的重点是如何站稳讲台；骨干教师要不断在实践中完善自己，在竞争中提高自己，不断总结和丰富自己的教学经验，逐步建立自己的教学优势。教师可以选择自己感兴趣的学科作为切入点进行研究，形成教学优势，然后以点带面，不断促进自己的全面发展。

案例：小丁老师上公开课，教小朋友认识纸。丁老师选择这一课题，是因为她以现代教育技术为支撑，运用多媒体进行教学，使以前遇到的很多问题都迎刃而解了。在简单的导入之后，她就让小朋友在大屏幕上看纸的发展过程和纸的制作工序。随着教师不断地轻轻敲击键盘和点击鼠标，小朋友看到了各种各样的龟甲和兽骨，看到了有长有短的竹简，看到了写着篆字的丝帛；知道了造纸术是中国的四大发明之一，知道了纸的制作工序。在整个过程中，孩子们都是聚精会神，充满了好奇和求知的快乐。而她的成功，从某种意义上说是与运用了先进的现代化教学手段分不开的。可见多媒体教学效果就是不一样。这不能不引发我们对教学手段的反思。

时代在飞速发展。现代教育技术引入课堂是时代发展的必然趋势，也是教育发展的自身需求。教师是教育教学手段的主要运用者，对现代教育技术掌握的精熟程度与课堂教学质量息息相关，只有不断坚持发展，才能实现自身的专业成长。

教学有法而无定法。乡镇中心幼儿园的教师在教育教学实践中，要不断反思自己的教学行为和过程，脚踏实地地工作，虚心求教，总结经验，走创新之路，形成自己的优势。每位教师都在乡镇中心幼儿园得到主动、和谐的发展，那么乡镇中心幼儿园将实现质的飞跃。

第二章

户外设备配置与使用

第一节　大型户外玩具

一、位置摆放

1. 空间的适宜性

要摆放在相对空旷的大场地上，周围没有堆积物或尖锐的器物，这样能保障幼儿在玩时可以尽量自由、放松，活动开来，因为幼儿玩时是不会自觉考虑到要注意安全的，如果环境相对狭小，很易发生安全事故。尤其像秋千等摆动类的运动器械，更要注意周围的安全性。

2. 地面的软质性

要注意大型器械放置的地面要平整，最好是软地，如放置在草地上、人造草坪上、地毯上，或木屑上、沙地上，或者放置在泥地上也行，这样幼儿不小心落地时不会受到伤害。

3. 器材的安全性

摆放时一定要请厂家上门安装固定，器械表面光滑，保证牢固性、安全性。特别是转角处、不同管状材料和绳索等的衔接处，要结实、平滑，没有突出物，网绳编织的所有连接点不松脱，螺丝要加盖塑胶盖帽。主柱焊接脚掌地面固定位，必须采用加大厚脚掌安装，用膨胀螺丝固定。这样保证幼儿不被尖锐和突出物戳伤或划伤。

4. 标牌的警示性

还应检查是否提供警示牌，明确标明使用者年龄段以及注意事项。

5. 色彩的和谐性

应对户外大型运动器械和户外活动场地及周边环境进行整体设计，环境色彩搭配要符合儿童心理特征，体现教育意义。

二、前期准备

1. 要研究其价值

教师及全体人员要去研究和熟悉大型器械的功能及其对幼儿的发展价值。了解幼儿通过玩器械以发展儿童攀登、爬越、平衡、灵敏、协调及综合能力。要了解大型户外玩具是幼儿最喜爱的玩具和户外体育活动。因此，教师要有意识地经常安排本班幼儿去玩。

2. 要检查并试玩

教师们要自己去玩一玩，看一看，体验和查看什么地方比较危险，易出现安全事故。比如，旋转滑梯是否平滑，爬网绳结处是否接牢，等等，这样，在组织幼儿玩时，会有的放矢地提醒幼儿注意安全，正确引导幼儿活动。同时，还可以思考怎样有针对性地加强某些方面的教育，如有些幼儿不敢爬攀登架，教师可通过让幼儿综合地玩这些器械，有目的地发展他的攀爬能力。

3. 要熟知其玩法

在玩之前要带领幼儿熟悉和认识此玩具。可以专门将幼儿带至大型器材前，先让幼儿自己上去玩一玩，找一找，有什么地方危险，接着引导幼儿讨论怎么避免危险，引导幼儿发现规则的重要性，主动地参与制订规则和自觉地遵守规则。

三、充分利用

1. 教师在一日活动安排中要安排时间让幼儿去玩一玩

安排在晨间锻炼时，可以以班级或小组为单位轮流去玩。这样既充分发挥了器材的作用，又解决了场地狭小，没有锻炼空间的问题，更重要的是满足了幼儿玩大型户外玩具的需求。

2. 体育课也可以安排幼儿去玩

可以利用器材的功能来训练儿童的动作，或培养儿童的某些能力。如让幼儿爬网来练习攀登能力。

3. 统筹安排全园玩器材的时间

要保证每天每个时间段都有班级幼儿可以玩。要打破上课时间不能玩的局限。可采取不同年龄段或班级制订不同的作息时间的办法，错开户外大型器械的活动时间，保障全园每个班的幼儿都有固定的时间去玩，最大化地发掘器材的作用，同时也避免了儿童在大型器械上拥挤带来的安全隐患。

第二节　小型户外玩具器材

一、器械玩法

1. 单个器械的玩法

体操圈

利用体操圈的特点来编制体操圈操，幼儿人手一个体操圈，用来开展器械操活动。

抛圈。幼儿将圈竖抛旋转在空中或平抛旋转在空中，然后用双手或单手接住。要引导幼儿尽量在空旷的地方抛，以避免砸到幼儿。

穿圈。幼儿站立，将圈从头或脚开始穿过整个身体。当幼儿熟练后，可以提出速度要求，能够快速地穿过整个身体。还可以两人合作，一个人先拿圈圈住另一人的头或脚（也可以是身体的其他部位），被圈住人要立即从圈中穿出，然后两人交换角色。

滚圈。幼儿手拿圈直立，用力将圈向前滚出。当幼儿动作熟练后，可以组织幼儿进行滚圈比赛，以距离远者为胜。

走圈。两人三足走。幼儿两人一组，并排站在一起，将圈套在两人脚踝处，向前行走，先走到终点为优胜者。还可以沿着圈边上走，单圈走，摆放成图形走。

两人三足走

踩圈走。幼儿将圈放在脚下，两只脚轮流踩圈边移动。可以夹踩，也可以一侧踩；可以向前后行进，也可以向两边行进；可以散点自由踩，也可以与同伴竞赛踩。

套圈。将圈当环，用积木、塑料瓶等不易砸坏的物品放置在一定的距离处，让幼儿对准目标物将圈抛出，套中物品。也可让一幼儿举圈或把圈放在地上，其他幼儿站在一定距离处，往圈里投沙包。

踩圈走

转圈。将圈套在身体的某个部位，如手臂、腰部、脖子、腿部等处使其转动，腿部可以单腿转，幼儿把圈套在右脚踝上，摇动使圈转起，也可以双腿同时转动。

转圈

跳圈。将圈放在地上，让幼儿跳进跳出或跳过圈（从圈的一端跳向另一端）；可以将圈排成“小河”，集体跳，挨个跳或连续跳；还可以以小组为单位或自由组合，将圈排放成各种图形，让幼儿单脚跳、双脚蹦跳、连续跳、跨跳、分合跳。跳圈活动一般在中大班进行。

跳圈

钻圈。两人一组，一人拿圈，另一人钻圈，当持圈幼儿将圈靠近你身体哪个部位，你就从那个部位开始钻出圈外。两人交替进行。还可以将其拴在两把椅子背上，连续钻。

顶圈。两幼儿面对面站立，将圈顶在两人腹部，同时向侧方移动；还可以两幼儿前后站立，后面幼儿拿圈顶在自己腹部和前面幼儿的腰上，向前移动，保证圈不掉。

顶圈

羊角球

因跳跳球身上安两个手柄而得名，用以提高幼儿的弹跳能力，有助于锻炼孩子的腿部力量和掌握协调和平衡能力。幼儿使用时只要抓住两个“羊角”并坐上球体即可。可以让幼儿练习连续跳的动作。当幼儿掌握要领后，再变化方向，向前跳、倒退跳、向两边跳、转圈跳等。

平衡凳

发展和完善幼儿控制身体的平衡能力，促进幼儿身体两侧肌肉力量的协调发展。当幼儿沿着狭窄的平衡凳往前行走时，需要他们身体的重心保持平衡。通过沿着狭窄的“小路”前行或倒退，幼儿的平衡能力会逐渐得到提高，并且还能使幼儿的方位知觉得到发展。

经过反复练习以后，幼儿可以逐渐地把步子迈得大一些。当幼儿熟练后，可以让幼儿负重或顶着物体走，增加平衡的难度。还可以在平衡凳上放一些障碍物，让幼儿跨越。甚至还可以要求加快移动的速度。

除了可以让幼儿在平衡凳上练习行走以外，教师还可以将平衡板一端稍稍抬高形成一定的倾斜度，让幼儿练习走斜面平衡板。最初走平衡凳时，许多幼儿都会胆怯。教师可以在晨间活动时先让部分幼儿玩起来，不要要求所有幼儿同时学会平稳地走。

球的玩法

滚球。可分为单手滚球和双手滚球两种形式。小班幼儿一般是双手向前滚球和两人近距离互滚；中班幼儿可以两人较远距离互滚，小球可以单手滚，大球一般是双手滚；大班可以是距离较远的多人对准目标物互滚，还可以开展花样滚球。

抛接球。可分成抛球和接球两种动作练习。幼儿抛球的内容很丰富，可以双手将球抛进前上方的小篮球网中，可以抛过横挂的彩绳，可以自抛自接球，可以两人相互抛接球，还可以单手抛接球等。小班一般是向上抛，自抛自接不过头；中班可以上抛后拍手接球或转圈接球等；大班要能抛准目标物，还可以进行花样比较复杂的抛接球，两人或多人较远距离的互抛接球等。

拍球。拍球是球的基本玩法。一般小班幼儿能原地或移动拍球且连续拍球5次以上；中班幼儿能原地和移动中用左右手连续拍球15次以上；大班幼儿能左右手熟练地拍球10次以上，能走动拍球5米以上，且能绕障碍运球和各种复杂的花样拍球。一般先让幼儿练习单手拍球和双手拍球的技能，当幼儿能较熟练地拍球后，再让幼儿练习花样拍球。花样拍球主要有以下变化：

手触球部位的变化——用手掌拍，也可用侧“切”球、手指“点”球，还可握掌击球等。

拍球手的变化——可用右手拍、左手拍，也可以左右手交替拍、左右手两个球同时拍。

原地拍球的变化——可原地站拍、蹲拍、跪拍、坐拍，也可原地跳拍、跑拍、转圈拍，还可做各种舞步拍。

移动拍球的变化——可用走、跑、跳、爬、骑车等移动方式拍球，可在直、曲、圆形道内拍球，也可以四散移动拍球，可拍球上下台阶，拍球钻过或越过障碍。

协同拍球的变化——可两人手拉手、臂挽臂、手搭肩协同拍球，可多人排成队一人拍一球往前走，还可多人拍一个或几个球等。

花样拍球，既可以丰富幼儿拍球活动的内容，又可以不断地增加幼儿对拍球活动的兴趣，主动积极地参与到锻炼之中。

夹球。让幼儿用自己双腿内侧将球夹住并移动。小班幼儿可以夹球走，中班幼儿可以夹球跑，大班幼儿可以夹球跳。

踢球（小足球）

踢球（小足球）活动可以让幼儿学习用脚控制球的简单技能。小班主要是让幼儿随意踢、追；中班主要让幼儿练习踢远；大班幼儿一般能进行较长时间追踢足球，且能踢准和踢远。教师在组织踢球活动时，可以先让幼儿自己尝试怎样踢足球，用脚的什么部位踢球……在此基础上，可以组织幼儿集体练习用脚背、脚侧踢球，用脚掌踩球，用脚尖把球挑起，用脚转动球等。还可以组织幼儿比赛谁用脚玩球的花样多，技巧高，看谁踢球入门准，看谁能用脚挡住踢过来的球，看谁能保护球不被别人抢走等。如果有条件的话，还可以组织幼儿进行小规模的小足球比赛活动，每队幼儿的人数最好不超过4人。

小篮球

幼儿开展的小篮球活动，重点是练习抛球和掷准的动作，一般在大班开展。开始时，可以专门练习投篮动作。可从单人练习开始，逐步变成两队或两人一组，比赛谁投篮准。可准备一个记分牌，让幼儿记录分数，以增加幼儿积极性。当幼儿掌握掷准动作后，可增加一些追捉球、抢球的内容，使之更加激烈而有趣。

体操垫

将体操垫一个接一个地横铺在地面上，让幼儿练习滚。

将体操垫一个接一个地竖铺在地面上，让幼儿练习手脚着地爬、手膝着地爬和匍匐爬。

可在绳上拴上一些软球或软质物，将体操垫放置在软球或软质物的下方，让幼儿躺在垫上，用脚蹬软球或软质物。

可利用体操垫练习跳跃。由第一块垫子跳到第二块垫子；将体操垫卷成筒状并扎好，作为障碍物，让幼儿练习跳跃过去；将垫子折起来，让幼儿助跑后跳到垫子上，再跳下来等。由于跳跃活动幼儿容易碰到障碍物，而垫子软质，幼儿碰到时，不致受伤。

体操垫可以和其他器械综合使用。如圈、平衡凳等，让幼儿爬爬、钻钻、走走或者跳跳等。一方面富有变化，增加趣味性，另一方面也使幼儿不至于单一练习某一动作产生身体和心理上的疲劳，起到均衡作用。

攀登网

要特别注意，让幼儿在向上爬和翻转到另一面时要抓牢网上的绳子及攀登网的脊梁。

秋千

荡秋千开始可由教师助推，当幼儿熟练后，可以借助自己下蹬蹬板或蹬地面之力，使秋千来回摆动。

幼儿初次玩秋千时，教师一定要强调规则和安全。除了荡秋千的人外，其余人要在秋千摆动的范围之外，以防碰伤。

跷跷板

跷跷板是小班幼儿喜爱的活动之一。教师在组织幼儿玩时，一定要注意提醒幼儿，两端都坐上人后才可以开始。同时要关注，两个幼儿的体重是否相当，避免因为因重量差异大，造成幼儿受伤。

陀螺

陀螺是中国最早的娱乐项目。掌握陀螺的玩法对于幼儿园的孩子还是有一些难度的。一般在大班下学期时玩耍，主要是让幼儿自由抽打。

陀螺的玩法相当多样，但较常见的和适合幼儿的打法是：

水平法：将陀螺往前抛再往后一拉，陀螺就会沿着地面水平方向向前旋转。

垂直法：将陀螺从头顶上用力往地下甩，陀螺就会从天而降旋转不停。

当然打陀螺绝不止这些玩法，许多规则都可以自定，只要参加游戏的人都愿意共同遵守就可以。教师可以根据本班幼儿的特点创新出多种陀螺打法。

风车

作为玩具的风车只有中国有。风车主要用于小班幼儿的奔跑练习，通过幼儿奔跑时产生的风力带动手上的风车转动，增加小班幼儿奔跑的兴趣。风车还可以让大班幼儿进行探索，什么时候风车转，什么时候转得快，什么时候转得慢等，激发幼儿研究风力与转动的关系。

2. 多个器械的综合运用

以上每一种小型器械都可以两种或三种结合一起综合使用，开展循环式体能游戏。它利用小型器械和规定的基本动作，遵循一定的路线周而复始地连续进行，最终达到使身体的综合素质得到锻炼的目的。如体操圈可以和体操垫、钻圈、平衡木结合，将这些器材布置成一个循环路线，幼儿先从体操垫上爬过，然后蹦跳进由一个一个体操圈纵向排成的“小河”，接着钻过一个或两个钻圈，最后走过平衡凳“小桥”。教师可以根据活动的情况决定是否循环练习或循环几次。

循环式体能游戏

在安排综合利用器械的循环式体能活动时，要注意：第一，它一般更适宜在中班下学期和大班进行，因为开展此活动幼儿要具备一定认识能力和自控能力，小年龄幼儿可以从简单路线和简单动作开始；第二，它一般安排在幼儿掌握每一个基本动作以后，通过创设这样的游戏情境，吸引幼儿更加积极地参与练习。同时由于爬爬、跳跳、钻钻、走走，动静结合，剧烈运动和相对平稳活动交替，符合幼儿生理负荷量。

如中班单脚连续跳的综合练习，主要是帮助中班幼儿掌握单脚连续跳的基本动作，发展他们的弹跳力。由于单脚连续跳的运动量大，如果采取单一的连续练习方式，会伤害到幼儿的身体。因此，教师可采用循环综合练习，先让幼儿单脚连续跳，接着让幼儿钻山洞，最后，再安排幼儿有控制地按照“鞋印”来走平衡。这样幼儿腿部肌肉无需一直处于紧张状态，而是激烈紧张和放松慢速的活动交替，避免了幼儿一直处于一种单一的机械练习状态，增加了幼儿主动参与锻炼的兴趣。教师在初次组织幼儿玩时，要先介绍活动内容，并与幼儿讨论玩法，特别要让幼儿明确玩的路线规则——先玩什么，再玩什么，最后玩什么，这样可以避免幼儿在练习过程中的冲撞行为。同时，要让幼儿明确每一个部分动作的规范性，特别是本综合练习的核心动作——单脚连续跳如何做。教师可以先请幼儿示范，如果幼儿示范不正确，教师再亲自示范，并请幼儿逐一练习。教师在幼儿初次练习时，要仔细观察每位幼儿单脚连续跳的情况，给予针对性的指导。在第一次活动结束时，教师要和幼儿共同反思，分析单脚连续跳过程中幼儿各自的难点和分享幼儿的成功经验。在给予幼儿鼓励的基础上，教师提出进一步的练习要求，每天晨间体育活动每位幼儿都要练习，至于每天练习几次，教师可以根据自己班级幼儿的身体状态、水平、兴趣以及当天体育活动内容的多少来决定。

3. 农村资源的开发利用

农村有着丰富的自然资源，教师们可最大化地利用当地的资源，巧妙地利用替代品或自制小器械开展体育活动。如竹子、树枝、稻草、麦秆、玉米芯等等农村材料，都可以制作成幼儿锻炼的器材。比如：

将废弃的米口袋，表面画上小兔、袋鼠、青蛙等动物形象，幼儿站在袋子里，两手抓住两侧的袋口，扮演小兔、袋鼠等，练习双脚跳，连续跳等。

用竹子或木棍当成马玩骑竹马；用竹子做成竹圈当体操圈，其玩法与体操圈相同。

用线和蚕豆叶做毽子。

用玉米芯做成“保龄球瓶”，用玉米芯和稻草一起捆扎成“保龄球”，玩保龄球游戏。

将竹子或树枝两头用稻草包扎成圆头，用稻草扎成球当“小猪”，玩棍子赶小猪游戏。

用稻草制作的小型体育器材

还可以利用一种材料制成多种器材，开展多种活动。如利用稻草制成草棍让幼儿跳跃、击剑；制成草盘让幼儿抛接、投掷；制成草圈让幼儿滚、拉、跳；制成草囤让幼儿跨跳；让幼儿走草桩练习平衡；制成草龙让幼儿练习舞龙；制成草推车让幼儿练习平衡；制成草网让幼儿玩接球、接沙包等游戏；制成马头给幼儿当小马骑，练习奔跑等大肌肉运动；制成草鞋让幼儿通过穿大草鞋练习平衡等等。

（二）教师的组织与实施

1. 让幼儿自己发现玩法

以上每一种器材都可以先让幼儿自己玩，探索它的玩法。然后教师再组织交流，让会玩的幼儿示范，其他幼儿学习。教师将这些玩法进行总结再激发幼儿探讨，还有什么新的玩法。在这个过程中教师给与及时的指导并组织交流展示……促使幼儿不断发现和创造一个器械的多种玩法。

2. 每次可集中突出一种器械的玩法

例如玩体操圈，可以先玩跳圈。在幼儿探索并掌握了一种跳圈方法后，教师可鼓励幼儿继续尝试，提出新的跳法；一个圈的跳法穷尽后，可以进一步启发幼儿，两个圈、三个圈的跳法；当跳法穷尽后，教师可以再启发幼儿：体操圈除了跳，还可以怎么玩呢？这样，就可以依照“跳圈”的组织程序和方法，来引导幼儿探索体操圈钻、滚、套、投掷等多种玩法。在把体操圈的各种玩法穷尽后，教师再组织幼儿探讨其他器械的玩法。这样做的好处在于重视培养幼儿对于锻炼的兴趣，及时用新的锻炼方式激发幼儿的学习和锻炼热情，不断地鼓励幼儿将自己从园外习得的新运动或自己发明的新运动方式随时与同伴分享。这样，幼儿就会一直非常有兴致地创造性地游戏。

3. 让幼儿充分自主选择

教师要充分考虑到不同幼儿的兴趣、爱好和能力水平，尽可能提供机会，让幼儿自主选择运动项目和运动器材，自主选择共同锻炼的同伴，自主选择和调整场地，自主解决问题和纠纷。

4. 进行个别指导和必要的引导

当幼儿自由活动时，教师要加强巡视，随时注意对幼儿进行安全监察和指导。要观察幼儿的运动情况和身体状况，及时发现问题和幼儿的需要，随时进行必要的指导。有些幼儿过度兴奋、运动量过大，教师应及时疏导或调整，开展活动量较小的活动，保证幼儿活动量的适当。对于不爱运动的幼儿，应该鼓励他们选择合适的或有趣的活动内容；对于动作比较笨拙或没有玩伴的幼儿，教师应该与他作伴或指导他如何与同伴交往和游戏。

5. 让幼儿每天有时间玩器械

《规程》指出："每日户外体育活动不得少于一小时。""幼儿户外活动时间在正常情况下，每天不得少于二小时，寄宿制幼儿园不得少于三小时，高寒、高温地区可酌情增减。"各种大、中、小型幼儿运动器械的活动，是幼儿户外体育活动的主要内容，也是所有孩子的最爱。而幼儿掌握各种运动器材的正确玩法乃至会创造性地玩，都需要时间。因此，教师们在每天晨间锻炼时或下午体育活动时，应安排充分的时间让幼儿玩这些器械。

6. 各场地之间应有分隔措施

为保证各班级有序锻炼，幼儿在活动时不发生碰撞，要将活动场地进行分隔，划分成不同的运动区域，如球类活动区、钻爬区、投掷区、各种大中型器械区等。投掷、跳绳等相对快速移动的活动，应该与相对静止的活动隔离开来。区域的划分要根据不同活动对场地的要求来进行，如拍球就可以在水泥地上进行，有利于球的弹跳，而一些锻炼大肌肉的蹦跳、奔跑内容则需要在软质地面进行。教师可以在地面做一些符号标志，以帮助幼儿选择活动场地。而对于一些相对灵活的场地，则可以根据不同的内容做一些可移动的标志牌，中大班幼儿就可以借助标志牌的提示，自主地进入到不同区域中进行活动。分隔的材料可以多种多样，如班级与班级之间可用一些废旧物如雪碧瓶子等，用细线拴上则成为区域分割线。这些分割材料可以让幼儿和教师一起布置，本身也是教育内容之一。

7. 要重视培养幼儿规则意识

幼儿特别喜欢户外活动，运动量容易大，情绪处于亢奋的状态，较容易发生纠纷和安全事故。因此，教师们要重视建立体育活动的一系列规则，为幼儿自我管理创造条件。如正确使用器械的规则、收放器械的规则

（不用时要及时收起且要分类摆放、物归原处）等。同时要教育幼儿不要将器械对着同伴挥舞或投掷；击活动靶游戏时，不将投掷物对向同伴的脸部；移动项目参与者，不到相对静止活动区穿插移动，要在区域范围内活动等，帮助幼儿养成好的运动习惯，从而保证活动有序、安全地进行。

8. 做好户外锻炼时的保育护理

在锻炼前要观察幼儿的衣服穿得是否合适。对于穿得多的和易出汗的幼儿，要提醒他们脱衣服；要给一些出汗量大的幼儿提供擦汗毛巾；要在活动区域放置供幼儿休息的座凳，便于一些大运动量或身体不适的幼儿休息；夏季要准备一些避蚊水，让幼儿到户外前自主喷抹等。

三、阴雨天体育活动安排

幼儿园应根据现有的办园条件，创设和安排幼儿阴雨天活动的场地和设备。可以利用幼儿园礼堂、走廊以及班级教室进行活动，尽量利用教室

阴雨天的体育活动

内的桌椅，减少需使用大、中型器械或需要大活动空间的活动，如，跳绳和打三毛球等需要避让和来回奔跑空间的内容就要尽量避免。可以安排一些相对需要活动空间较小的以及相对不剧烈的活动内容，如将桌子排成长条、马蹄形等，将体操垫铺在桌下，让幼儿在桌子下面练习钻爬；可以利用椅子走平衡；可以在寝室内的床之间练习走高跷等。

在寝室内走高跷

大班雨天的体育活动可安排在教室内，教师可以充分运用教室内环境和桌椅。可以将幼儿座椅贴墙边排成一排，让幼儿练习走平衡；将桌子在另一边排成一排，让幼儿在桌子下面练习钻爬动作；再在另一边可以利用跳圈排成图形，让幼儿练习双脚跳或者单脚跳；将剩下的一边用体操垫铺成一排，让幼儿练习匍匐爬等。这样将教室中间的空间腾出来，可以安排扔沙包、踢毽子、跳绳等锻炼内容。如果有寝室，还可以在寝室中安排其他的一些锻炼内容。如将易拉罐或雪碧瓶摆在地上，让幼儿练习绕障碍走，或让幼儿走高跷等。

第三节　管理与保障

一、制订全园户外场地安排表

户外活动是幼儿最喜爱的活动，户外器械也是幼儿最喜欢的玩具，但这些器械容易损坏，也容易发生安全事故。为避免事故的发生，最大化地发挥各种器械的作用，加强管理尤为重要。

即使幼儿园有再大的空间，都不可能满足全园所有幼儿在同一时间段里充分地活动；即使幼儿园再富有，也不可能满足全园所有幼儿在同一时间里，尽兴玩大型器械玩具。因此，科学合理地安排幼儿园户外场地使用的规划就显得尤为重要。

1. 制订每周活动安排表

安排不同年龄段的每个班幼儿在一周的每一天都有机会充分地进行户外活动。结合各园的具体空间特点，合理将场地进行各个时间段的安排。尽量不要将场地、器械闲置，在一天当中，每个时间段都有幼儿在玩，每样器械都能玩到，且都能充分地玩。

2. 不同季节的安排表

如，冬季寒冷，中小班幼儿就不宜安排晨间体育锻炼，应将户外活动时间推迟到相对温暖的时段，如9点半以后，或将午饭后的散步时间加长；而夏季则恰恰相反，为避免太阳的直射和炎热高温，应尽量将户外活动放在晨间和上午时段，下午则尽量放在3点以后。保证幼儿在相对舒适的气温下锻炼，不被冻伤或晒伤。

二、明确安全维修人员及其职责

1. 专人负责制

明确专人（兼职）负责场地及设备的使用、维护和管理。要定期检查户外活动场地设备的使用状况，及时排除安全隐患。在不能及时维修时，提供安全提示标志，并告知全园教师和幼儿、家长，避免造成伤害事故。教师在每次组织活动之前要先检查器械的情况，活动前，要进行安全教育并在活动中关注幼儿的活动情况，及时制止不安全行为，帮助幼儿形成自我保护意识，建立良好的体育活动常规。

2. 建立账册

园内的所有大小器械均应一一登记，建立账册，这样一方面对于园所有多少器械、哪些器械人人清楚，可以按需增添补充，也可以方便取用。每学期将增加或减少的器材、设备登入分账册。所有器材每学期进行一次核对清点。总账每学年填写一次。

三、保障园内物质条件与场所

1. 提供收放的容器

园里要提供一些利于整齐摆放、归类及方便取用的货架或大筐。特别要按照不同器械的特点提供适合的容器。如可移动的装篮球的球架或球筐，这样教师在带领幼儿户外锻炼时，只要推着球架或球筐即可，就可避免幼儿一个一个抱着球下楼的危险，也可以节省时间。再如，体操圈的摆放，就需要一个类似椅子的器具或一张椅子，锻炼结束时幼儿自己将圈套在椅子背上，教师或值日生只要将椅子拿走即可。

2. 设置储藏空间

在场地四周应设置用于存放小型器械的空间。若园里有条件，可以每个年龄段设一个储藏空间。这样便于幼儿自己取用和放回，不至于拿放都拥挤在一起，造成里面的物品拿不出，外面的器械进不去等问题。

3. 户外绿荫的创设

要注意园内树木的保护和种植，这样使幼儿在炎热的夏季也可以在户外进行活动。

第四节　玩沙、玩水器具

一、玩沙箱及其玩沙工具的配置

沙箱应使用安全细软的天然黄沙或白沙，禁用工业用沙。

玩沙活动大多安排在户外活动时间。沙比较容易脏和“板结”，不利于幼儿造型或影响幼儿的健康。因此，沙箱要放在易于清洗和打扫的区域，周围最好有水龙头，便于加水和清洗。

要有玩沙配套的小桶、铲子，用于掏洞的小勺，用于造型的大小不一、形状不一的塑料杯子，还有一些塑料的或用废旧材料制作的小花、小草和小动物等，用于装饰幼儿沙作品和增加幼儿兴趣。

为防止沙子进入幼儿的鞋子和衣服口袋，可以提供玩沙的围裙或护衣。可以在沙箱附近专门设置一个柜子，用于摆放玩沙工具和护衣。

二、玩水箱及其材料工具的配置

玩水是幼儿最喜爱的活动之一。一般在夏季及春末秋初较适合，此时幼儿衣服穿得较少，动作灵活，不易将衣服弄湿。而且此时水温较适合于幼儿玩水。

为了幼儿玩得更有兴致，可以提供一些塑料杯子、碗、瓶子，用于装水、倒水和比较水量用；还可以将生活中一些不同材质的小东西或玩具放进水里，让幼儿认识沉浮；也可以将各种瓜果放进水里，观察其沉浮或在水中的姿态；还可以将不同材质做的小花放进水里，看谁先“开花”，积累不同的纸吸水性不同的经验等。

为了防止幼儿弄湿衣服，可以提供防水材料制作的护衣或围裙、护袖等。玩水的地方应提供干的小拖布或干抹布，让幼儿自己或老师能及时将地面的水擦干，以防幼儿滑倒跌伤。玩水箱最好放在排水、换水方便的地方。前面幼儿玩过的水要及时更换，让后面的幼儿也能玩干净的水。尽可能将玩沙、玩水箱放置在靠近的地方，这样便于一个班的幼儿选择是玩沙还是玩水，教师可以同时予以关照和指导。

同样，为了方便幼儿取用，也最好提供一个专门放置玩水工具和材料的橱柜。

玩沙、玩水箱及工具橱柜应放在公共游戏场地，便于全园各个年龄班幼儿的使用。同时还应放在向阳背风处，有利于幼儿玩沙玩水时进行日光浴并定期给沙土消毒。

组织幼儿玩沙玩水时，教师要教育幼儿注意安全，不能将沙、水泼向他人的面部，也不要将同伴的头浸入水中，随时警惕安全隐患，防范安全事故。

第三章

班级活动室的分布、配置与活动安排

第一节　活动室的分布建议

一、活动室的分布原则

1. 根据幼儿年龄阶段及发展状况进行布局；

2. 根据活动室设施设备及材料的功能进行布局；

3. 结合集体活动及小组活动的形式对空间进行划分；

4. 空间的划分与设施设备的摆放需安全、有序，便于幼儿自主取放物品和充分开展活动。

教师在布置活动室时应根据农村幼儿园活动室大小、结构的特点进行合理规划、布局，应充分利用活动室的空间。

二、结构工整的活动室的分布

此类型的活动室一般为形状较为工整的长方形或正方形。

分布建议：场地中间可摆放幼儿集体活动时使用的桌子，一般为6人一组。室内要有满足幼儿一日生活需要的生活区域，一般靠近盥洗间，便于幼儿进行饮水、盥洗等生活活动。四周创设固定的创造性游戏区，区域之间可以用玩具橱、屏风（挂衣架或站立的纸板等）纵向摆放进行间隔，形成一个个相对独立的游戏区。如四周不能满足固定游戏区的设置，可考虑室外空间的利用，也可在游戏活动时间临时创设部分游戏情境。总之，应充分利用室内外的所有场地，保障幼儿有充足的活动空间。

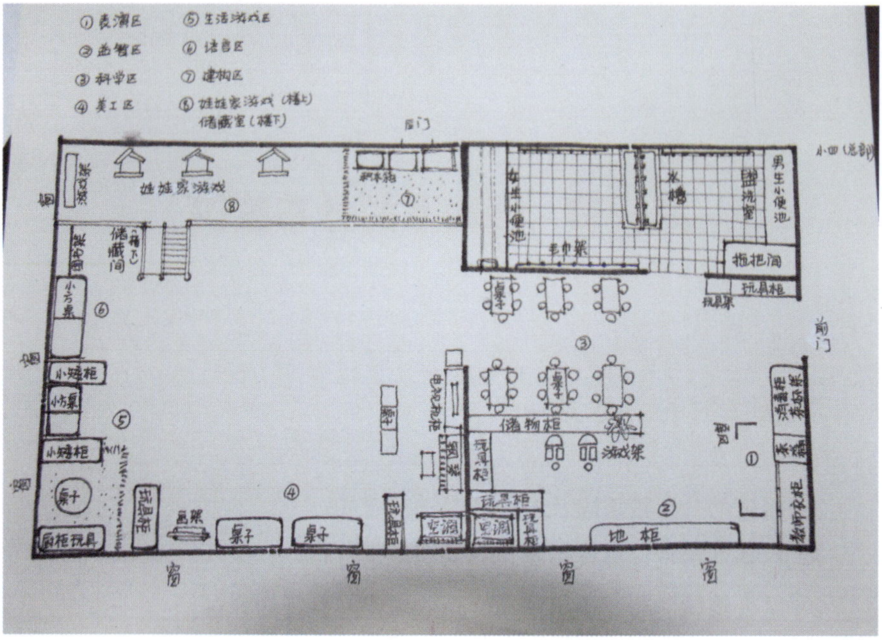

结构工整的活动室

阅读区域

美工区域

三、结构有变化的活动室的分布

结构有变化的活动室是指有的活动室里设有阁楼和地台，也可能活动室形状不工整，有凸出或凹进去的空间。这些往往是孩子们最喜欢的地方，在布局时应根据幼儿的年龄特点、兴趣及课程的开展情况灵活、充分利用。

分布建议：根据班级需要，在阁楼上可以设置不同的游戏区，如娃娃家、茶馆、搭积木区等，阁楼下可以设置如阅读、照相馆、医院等。根据活

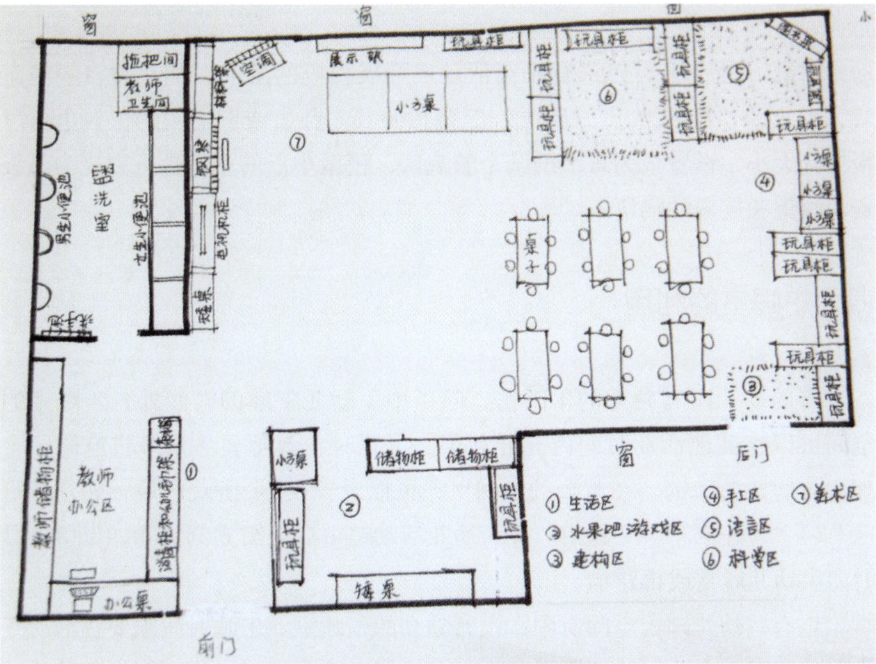

结构不工整的活动室，有凹凸空间

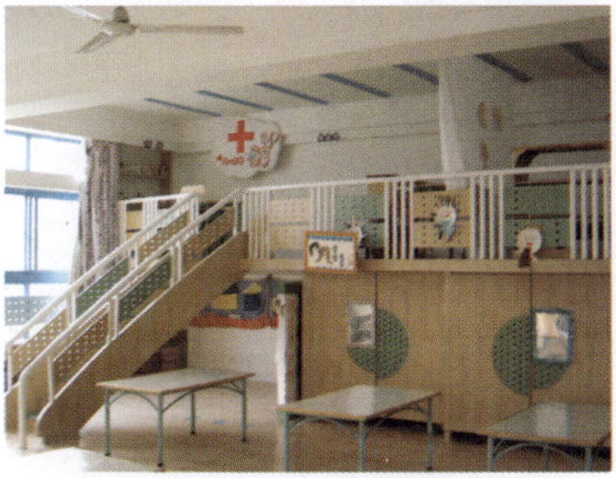

阁楼上的游戏区域

地台上的表演舞台

教室门口的娃娃家游戏

公共楼梯下的建筑角

动的需要，地台上可以进行小组活动或开展相应的游戏，如小舞台表演游戏，大班的“拼图”、“棋类”等益智游戏。凸出或凹进去的位置也可以根据其大小，设置成为班级的某个游戏区，稍微小点的空间也可以成为班级资源收集和放置的场所。

四、午睡室的利用

有的幼儿园有独立的午睡室，除了中午幼儿午睡的时间外，午睡室的空间可以在其他活动时间内充分利用。设置时，教师要尽量节省空间，合理摆放幼儿的床铺。在节余的空间里，可以设置1~2个游戏区域，如“建筑区”、“娃娃家”、“超市”等，幼儿活动结束后无需立刻拆除，保留一段时间供幼儿欣赏或再建构。

也有些幼儿园因空间有限，没有独立的午睡室。午睡时间需要在活动室内摆放床铺。在这样的情况下，教师在规划活动空间时，尽可能将各种活动区依墙（窗）而设。保证活动室中间有足够的空间摆放床铺。教师可以利用不同床的特点，加以巧妙的运用，如翻盖式的床，它的床面可以当成幼儿游戏活动的桌面；抽拉式的床比较重，难以移动，可以当成游戏区的隔断。帆布床平时则可以折叠起来放在阁楼的下方，需要时候再拉出来。

第二节　活动室的布置

一、小班活动室

小班幼儿年龄较小，活动室的设施设备、材料、空间安排相对固定，空间的布置要有温馨感，在活动空间内提供软垫等软质材料，给幼儿家的感觉。活动室内有明显的标记或图示（教师以图画的形式自制），便于幼儿取放材料进行操作及游戏。同时有利于幼儿轻松自然地活动。

如娃娃家区：小班幼儿以娃娃家游戏为主，在设置娃娃家活动区时，每家提供相同的娃娃家玩具（娃娃、摇篮、被子、锅、碗、勺、盘等）、小桌、凳子；可以用常见小动物作为每一家的标识；再制作与每家大标识相同的小标记，挂在幼儿脖上方便其游戏。再如各种情境游戏区域（无人游戏场景）：“牛奶站”——教师与幼儿共同收集空的塑料牛奶瓶和奶盒；提供多层架子，将收集的材料分类摆放在架子上，每层贴上相应的标识，

角色游戏“娃娃家”

角色游戏场景“果蔬店”

方便幼儿整理摆放。“加油站”——利用废旧纸盒和塑料管自制一个“加油箱”，“油箱”上贴上一些“按钮”让幼儿在游戏中进行操作。“小超市”——教师与幼儿共同收集日常用品和食品的外包装（玻璃瓶除外），按用途分类摆放在教师提供的“货架”（简易鞋架或多层玩具柜）上。

教师应设计相应的游戏区牌，悬挂在游戏区某一固定的位置，游戏牌上有明显的图案标记，让幼儿明确该游戏区的内容。各游戏区材料可以是购买的，也可以是师生收集或制作的，要特别注意材料的安全和卫生。游戏区还可以张贴师生讨论的游戏规则，以图夹文的方式呈现，以提示幼儿按照规则使用及摆放材料。

二、中大班活动室

中大班幼儿随着年龄的增长，可以和教师共同参与材料的收集与整理。活动室的设施设备、材料摆放相对集中，幼儿可以根据需要，灵活取放。

游戏区的设置可以根据需要不断丰富，教师和幼儿共同规划游戏活动区，幼儿参与规则和标识的制定，提示自己按照规则运用及摆放材料。游戏开展过程中，幼儿可以根据自己的需要及游戏的进程，灵活布局游戏场地，寻找、利用适当的游戏材料，发挥幼儿的自主性。教师可结合实际需要定期更换游戏活动区的内容、材料，不断增强活动区的适宜性。

“超市”游戏区域

第三节　一日活动的安排与组织管理

一、一日活动的时间安排

各园应根据幼儿的发展需要、当地的情况及季节特点制订适合的作息时间表，安排需考虑南北方的地区差异。

在时间安排与活动组织上应依据《规程》和《纲要》的精神，以游戏为基本活动，保证幼儿有充分的自主活动时间和空间，注重综合性、趣味性和活动性，寓教育于生活、游戏之中。

在一日生活中，应科学、合理组织各种类型的活动和使用各种设施设备及材料，并进行灵活的调整。

幼儿一日生活安排表※

小班幼儿一日生活安排表

季节 时间 活动	夏季 （6月~9月）	春秋季 （4月~5月，10月~11月）	冬季 （12月~3月）
· 入　园 · 自我服务	8：00~8：25	8：00~8：30	8：00~8：30
· 晨间锻炼	8：25~8：55	8：30~8：55	8：30~9：00
· 点心、自由活动	8：55~9：10	8：55~9：10	9：00~9：15
· 教学活动	9：15~9：30	9：15~9：30	9：20~9：35

※《一日生活安排表》参照南京市幼儿园作息时间提供。

（续表）

时间 季节 / 活动	夏季（6月~9月）	春秋季（4月~5月，10月~11月）	冬季（12月~3月）
·集体活动	9：40~10：00	9：40~10：00	9：45~10：05
·创造性游戏或户外活动	10：10~10：45	10：10~10：45	10：15~10：50
·餐前活动、餐前准备	10：45~11：00	10：45~11：00	10：50~11：10
·午餐	11：10~11：40	11：10~11：40	11：10~11：50
·散步 ·午睡准备	11：40~12：00	11：45~12：05	11：50~12：10
·午睡	12：10~14：30	12：10~14：30	12：20~14：30
·起床、点心	14：30~15：10	14：30~15：10	14：30~15：15
·户外体育活动	15：10~15：35	15：10~15：35	15：15~15：45
·集体活动或区域活动	15：35~16：00	15：35~16：00	15：45~16：00
·自选活动、离园	16：00~17：00	16：00~17：00	16：00~17：00

中班幼儿一日生活安排表

时间 季节 活动	夏季 （6月~9月）	春秋季 （4月~5月，10月~11月）	冬季 （12月~3月）
·入　园 ·自我服务	8：00~8：10	8：00~8：15	8：00~8：20
·晨间锻炼	8：10~8：40	8：10~8：40	8：15~8：50
·点心、自由活动	8：45~9：05	8：45~9：05	8：55~9：15
·教学活动	9：15~9：40	9：15~ 9：40	9：20~9：45
	9：45~10：10	9：45~10：10	9：50~10：15
·创造性游戏或户外活动	10：10~10：50	10：10~10：50	10：15~11：00
·餐前活动、餐前准备	10：50~11：10	10：50~11：10	11：00~11：20
·午餐	11：10~1：45	11：10~11：45	11：20~11：55
·散步、 ·午睡准备	11：50~12：10	11：50~12：10	12：00~12：15
·幼儿午睡	12：10~14：30	12：10~14：30	12：15~14：30
·起床、点心	14：30~15：05	14：30~15：05	14：30~15：10
·户外体育活动	15：05~15：35	15：05~15：35	15：10~15：40
·集体活动或区域活动	15：35~15：55	15：40~16：00	15：40~16：00
·自选活动、离园	16：00~17：00	16：00~17：00	16：00~17：00

大班幼儿一日生活安排表

时间＼季节 活动	夏季 （6月~9月）	春秋季 （4月~5月，10月~11月）	冬季 （12月~3月）
·入　园 ·自我服务	8：00~8：10	8：00~8：10	8：00~8：15
·晨间锻炼	8：10~8：50	8：10~8：50	8：15~8：55
·点心、自由活动	8：50~9：05	8：50~9：10	8：55~9：15
·教学活动	9：05~9：35	9：10~9：40	9：15~9：45
	9：45~10：15	9：45~10：15	9：50~10：20
·创造性游戏或户外体育活动	10：15~10：50	10：15~10：55	10：20~11：00
·餐前活动、餐前准备	10：50~11：10	10：55~11：10	11：00~11：15
·午餐	11：10~11：45	11：10~11：45	11：15~11：50
·散步 ·午睡准备	11：45~12：10	11：45~12：10	11：50~12：15
·午睡	12：10~14：30	12：10~14：30	12：15~14：30
·起床、户外体育活动	14：30~15：20	14：30~15：25	14：30~15：30
·点心	15：20~15：40	15：25~15：45	15：30~15：50
·集体活动或区域活动	15：40~16：30	15：45~16：30	15：50~16：30
·离园	16：00~17：00	16：00~17：00	16：00~17：00

二、活动的组织与管理

幼儿园各年龄段的活动类型基本一致，但由于年龄特点的差异，各年龄段的活动组织与管理存在着一定差异性。教师应把握好幼儿的年龄特点，结合班级的实际情况和活动特点，合理、有序地组织好幼儿的一日活动。

1. 晨间活动

晨间活动的时间为幼儿入园至早点之间，一般情况下，晨间活动包含幼儿入园的自我服务、观察自然角、户外小型多样的体育锻炼及韵律操、早操、吃早点等内容。如个别幼儿园因为活动场地不能满足所有班级同时进行户外锻炼的需求，也可以灵活调整，采用错时锻炼的方法，即部分年龄段的幼儿在此时进行室内区域活动，将晨间体育锻炼移至一节课后进行。由于小班幼儿年龄小，入园时间持续较长，情绪不稳定，生活照料多，比较适合这种调整方法。

幼儿园晨间活动的组织与实施：

年龄班	内容	设施设备及材料	组织与管理
小班	·自我服务	·抹布、椅子、衣帽柜等	·引导幼儿拿抹布有顺序地抹干净自己的小椅子，教师可以以图示的方式帮助幼儿学习有顺序地擦椅子。 ·引导幼儿将换下的外衣和鞋整理好放在指定的位置，折叠衣服方法的学习自然融合在这个生活环节之中。
	·观察自然角	·各种生活中常见的小型动植物（如金鱼、乌龟、小蝌蚪；大蒜、萝卜等）、水桶、小水杯（可用瓶盖等替代）	·动植物可以是幼儿园提供，也可以和家长共同收集。 ·提供小水壶、食物等材料，鼓励幼儿给自己的种植物浇水，观察动植物，发现它们的变化。 ·教师倾听幼儿语言表达，了解他们的发现，并用绘画、照片的方式帮助幼儿记录他们的发现。

（续表）

小班	·晨间小型多样体育锻炼 ·早操、韵律操	·各种小型多样的运动器材	·晨间锻炼的器械以小型多样为主，可以是购买的，也可以是自制的。 ·小班的器械提供品种可以从1~2种开始，然后逐步增加，教师在组织的时候要更多关注幼儿参与活动的状态，每个孩子都很安全，每个孩子都在锻炼。 ·教师要理解孩子在运动中的差异性，给个别胆子小、运动发展欠缺的孩子多些鼓励与支持。 ·晨间活动的组织可以采用多种方式进行，一种为按小组固定内容练习，听信号交换器械。另一种为确定某个器械为必练项目，每个幼儿都必须参加，其他项目为自选内容。两种方式可根据本班实际情况自选。 ·韵律操多为自己选择适合的音乐创编，早操小班上下学期可分别参考《早上空气真正好》《太阳咪咪笑》进行。
	·各区域游戏（看图书、自我服务练习、拼插玩具、搭积木等）	·图书、小型积木、桌面插塑玩具、喂“娃娃”吃东西、扣纽扣、叠小衣服	·幼儿选择自己喜欢的活动进行操作，听到信号后在老师提醒下收拾、整理好自己玩的物品，按标记放回玩具柜。
中大班	·自我服务	·抹布、椅子、衣帽柜等	·提醒幼儿认真清洁自己的小椅子；自己将换下的外衣、鞋子整理好放在指定位置。
	·值日生劳动	·水桶、抹布、值日生标志、观察记录本、笔	·幼儿晨间的值日生劳动主要包含整理班级物品，进行简单的抹桌、抹玩具橱的劳动，教师可将具体内容进行分配，可以照片形式呈现不同的内容，提醒幼儿选择值日生内容，认真完成。 ·值日生一般由一个小组一天或者每组一位幼儿轮流担任。 ·班级自然角的观察记录也可以由担任值日生的幼儿完成。

（续表）

中大班	·户外锻炼 ·早操、韵律操	·场地布置、各种小型运动器械、音乐磁带、录音机	·体育锻炼的过程是幼儿全面发展的过程，因此教师应提供更多的机会让幼儿自主选择，自我调控，自我检查，建议教师提供多种图示、图标帮助中大班的幼儿逐步实现自我管理的过程。 ·中大班的幼儿可以参与活动场地的布置与规划。 ·为更加有效地达成阶段性的运动目标，一个阶段或者一周可以确定一个必须练习的运动项目，并在该场地放置标记牌，标明必练的项目内容以及标准，提醒幼儿先锻炼该项目，其他项目采用自选方式进行。 ·中大班幼儿在晨间体育锻炼中除了运动基本技能的发展外，还应该关注幼儿在情感、态度及社会交往能力等方面的发展。因此在幼儿锻炼的过程中，教师在关注全班幼儿安全的基础上要多观察整体或个别幼儿运动中出现的问题，以便有目的地进行活动的互动评价。 ·给结束信号，值日生负责和配班教师共同整理、收好器械；主班教师带领幼儿进行活动评价（评价内容可有：运动技能、安全与规则、个别幼儿的进步等）。 ·中大班的早操内容中可加入一些基本的队列变化。

场地分割线及图标

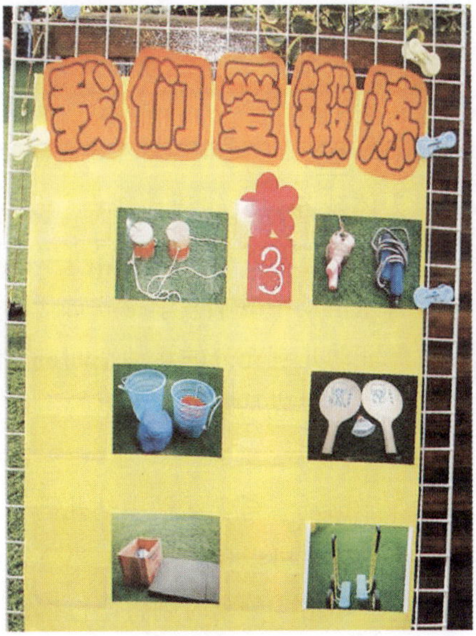

班级项目提示牌

2. 教学活动

小中大班幼儿在上午活动中均会开展相应的教学活动，教学领域可根据《纲要》的分类进行设定，也可以结合当地特点进行适当安排。每一个年龄段的教学活动时间各有不同，小班一周可进行5~6个教学活动，每次活动时间为上学期15分钟左右，下学期20分钟左右；中班每周可进行7~8个教学活动，每次活动时间为20~25分钟；大班每周为10个教学活动，每次活动时间为30~35分钟。

幼儿园教学活动的组织与实施：

内　　容	设施设备及材料	组织与管理
各领域教学活动：语言、科学、数学、美术、音乐、健康、社会。	·桌椅、黑板、展示板、电视机、投影仪等 ·教具（教师用）：范样、图片、图书、木偶、实物等 ·学具（幼儿学习时使用的操作材料）	·根据领域特点规划、安排桌椅的位置，摆放相应的材料； ·运用所准备的教学具在规定的时间内开展教学活动； ·无论哪个年龄段的教学活动都应动静交替，活动以幼儿的行动为主要的学习方式，包括操作、欣赏、交往、体验、观察、反思，以教师讲授为辅，要支持幼儿在与材料、同伴、教师的互动中丰富、建构自己的经验。 ·教学活动结束后和幼儿共同收拾整理所用的教学具，部分学具可以放置在活动角供幼儿继续练习。

为体现各领域的活动特点，保证幼儿有效地学习，不同领域活动进行时，座位的排列、场地的布置可以灵活多样，例如：

音乐活动中歌唱教学、欣赏活动可不用桌子，椅子排成半圆形或双半圆形，保证幼儿有充分的活动空间进行动作的表现。而打击乐教学活动，则可以将座位摆放成马蹄形或条形等，便于坐在不同位置的幼儿都能清楚地看到指挥。

数学活动、科学活动中幼儿需要与材料进行互动，因此要提供桌子。幼儿进行操作时可以坐在桌边，当进行集体学习如集中讲解活动要求，集中进行讨论、小结、分享时则将座位摆放成半圆形，便于每个幼儿排除材料的干扰，集中精力参与活动。

健康活动中根据运动、游戏的需要摆放相应的材料，安排幼儿和教师的站位，教师进行动作示范、环节小结时建议采用梯形队列，便于每个幼儿清楚地听清要求、看清动作示范。

幼儿园可以充分利用园内外的资源，有些观察类的活动，如观察柳树、认识菊花等可以在户外进行，让幼儿在近距离的接触中更真实地观察、发现。

操作中学习：研究怎样接管子

现场观察：认识柿子树

3. 游戏活动

教学活动结束后至进午餐前为游戏时间，一般在40~50分钟左右。创造性游戏包括角色游戏、结构游戏、表演游戏三类，不同年龄段幼儿的游戏内容不同。游戏是幼儿的主要活动，每一所幼儿园都应保证幼儿充分的游戏时间，一般小班、中班每周开展创造性游戏4~5次，大班下学期可逐步减少为每周2~3次。

情境中体验：学做文明小乘客

幼儿园游戏活动的组织与实施：

年龄段	内　容	设施设备及材料	组织与管理
小班	·结构游戏：搭积木 ·角色游戏：娃娃家、医院、公共汽车等	·角色游戏的各种配套材料、自制材料 ·游戏所需桌椅、篓子 ·场景的标志及分隔板 ·各种辅助材料、半成品材料	·活动开始，主班教师向幼儿介绍游戏材料、提出游戏新要求。由于小班幼儿年龄小，配班教师需要在游戏开始前在相应的场地摆放好游戏所需要的桌子。之后便于幼儿取放的游戏材料可以由幼儿自己拿取。 ·小班的幼儿容易忘记自己的角色，教师可以通过在游戏场地设立游戏标记牌（内插幼儿的标记卡片）或者是简单的服饰标记帮助明确角色。 ·结构游戏建议在桌面进行，教师提供丰富的材料，有目的地创设小路、公园、大高楼等情境，帮助幼儿逐步学习结构的基本技能，如铺平、围合、垒高等。 ·角色游戏在早期主要以娃娃家为主，医院、牛奶站等游戏只需要设置场景，提供材料，让幼儿自己操作材料即可。到下学期可以由幼儿扮演角色进行简单的交往游戏。 ·游戏结束，可以给幼儿固定的信号如一段音乐，教师鼓励、指导幼儿共同收拾整理所用的玩具、材料，放回到固定的位置。 ·评价游戏（规则的遵守、游戏情节的发展、个别幼儿的进步、存在的问题等）。小班游戏评价一般在具体的场景中进行。
中大班	·角色游戏：娃娃家、超市、医院、餐厅、面包店、理发店、服装店、消防队、幼儿园等等 ·结构游戏：建筑工地 ·表演游戏：小舞台	·角色游戏的各种配套材料、自制材料 ·游戏所需桌椅、篓子 ·场景的标志及分隔板 ·各种辅助材料、半成品材料	·活动开始，教师和幼儿共同回顾游戏中出现的问题、好的经验，之后师幼共同进行游戏场地的布置。 ·角色游戏要充分利用室内外的空间，让幼儿自主选择相应材料进行游戏。游戏的具体内容可以根据幼儿的兴趣确定。 ·结构游戏可以采用较大的积木，利用活动室中的角落或公共环境中的一角，在地面进行搭建。材料充分才能支持幼儿丰富的搭建，因此教师可以和幼儿共同收集大量的废旧瓶子、管子、板子、盒子作为辅助的搭建材料。 ·师生共同评价（规则的遵守、游戏情节的发展、个别幼儿的进步、存在的问题等）。中大班幼儿的评价环节可以采用师幼互动的方式进行，针对当天活动某个现象、问题进行互动讨论。

创造性游戏角色自选牌

在室外的角落，利用积木与辅助材料搭建

4. 生活活动

幼儿一日活动中有大量的生活活动时间，较为集中的有上下午点心、午餐、午睡和每次集体活动后的如厕、喝水等活动。这些生活活动，除了满足幼儿基本的生理需要外，也是幼儿养成良好生活习惯的时机，也是深入贯彻《纲要》“一日生活皆课程”的精神，我们应充分挖掘幼儿一日生活各环节的教育价值。

幼儿园生活活动的组织与实施：

内　容	设施设备及材料	组织与管理
·上下午点心	·点心盘、水杯 ·洗手间	·组织幼儿轮流入厕、洗手，利用各种图示帮助幼儿养成良好的生活卫生习惯。幼儿在盥洗过程中，班级三位教师要合理分工，保证幼儿安全、有序地进行活动。 ·教师介绍点心，需要时可引导幼儿观察点心的外形特点，丰富幼儿语言（小班适用）。 ·先吃完的幼儿自己将点心盘和水杯收到指定的位置，并洗手；中大班幼儿一周可安排1~2次自己清洗点心盘的活动（冬季除外），吃完的幼儿可进入区域进行一些安静的活动。 ·幼儿盥洗后，教师要及时检查幼儿衣裤的整齐情况，帮助小班幼儿及时整理，鼓励中大班幼儿参与学习整理，教师帮助检查。

（续表）

·午餐	·各种餐具、餐巾 ·折纸、折布、图书、绷绷绳等	·在等待午餐前，教师组织一些安静的集体活动或自主活动，如小班适合组织听故事、折布、看图书等；中大班可以组织幼儿轮流开展讲故事、说新闻、播报天气、小博士讲坛等活动，或者自主进行玩折纸、折布、绷绷绳、看图书等较为安静的活动。 ·午餐进班后，教师给幼儿介绍饭菜（中大班可请幼儿轮流介绍），引起幼儿食欲。 ·组织幼儿轮流入厕、洗手；中大班安排值日生和配班老师共同准备餐具。 ·提醒幼儿安静地午餐，鼓励个别幼儿愉快、按时进餐。 ·吃完午餐，提醒幼儿整理桌面，接水漱口、用餐巾擦嘴、洗手；先吃完的幼儿可以在教室外的走廊自主活动片刻（折纸、折布、看图书等）。 ·待幼儿全部吃完集中后可由教师带领在园内散步，此时可根据教学要求进行随机教育，散步时间为15~20分钟。
·午睡	·床、被褥	·提醒幼儿午睡前入厕小便。 ·组织幼儿脱衣裤、脱鞋，小班下学期和中大班教师可以引导其自主脱，并整理好衣裤放在指定的位置。 ·帮助幼儿盖好被褥，照看幼儿午睡；个别幼儿根据需要提醒其中途入厕。 ·午睡过程中，值班教师要不断巡视幼儿午睡情况，帮助幼儿盖好被子，发现异常及时处理。 ·班级可提供1~2双拖鞋，便于幼儿中途入厕，冬天要提醒幼儿加件外套后再入厕，防止受凉。 ·起床后组织幼儿穿好自己的衣物、鞋，入厕小便，中大班幼儿可学习整理自己的床铺。

（续表）

·每次集体活动后的休息	·水杯、茶水桶	·教师组织幼儿入厕小便、洗手喝水；中大班幼儿可以不进行集体组织，学习根据需要自己安排，教师只做提醒。 ·在活动室的区域内进行一些安静的、能较快结束的活动，如看图书、折纸、说悄悄话、玩手指民间游戏、拼图等。

每个幼儿在床、挂衣架、茶杯架等生活用品处贴上自己的标记，便于在需要时方便地拿取、使用。

中大班幼儿可以协助老师对生活用品进行清洁、整理。

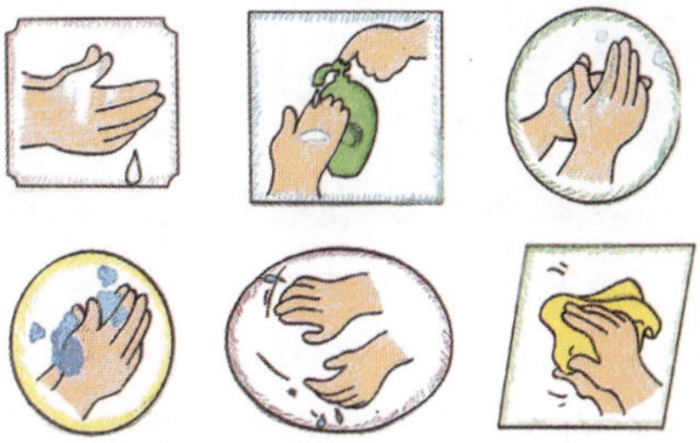

利用图示帮助幼儿养成良好的生活卫生习惯

利用图示提醒幼儿清洁活动的顺序

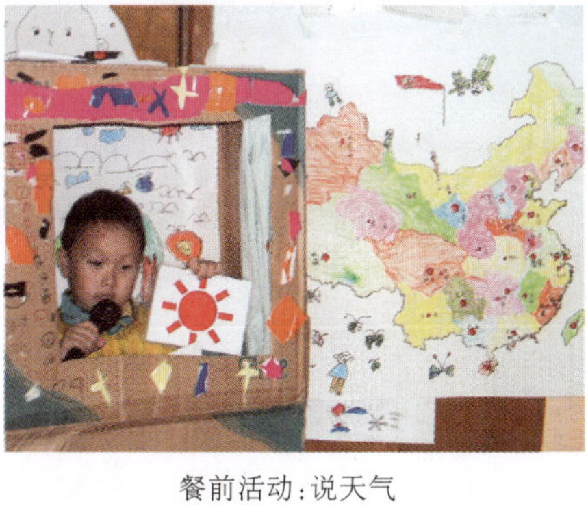

餐前活动：说天气

饭后散步：观察小鱼

饭后散步：观察种植园地

饭后散步：研究落叶的秘密

亲近自然是幼儿的天性。农村有丰富的自然资源，小动物、瓜果、蔬菜、沙土、树、竹等都是幼儿的好朋友，小池塘、田野等都是幼儿的活动场地。农村幼儿园应充分挖掘包括自然资源在内的地方资源，开展活动，丰富幼儿的经验，促进幼儿发展。当然，应以幼儿的安全与健康为前提。

第四章

活动室的区域与空间环境的设计、实施

第一节　班级环境创设

一、营造温馨的班级环境

（一）和谐的色彩

1. 主色调的确定

（1）根据季节确定。如春天选择绿色系，秋天选择黄色系，冬天选择灰、白、红色系等，让班级环境的整体色彩与季节同步。

（2）根据班级外环境确定。如教学楼外墙为白色，班级色彩可以选择任意色；如果外墙为多色喷绘，建议选择喷绘色彩中其中的1~2种主色。总之，色彩与周围环境趋同，尽量减少多组对比色的同时出现。

（3）根据即将开展的教学活动内容确定。如果即将开展民俗文化的主题，就应以民俗传统色为基调，如大红大绿等；如果开展社会交往主题，建议以中间色为主，如爱心的选择粉色、帮助的选择蓝色等；如果开展规则主题，建议选择灰、绿、黑、红色，与规则标记相协调。

2. 色彩的搭配

（1）幼儿就是最鲜艳的色彩。幼儿的着装一般比较鲜艳，幼儿在教室中活动，就是流动的色彩。要让幼儿在环境中凸显，千万不要用艳丽的色彩铺满环境，否则将掩盖幼儿的存在。

（2）同种色好于对比色。浅绿上套深绿好于浅绿上套大红，由4~5种同色系材料制成的大树树叶好于4~5种杂色制成的大树树叶。在环境布置中，一个主题墙饰或同一墙面的色系不宜太多，一般2~3种为宜。

（3）底板多用灰色系。底板是为了衬托展示材料服务的。展示材料或是教学需要的资源介绍，或是幼儿过程性学习的成果，或是学习过程的记录，它的呈现目的是帮助幼儿做好学习的经验储备与积累。所以，底板应与

大墙上的分隔块面

展示材料构成和谐的色调。报纸、纸箱、包装纸都是制作底板的最佳材料。

3. 色块的大小

（1）利用分隔墙形成色块。教室门、窗、立柱、分隔墙都可以形成内墙的分隔区域，适当地将个别区域用整体涂刷、底板或墙纸粘贴的方式形成色块，不仅可以起到点缀作用，还可以直接为主题布置提供块面。走廊的墙裙、窗沿的下方都是形成色块的好地方。

（2）将大块墙面分隔成小色块。教室里通常会有整幅的空白墙面，在使用时可以利用色布、色板、色纸等分隔墙面形成若干小块面，提供主题墙的数量。在整幅墙面分隔小块面时装饰方式要统一，如不同动物的外形做若干底板轮廓、以色彩不同装饰手法相同的方式制作若干底板等。

（3）色彩鲜艳的色块不宜过大。教室里的悬挂物、主题墙大块面中的小块面一般不要超过A4纸大小，建议选择报纸、纸箱板等灰色调材质作为底板，以突出展示的内容。

（二）会说话的布置

1. 呼唤幼儿的到来

同一背景下的相关内容

（1）开放的橱柜。适合幼儿的橱柜有两个特征：一是低矮和无门，方便幼儿的取放；二是桌面宽和带万向轮，幼儿可以随自己意愿选择摆放位置，变更橱柜用途。为了教室的整洁，将大部分的玩具、材料锁在有门的橱柜中的做法是非常不妥的。只有橱柜也成为游戏、活动的一部分时，橱柜的呈现才能吸引幼儿的注意。

与视线相宜的环境

开放的图书区

（2）在幼儿的视野内。幼儿园活动室的最低净高为2.8米，而幼儿的身高在1.1～1.3米左右，视野的广度因身高受限。我们应该将与幼儿互动频繁的对象放置在与幼儿身高相匹配的位置上，如主题（单元）墙、标记、作品展示区等，保证幼儿平视相对，不要让幼儿抬头仰望。

（3）随活动的变化而变化。随着幼儿园课程的进程与幼儿的发展，主题（单元）墙面也是不断变化的。有些幼儿园在教室里也采用喷画的方式期望使用多年或一劳永逸，是非常不合适的。应将室内可以使用的墙面做事先规划，留出主题墙面，随学习内容的变化而变换。

春天的变化

2. 邀请幼儿的参与

（1）可自主支配的活动选择。我们经常在一些班级看见张贴在醒目处的《游戏活动选择表》（如我来选游戏、我喜欢玩……），就是向幼儿发出热诚的游戏邀请。这样的环境布置，不仅能够让幼儿提前知道游戏的内容，还能提前自主选择，对游戏前经验的调动有着积极的意义。

（2）提供层次性的材料。幼儿天生喜欢游戏，但有些幼儿参加游戏不久就出现喜欢某类游戏、不喜欢某类游戏的现象。究其原因，是喜欢的游戏能够获得成功的喜悦，不喜欢的游戏往往探究时间过长或过短、难度太深或太浅、极易失败或过于容易。因此，提供在活动室的游戏材料要有层次性，保证每个幼儿“跳一跳,能成功”，不仅让幼儿本次成功，还激起幼儿再次活动的欲望。

（3）适当预留空白。将环境中部分留白，如将主墙饰的大树留白让幼儿随季节的变化替换树叶，将气象预报的内容留白让幼儿自己更新，将观察过程留白让幼儿自己填写等。

天气预报站

3. 提醒幼儿的活动

（1）形象的画面。对于年幼的儿童来说，直觉形象的提醒可以让他们有置身游戏的感觉，可以帮助他们在不自觉的模仿中完成行为的练习。不妨在洗手池前制作洗手顺序图、饮水桶前制作多喝水的提示，让画面代替老师的语言。

（2）参照的范例。在活动室提供会说话的布置是非常必要的。建筑区周围张贴积木组合图和各类风格建筑图可以提示幼儿搭什么、怎么搭，在理发店提供理发流程图可以提示幼儿先做什么、后做什么，在结构区提供成品展示便于幼儿从模仿开始掌握建构技能。

（3）积极的启示。活动室的墙面布置都是和幼儿的学习、生活相关的，如小班表现相亲相爱主题的“动物幼儿园”、大班表现对科学探究的“神秘的天空”、“神奇的三原色”等，老师可以利用这些布置组织教学活动，让环境布置成为现场图片，激发幼儿将兴趣转变为行动。再如寝室里惬意的环境，则有暗示幼儿快快休息的寓意。

神奇的三原色

（三）交互的场所

1. 定期改变环境布置

（1）墙面布置的改变。随着班级主题进程的不断深入，幼儿学习的广度与深度也随之发生变化，墙面的布置也应随着变化，如“勇敢的消防队员”单元墙面出现的内容依次为调查类（失火了怎么办？火警电话是什么？）→实践探索类（参观消防队、看叔叔练本领、叔叔对我说等）→知识类（消防车的构造、火场逃生、危险的游戏）→拓展类（消防演习、我想这样灭火、我发明的抢险工具等）。

（2）区域格局的改变。不同的学习主题对区域有不同的要求，有些主题需经常在美术区活动（如奇妙的色彩）、有些需经常在建筑区活动（如城市的变化）、有些需经常在表演区活动（如戏剧艺术），因此区域应该随着需要不断调整范围和增减桌椅。

（3）学习素材的改变。只要主题发生变化，活动室内的学习素材也应随着墙面布置一样发生变化，才能满足幼儿学习与探索的需求。如配备的图书并不需要一次全部陈列出来，可以将图书稍作分类，把与主题相关的图书展示出来，无关的图书暂时收起来，既保护了图书，又实现了图书为主题学习服务的目的。

2. 幼儿作品的使用

（1）透过幼儿的作品了解幼儿。环境中预留空白、作品展示区等做法都是成人了解幼儿的好途径。我们可以通过幼儿各个阶段的作品比较，分析幼儿学习的方法、情绪的状态、发展的水平，从而为个别辅导奠定基础。

公共的作品区

（2）用幼儿的眼光看世界。幼儿喜欢什么、关注什么，通过幼儿的作品就能发现。只有从幼儿感兴趣的点出发开展教学活动，以幼儿的视角看世界，教学才能产生真正意义的互动。

（3）让活动室充满童趣。幼儿园的活动室是幼儿的世界，幼儿的世界就应充满童趣。要让活动室更像游戏间，去除橱柜外门，开放玩具资源，让屋顶、墙面、地面与柜体都会说话，让活动室成为幼儿的乐园。

布置环境

悬挂的作品

卷曲后的作品

窗台上的作品

3. 标记的使用

（1）玩具的摆放标记。幼儿园的玩具种类繁多，随着学习、游戏的深入，幼儿自主使用玩具及材料的需求也逐渐加大，玩具的收放就成为难题。可以用制作玩具标记的方式解决此难题。一种是用数码相机拍照，打印两张照片，一张贴在玩具筐上，一张贴在对应的橱柜格中；一种是手绘玩具的特征图，贴在对应的橱柜格中；还用一种则是用数字对应的方式帮助玩具找家。这三种标记方式分别适用于小、中、大班。

实物标记

图象标记

数字标记

小脚印标记

（2）地面的提示标记。让地面也能说话的做法也有很多，如用箭头标记提醒幼儿上下楼梯靠右行，用脚印标记提醒幼儿该区域最多可容纳的游戏人数，用线条提醒幼儿将椅子排列整齐等。建议地面标记不要用油漆涂刷，而用即时贴剪贴制作，便于及时调整更换。

（3）空中的悬挂标记。空中悬挂物有三种：一种是幼儿的作品展示，一种是区域分割提醒，一种就是标记。由于绝大多数活动室因空间面积有限，教学活动时多功能玩具柜一般靠墙摆放，游戏活动时玩具柜需要移动到相应的区域位置，这时如果有适当的参照物提醒，游戏开始的环节就能快速有序。悬挂标记就是区域或游戏的招牌，以固定的悬挂物提醒幼儿游戏活动开始时的快速定位。

二、营造安全的班级环境

（一）空间的利用

1. 室内外的充分利用

（1）室外空间的利用。每个班级除了室内空间以外，还有众多的室外空间可以挖掘，门厅、走道、回廊、露台……都是游戏活动的好去处。因为室外空间为共同场所，易受其他班级幼儿的干扰，区域规划时尽量以设施固定、材料流动为主，即不易搬动的游戏设施（招牌、橱柜、提示图等）固定摆放，易搬动、丢失的材料（小玩具、游戏工具、辅材等）每天活动结束时收回班级。

（2）角落的利用。以一个长方形教室为例，每个班级至少有四个角落，如果教室设计合理（如L型、T型教室），一个班级可能拥有六个以上的角落，这是非常利于区域规划的。千万不要把钢琴、不可移动的橱柜放在角落，因为那样会让角落变成死角。班级拥有的角落越多，区域设置的可能性就越高。由于角落相对安静，建筑区、阅读区等可以设置在此。

（3）立柱的利用。以前大家会讨厌立柱，在装潢时往往将立柱外包成橱柜使用。现在则不同，可以借助立柱形成教室“中间”的角落，为区域的设立提供更多的地点。立柱表面可以作为主题墙的一部分，立柱的四周可以摆放与之相宜的两个左右的区域设施。立柱还可以作为教室功能分隔（如学习区与生活区、游戏区与活动区）的天然标志，使室内环境有序、整洁。

立柱上的大树

2. 适当的屏障

（1）橱柜的分隔。目前幼儿园大多数教室的面积为50~80平方左右的矩形结构，角落相对较少。如果利用橱柜适当分隔，就会出现可移动的角落。如果教室小，这些橱柜在不用时可以靠墙摆放，区域活动时推动橱柜（橱柜安有万向轮）移动至相应的位置。如果教室足够大，这些橱柜可以固定在相应的位置，利于幼儿随时的活动。

（2）垂帘的悬挂。现在提倡自主游戏，游戏的主题依幼儿的兴趣而定，游戏的内容经常变化，对场景的要求也较灵活，如角色游戏中的开汽车、消防员、邮局、小吃店等。对这些需要流动式橱柜或设施开展的游戏，就可以利用垂帘的悬挂来区分游戏场地，帮助幼儿快速找到合适的地点开展游戏，减少无谓的讨论与纷争，更减少因为杂乱带来的安全隐患。需要提醒的是，窗户、门等地方尽量不要悬挂面积较大的装饰物，以免影响采光。

（3）独处的空间。建议每个班级都寻找一个相对封闭、安静的角落作为幼儿独处的空间，让幼儿在焦虑、紧张的时候不受打扰。如果教室里没有

小制作区形成的空间

上下呼应的空间

合适的角落，可以收集一些大型家具、家电的包装箱开门、开窗后摆放在教室的一角，里面放置一些柔软的玩具，以抚慰幼儿的心理。

3. 安全的防护

（1）处处有软保护。幼儿园意外伤害事故的发生大部分都是因为碰撞引起的，因此环境中要处处体现“软”。有条件的幼儿园教室地面建议使用木质地板或PVC地材，墙面距离地面1.3米的空间做软包处理，墙角用弧形转角实木线条包裹，楼梯井做防护栏或防护网等。

楼梯井的保护网

墙裙的保护

转角的保护

（2）材料无危险性。实木、清水漆，是设备配备重要的环保要求。同样，在玩具等材料的配备上，也将无毒、无味、无尖锐边角等安全要素作为首要的选择指标。但是设备、材料是有使用期限的，一旦发现设施设备有破损迹象，就应立即修缮或停止使用。如桌面塑料玩具的使用年限一般为3年，超过期限塑料就脆化，极易划破皮肤发生意外伤害。

（3）废旧材料的选择性利用。发挥材料“以物代物”的象征性功能，开启幼儿的创造性，是游戏的重要教育目标。购买的玩具基本上为成品玩具，无法实现唤起幼儿“假想”的发展铺垫，因此需要老师们自己动手收集废旧材料补充到游戏材料中。农村自然资源很多，乡土的废旧材料能够引起幼儿共鸣，激活想象与创造，但仍要注意安全的问题。老师在废旧材料投放前一定要筛选、清洁、加工，保证幼儿在使用中的安全。

（二）绿色的通道

1. 走廊的利用

（1）走廊首先是通道。在教室空间有限的情况下，利用室外走道开展活动是非常值得欣赏的。强调走廊是走道，第一功能是让人行走，切不可因为摆放了大量的玩具设施堵塞了交通。要注意走道被游戏材料占据后的剩余空间是否合适通

走道上的自然角

行。走道宽度一般以两人擦肩而行为宜。

（2）走廊是室内空间的补充。如果走廊宽度适合作为游戏的活动场所，就能极大地弥补室内空间的不足。建议：小班室外走道里适宜设立多个娃娃家以满足幼儿平行游戏的需要；中班室外走道里适宜开展开汽车、旅行社等流动性的游戏；大班室外走道里适宜开展安静的学习型游戏，如棋类、牌类、编织等。

走道飞行棋

过马路游戏

（3）走廊更需安全防护。应遵守的安全要求主要有：护栏的高度一定要超过1.2米；教室外开窗不能低于1.3米；护栏上不能有可以攀爬的踏脚点；用落地玻璃做封闭的要加设防护栏；敞开式走道夏、冬两季不适宜作为游戏场所；消防栓位置不能摆放游戏材料；不在楼梯口游戏；在楼上走廊活动的幼儿不能向下抛扔玩具等。

2. 室内通道的利用

（1）用通道分隔功能区。教室里一般分学习场所、生活场所、游戏场所，三个场所同时还兼游戏区域的职能。当教室里需要开展集体教学活动、吃点心或午餐时，要通过桌椅的摆放控制行走通道；当需要在教室里游戏时，就要依靠活动橱柜的摆放分割区域，如果橱柜数量不足，利用通道区分区域是最佳的选择。

（2）保证与门口的最短距离。通道不仅是方便幼儿游戏、活动中行动的走道，更应是遇到危急时刻的撤离走道，所以，从任何区域出发，到达教室门口的距离应该越短越好。因此，班级的游戏区域最好相对固定位置，让幼儿熟悉游戏场地分布，一旦发生危险容易分辨方向。

（3）活动室大门要通畅。大门是进出的重要通道，应随时保持开启状态。有些幼儿园因室内空间有限，喜欢把黑板架、游戏材料放在门后，这是

室内有足够的行走通道

游戏不影响通道畅通

极不合适的。还有的老师在门框上装饰了众多的悬挂物，需要撩起才能进出，这种装饰方式也是不可取的。

3. 逃生演习

（1）知识的准备。演习前，各班教师要通过教学活动向幼儿讲解地震（火灾）逃生顺序、逃生技巧及要求，如灾难发生时可以采取的应急行动、灾难发生时的保护方法、等待救援时的保护方法等，并通过模拟练习加深印象。

（2）演习预案的制订。预案是幼儿园遇到突发事件时全园各部门快速反应的行动指南，包括应急领导小组成员及分工、应急行动方案等。模拟练习要包括“灾难”信息发布、疏散顺序、疏散地点、要点提示等内容。

（3）对幼儿的保护。发生灾难时，教师要根据班级所处的位置，有序地组织幼儿撤离或就地躲避，全力保护幼儿安全。教师要时刻与幼儿在一起，通过语言交流、身体抚慰或具体行为安慰和帮助幼儿。

消防演习

防震演习

（三）规则的建立

1. 规则来自于儿童

（1）允许幼儿尝试错误。规则的学习是意识与行为统一的练习，而年幼的儿童通常是有意识无行为，例如能表述三轻要求（走路轻、说话轻、放下东西也要轻），执行时忘却脑后。可以在安全保护到位的前提下让幼儿在无规则状态下先行游戏，通过无规则造成的错误结果让幼儿留下深刻印象并自发提出规则。

（2）规则逐步出现。班级常规的建立是靠规则来实现的，需要建立生活规则、卫生规则、游戏规则、学习规则等等……因此，常听到老师在环节过渡时提出“轻轻走”、“不能跑”、“不要推人”、“排队等待”等众多的注意事项与要求，这是不适宜的。最好的方法是先分析班级目前最需要建立的规则是什么，逐一建立新规则。

（3）规则需要内化。近期规则拟定后，老师就应高频率出现此规则的要求，让幼儿在活动中通过行为训练养成遵守规则的实际行动，从而形成习惯。班级里绝大多数幼儿内化成习惯了，标志着这个规则的形成。

2. 规则需要提醒

（1）要求在前。每一个活动前，老师都要提出近期规则要求，通过提醒强化幼儿的意识。当然，提醒有积极的，也有消极的，“像小猫一样轻轻走路”就是积极的提醒，“小强昨天推了天天，这个样子我们都不要学”就是消极的提醒，应该让幼儿毫无负担地认同积极提醒并愿意执行。还有一点需特别强调的，就是规则的提醒应该在安静的、人人能听见的时候表述，不要在幼儿兴奋的时候讲。

在线上行走

走道上的物品摆放规整

（2）检查在后。在行为练习的过程中，老师要仔细观察幼儿活动的过程，认真检查活动的结果，为评价提供准确依据。

（3）及时评价。大凡班级常规建立不好的，并不是缺乏规则，而是没有评价。活动中发生违背规则的问题时老师视而不见是秩序混乱的主要原因。伴随着检查，老师的评价要及时跟上，针对幼儿行为及时反馈信息。

3. 规则需要榜样

（1）同伴的榜样。幼儿之间的相互影响对其行为有重要作用，应在同伴中树立学习的榜样。如果班级出现大声喊叫的行为老师没有及时制止，那么更多的幼儿就会以大声喊叫吸引老师的注意。

（2）成人的榜样。想让幼儿轻声说话，老师自己就不能大声喧哗；想要幼儿养成物品归类的习惯，老师的个人物品就不能随意摆放；如果想让幼儿学习入园时礼貌地与别人打招呼，老师自己就应主动地与同事、家长、幼儿打招呼。

作品柜的标记

（3）作品与标记的榜样。“不在危险的地方玩耍”、“不玩火”、“不碰电插头”等标记有着重要的作用。标记也可以代替提醒和榜样的功能，如阅读区安静阅读的标记（在一个大声喊叫的嘴巴上作黑叉标记）、手工区剪刀使用的标记（在挥舞剪刀的手臂上作黑叉标记）等，提醒幼儿该注意的事项。

案例：某幼儿园环境布置评估标准

墙饰

班级的墙饰分主墙饰、窗饰、单元墙饰。

主墙饰选择的主题应适合本班儿童的年龄要求，具有教育性、趣味性、儿童化、可操作的特点。

窗饰应以美化、装饰效果为主，并与班级和周围区域环境相一致，占用面积不宜太大，具有透亮、色彩保持持久、整体性强的特点。

单元墙饰是为单元教学服务的场所，应充分体现幼儿在单元学习过程中的认识变化过程，可以是幼儿的问题、采访、解答，也可以是单元相关的知识点画面，还可以是幼儿学习过程中的实录（照片、观察记录、个人作品、语言表达……）。

1. 教师在单元墙饰中所起的作用应保证知识点先期引发、幼儿后期经验及时交流，并合理规划、美化单元墙饰的画面，使其具有教育与装饰功能。

2. 单元墙饰的保留时间一般为1~3周，随着新的单元的生成，过去的单元墙饰自然被替换。

3. 一个班单元墙饰以3~6处为宜。每一个单元可以同时出现2~3处单元墙饰。

活动区

班级活动区域以6~10个为宜。

1. 区域之间有合理的隔断和距离，利于幼儿的行动和操作，不相互干扰。

2. 每个区域有明显的图文标记，能激发幼儿参与活动的兴趣，暗示幼儿可以进入的人数与规则要求。

3. 配合单元，区域里的操作材料应不断变换，区域环境中应有合适的画面解释、暗示新出现的操作材料的使用方法。

4. 区域中有合适的空间摆放、展示幼儿的作品。

第二节 区域游戏与玩具

一、区域的设立

（一）开放的区域

1. 区域的种类

区域的数量应根据幼儿园的课程、当地的文化、幼儿的年龄、班级的环境而确定，一般有科学类、益智类、语言类、积木类、扮演类、美术制作类等。可以用五大领域的社会（角色区）、科学（科学区、数学区、实验区）、语言（阅读区）、健康（角色区）、艺术（美术区、表演区、建筑区）来分类，也可以依据当地社会文化中的内容来分类，如江南茶乡的班级可以设置采茶（实验区、建筑区）、炒茶（角色区）、品茶（角色区、语言区）、茶艺（表演区、美术区）等。

2. 区域的空间安排

在区域位置选择时，要依据几个方面做选择参考：一是对特殊设施的需求，如美术区应该在靠近水源的地点；二是条件的需求，如阅读区应该在光线明亮的区域，建筑区应该在宽敞的区域；三是人数的需求，如表演区分舞

不受干扰的建筑区

光线充足的语音区

台和欣赏区，人数较多，场地也要大；四是不受打扰的需求，如数学区、科学区要安静思考，需要远离噪音。

3. 自由的学习场所

自由的学习场所不是为所欲为的娱乐区域，它是建立在良好班级常规基础上的自由，是在矛盾与规则的不断撞击中有序达成的。所以，在幼儿准备选择区域前，让他知道各区域的游戏规则并愿意执行非常重要。他必须知道“我目前的需要或愿望可以在什么区域得到满足”、“在这里可以做的事情和不能做的事情有哪些”、“我应该和其他小朋友一起分享区域里的空间和材料”、“如果人多的时候我要安静等待”，当这些要求被幼儿认同时，自由的区域才能真正实现。

（二）时间与内容

1. 每天不少于2小时

区域活动可以在上午集体活动后进行，也可以在下午体育锻炼后进行，还可以在晨间入园时进行。不管什么时间段，最好有连续40分钟以上的时间，便于幼儿完成某个活动的全过程。如果本幼儿园的园本课程把活动区作为教育的主要场所之一，幼儿在区域的活动时间应更长。

2. 多样化的组合

由于各区域对活动的要求不一，在时间的安排上也要灵活。如角色区需要幼儿的合作与交往，对象要固定，较适宜在全班幼儿都在的时间段开放；而科学区、实验区等往往幼儿一人就能操作，因而适宜在任何时间段（特别是活动环节过渡阶段）开放。建议晨间开放科学区、数学区、语言区、实验区；上午集体活动后开放所有的区域（以角色区为活动重点）；下午开放除角色区以外的所有区域。

3. 自主选择区域

在规划了区域位置后，老师接下来要考虑每个区域的最多游戏人数，并通过挂牌、对脚印、标数字等方法帮助幼儿选择。为让每个幼儿选择的机会均等，《活动区计划表》（也可以名为《今天我玩什么？》）是体现公平的较好方式。方法为：将班级的区域及区域内的游戏制成表格，每个游戏标注游戏的人数，幼儿可以根据自己的兴趣将属于自己的标记（照片、数字、姓名卡等）放置在相应的游戏栏里。这样幼儿不仅要规划自己的活动，还可以根据人数调整自己的计划，提高幼儿的有目的活动的能力。

（三）区域的目标

1. 全面和谐发展

我们常遇到这样的幼儿：对某个区域有着狂热、执着的兴趣，对其他区域则不闻不问，如果哪天该区域没有选择成功，就发脾气或整天心情不佳。这种只对某个活动感兴趣、长期停滞在固定区域的作法是不利于其全面发展的，必须加以干预。建议采用小组轮流优先选择的方式决定参与区域游戏的人员，如果今天是周二，第二组的幼儿就先选择，满足其第一愿望的可能性就大。如果每个幼儿每周都有一天能够满足自己的首选，在其他的日子体验调整选择愿望的感受，幼儿的心理承受力就会不断提高，兴趣也会随教师的隐形干预逐步改变。

2. 区域的活动目标

各区域的活动目标在本节后面将具体介绍，这里要阐述的观点是：区域的设置一定和课程或当地文化相关，区域游戏是课程重要的组成部分，它是课程的一种表现方式，是课堂教学的补充与延续，它以自主、操作、情趣的特点满足幼儿的需求，与教学享有同等重要的地位。重上课轻游戏是早就应该摒弃的错误认识，如果老师们每天把上课作为必定要完成的任务，而把游戏看作可有可无的活动，就大错特错了。

3. 学习还是游戏?

区域是学习型区域还是游戏型区域，常让老师困惑。其实两者并不矛盾，游戏的目的是让幼儿在玩乐中体验、感受，习得各种经验并不断提高实

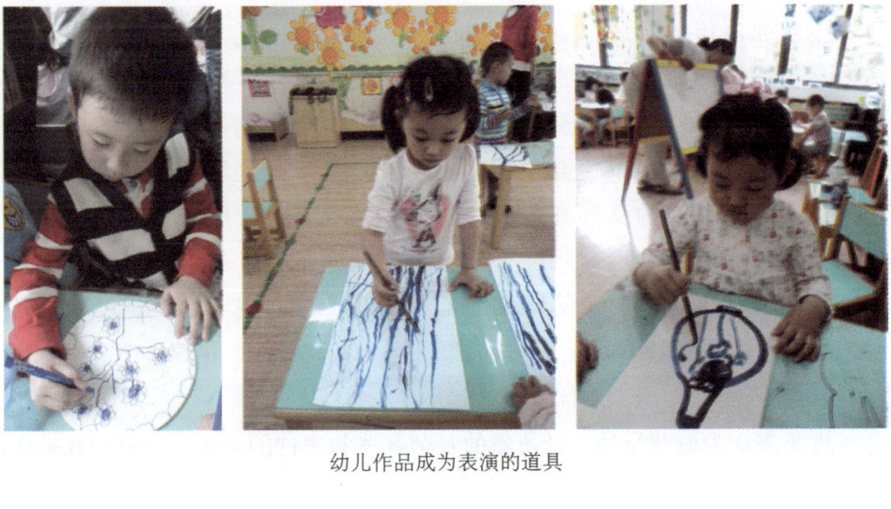

幼儿作品成为表演的道具

幼儿作品成为表演的道具

际操作的技能。由于活动区的设置，一些老师误以为角色区狭小的空间只能开展娃娃家之类的游戏，因而更关注带有认知成分的学习型区域（如科学区），很多对幼儿认识周围生活非常有益的角色游戏无法开展。建议晨间和环节过渡阶段开放学习型区域，上午集体教学后的区域以角色区为主。角色区采用固定和流动结合的方式，角色区的游戏内容至少要有3个以上，如娃娃家、小吃部、理发店等。

（四）游戏与儿童发展

1. 游戏是幼儿最喜欢的活动

我国著名教育家陈鹤琴先生说过："小孩子生来是好动的，是以游戏为生命的。"3~4岁的幼儿具有活泼、好动、好模仿、喜欢被称赞、喜欢成功的特点，而游戏正好能满足幼儿的这些特点。游戏，是儿童早期特有的一种学习方式，也是幼儿的主要活动。游戏，不仅可以满足其身心发展的基本需要，而且会对幼儿的身心健康和全面发展产生重大的作用。

2. 游戏可以让幼儿放松情绪

按照弗洛伊德和埃里克森的理论，游戏能帮助儿童发展自我力量。游戏是由愉快原则促进的，它是满足的源泉，游戏是缓解心理紧张和使儿童掌握大量经验的净化反应。幼儿在生活中会受到不同程度的客观条件的限制和束缚，这难免会在心理上产生紧张或受到压抑，而游戏则是松弛幼儿紧张情绪的良好方式。幼儿是在游戏中成长的，他们在游戏中学习如何使用肌肉和控制肌肉，他们发现世界是怎样的，自己又是怎样的，他们尝试生活的各个不同方面，在游戏中重现现实生活，以释放各种矛盾、复杂的情感。

3. 游戏可以促进幼儿思维的发展

皮亚杰认为游戏是幼儿学习新的复杂客体和事件的方法，是巩固和扩大概念和技能的方法，是使思维和行动相结合的方法。

（五）游戏中应注意的问题

1. 了解幼儿游戏水平

如果一个幼儿把大部分时间都用于旁观其他幼儿的游戏，并不明显地想加入游戏，他就处于旁观者的游戏水平。如果幼儿独自一人玩玩具，根本不注意其他人在玩什么，一点儿也不想接近其他幼儿，他就处于单独游戏的水平。如果幼儿玩的玩具或内容与周围的其他幼儿相仿，但是他用自己认为合适的方式做游戏，无意支配或改变周围其他幼儿的活动，他就处于平行游戏状态。幼儿从独自一个人游戏逐步发展到在其他幼儿身边游戏，但并不参加他们的游戏，最后发展到合作游戏，有一个过程，对幼儿不能与别人合作玩游戏要尊重。

2. 理解幼儿的宣泄行为

幼儿在游戏中自发地表现出来的一些具有宣泄意义的行为，即使有一定的破坏性，我们也应多一分理解。如幼儿玩打针游戏使劲给娃娃打针，这是幼儿将自己在打针时受的痛苦发泄到“打针”的活动中去。当幼儿表现出这种自发的宣泄行为时，老师应意识到幼儿正处于心理紧张状态，他们需要帮助，要努力找出引起幼儿处于这种心理紧张状态的原因，对症下药，消除造成幼儿心理紧张的种种因素，促进幼儿的心理健康成长。只要我们注意观察就能发现，幼儿通过游戏把精力和情绪发泄之后，他们的脸上总会露出一种满足和痛快的表情。

3. 不要以游戏判断幼儿的心理

在游戏中，幼儿偶尔表现出来的一些偏好，一般不具有心理诊断意义，只有那些经常表现出来的偏好才具有心理诊断意义。如有的男孩愿意做“妈妈”、女孩愿意当“爸爸”，我们不能凭偶尔出现的这一偏好而断定幼儿的性别角色认同有问题。在游戏中，幼儿完全可以按自己的意愿去当“爸爸”、“妈妈”、“警察”、“医生”，他们可以尽情地想象，并在想象中满足自己参加成人活动的愿望。

4. 善用游戏的矫治功能

“游戏疗法”是一种心理治疗方法，即通过游戏的方式对幼儿存在的心理行为问题进行矫治。如幼儿害怕黑暗，可以和幼儿玩黑暗中摸球的游戏（将房间里的灯全关上，在黑暗中进行摸地上的球，看谁摸得多），多次活动后幼儿也就不怕黑暗了。再如，当幼儿有害怕狗的典型症状时，可以和幼儿玩捉“狗”的游戏。开始时老师扮演“狗”，让幼儿捉“狗”。多次游戏后，可以调换角色，由幼儿扮演“狗”，这样，可以引起幼儿对狗的兴趣，进而使幼儿不再怕狗。

二、区域游戏

（一）语言区

1. 活动目标

（1）喜爱文学作品，养成倾听、阅读的习惯，能借助阅读活动吸收新知识，萌发想象，愿意根据自己的理解用表演的方式表达对作品的认识。

（2）认识中国文字的基本特征，了解文字与语言、文字与画面的关系，做好前书写准备。

（3）愿意借助安静的独处空间放松、缓解幼儿的情绪压力。

2. 需要的材料

图书区一角

走廊上的阅读区

（1）区域设置：语言区一定包含阅读区域，所以图书架是此区域不可缺少的装备，有条件的幼儿园可以再配备一些开放式橱柜，增加储存空间。因为阅读区域是安静的区域，又兼独处场所，不妨为阅读区添加一个用大型家具、设备的包装盒制成的屏风，也可以将这种包装盒开门、开窗，提供一块地毯、几个靠垫、毛绒玩具，形成趣味阅读场所。

（2）桌椅：因为前书写练习需要养成良好的坐姿，阅读区也需要配备桌椅。如果班级桌椅数量有限，可以采用临时投放的方式解决。有条件的幼儿园可以在此处投放视听设备，让幼儿在视听一体的环境下理解作品。

（3）其他材料：图书是阅读区的主要材料，幼儿园配备的图书涉及知识、智力、文学等类别，放置在图书架上时，也应按类呈现。另外录音机（CD、磁带）、沙盘等，也是阅读区的必备材料。根据活动的不同，还需要教师自制大量的材料，在后面将详细介绍。

阅读区的视听设施

温馨的阅读区

3. 可以开展的活动

（1）倾听活动：听故事、辨音游戏。

（2）阅读活动：看图书、自制图书。

（3）文学活动：木偶表演、情境表演等。

（4）前书写准备：下文字棋、剪大字、拼图、文字接龙、沙盘写字、转盘游戏等。

（二）数学区

1. 活动目标

（1）根据自己的能力和兴趣选择相应层次的活动材料，熟悉并逐渐掌握各种数的概念。

（2）在生活化的情境中反复操作，愿意用各种方法尝试练习。

（3）在尝试探索中养成主动思考、解决问题的习惯。

2. 需要的材料

（1）区域设置：数学区需要橱柜有较多的搁层，便于摆放数学材料。因为橱柜高度与幼儿站立时操作的高度一致，橱柜的台面可以作为桌子使用。因为大多数数学活动需要利用桌子操作，有条件的幼儿园最好在此区域摆放一套桌椅。

（2）地毯或地垫：一些数学游戏需要比橱柜台面更大的空间，我们可以利用数学区的地面开展活动。只要在地面铺设一块面积相等的地毯或地垫，幼儿可以直接将材料放在上面操作。

（3）材料：实物卡、点卡、数卡、排序卡、算盘、分类盒、翻转匹配卡、几何图形、几何形体、数字印章、印台、钉板、钟面、骰子、剪刀、铅笔、白纸、卡纸、套杯、天平、转盘、尺子、量杯、漏斗、扑克牌、跳棋等。

3. 可以开展的活动

（1）数量关系的活动：如点卡比多少、数字比大小、掷骰子盖得数、数字接龙、数序拼板、数物拼板、看数字连线、喂小鱼、扑克大吃小、分糖果等。

（2）时空关系的活动：如看时间拨钟面、看钟面填时间、小动物住楼房、小岛寻宝、镜中人、找队长等。

（3）形体关系的活动：如比长短、比高矮、数图形、拼图、找相同、按大小标记排序、镶嵌板、做盒子、分蛋糕、量杯比多少等。

（4）逻辑关系的活动：如钻山洞的人数、找前后、串珠、 排序找规律、不同动物比重量等。

幼儿园的数学活动内容非常丰富，数学区的游戏活动可以作为数学教学活动的延续和补充。数学教学活动的游戏材料可以封塑后投放在区域内反复使用，并在观察幼儿学习过程的基础上添加层次性材料，保证数学活动的多样性。因数学活动强调生活化，游戏材料的选择要尽量考虑生活材料的自然选择，同时老师要采取自制游戏材料的方式满足本班幼儿学习与发展的需求。

匹配游戏

拼图游戏

对应游戏

棋类游戏

迷宫

加减转筒

（三）美术区

1. 活动目标

（1）认识各种材料的颜色、形状和基本属性。

（2）通过剪、贴、揉、拍、缝、画等，发展手眼协调性及精细动作的能力。

（3）在制作过程及作品展示中，了解制作的艰辛和操作的快乐，增强自信，并愿意尊重他人的劳动成果。

2. 需要的材料

（1）区域设置：在美术区，幼儿需要进行操作活动，有些活动是可以单独开展的，有些是与其他角色游戏相互关联的。因此，在区域的设置中，会出现大区域中多种活动内容同时进行的场景。其基本的设施为：活动柜、画架、桌椅（有条件的幼儿园可以在上面铺防护层，既保护桌子，又让幼儿无负担地创作）。

（2）工具类：粘贴工具及材料，如订书机、胶带、胶棒、胶水、糨糊、双面胶、牛皮筋、针线；剪切工具，如剪刀、裁纸刀、起子、锤子、锯子等。

（3）材料：各类纸张，如铅化纸、卡纸、手揉纸、绉纹纸、宣纸、瓦楞纸、植绒纸、吹塑纸、牛皮纸、旧报纸；各类颜料，如水彩、丙烯、水粉、油彩、墨汁；各类笔，如铅笔、水彩笔、油画棒、毛笔、排笔、勾线笔；各类容器，如盆、瓶、碟、盘、筐、盒；各类绳线，如毛线、绣花线、缎带、丝带、麻绳、包装带等；各类模具，如可以用于造型的油泥底版、雪花片、瓶盖等；辅材，如色布、纸盒、油泥、小棒、绣花框、线轴、棉签、弹子等等。

3. 可以开展的活动

（1）绘画类：瓷砖画、沙画、树枝画、瓶画、盘画、染画、糨糊画、滴画、喷画、吹画、滚画、线画、弹子画、泡泡画、毛笔画、手指点画、棉签画等。

（2）泥工类：搓元宵、搓面条、绕圈圈、泥画、做泥砖、切泥板、串泥球、泥塑等。

专用美术室

树枝染画

编织

彩绣

（3）版画类：蝴蝶印、纸板印画、刮画、揉绉纸画、墨汁染画、浮水印、泥板画、抹布拓印。

（4）拼贴类：盖房子、做动物、几何拼图、做木偶、做面具、纸浆造型、纸盒造型等。

（5）编织类：编地毯、编蛋网、缝纽扣、刺绣等。

编制鸟巢

竹筒绘画

（四）科学区

1. 活动目标

（1）学习使用各种实验材料,养成主动探索、发现的习惯。

（2）了解人与自然的关系，对自然界的各种现象感兴趣。

（3）愿意遵守操作规范，尝试探索了解事物变化过程的方法。

2. 需要的材料

（1）区域设置：本区域设置实验区（科学实验）、自然角（动植物照料）等活动，各班级可以根据本班环境的实际选择集中摆放还是分散设立。实验区需要活动式橱柜摆放实验材料，还需要桌子开展实验活动。自然角需要观察架，观察架的数量视班级需要而定，一般由欣赏区、实验区、种植区、喂养区组成。

（2）工具：适宜年幼儿童使用的锯子、锤子、起子、尺子等木工工具，桶、洒水壶、铲子等种植工具，小捞网、温度计等辅助工具。

（3）材料：记录材料，如笔、观察记录本；自然角的材料，如花盆、玻璃缸等容器，棉花、海绵、泥沙等种植基材，各类种子、果实，各类具有观赏价值的无刺、无毒植物，各类易存活的微型动物；动物饲养角的材料，如鸟笼、纸盒、玻璃缸、水管等；科学区的材料，如塑料盆、铁盆、玻璃缸等容器，显微镜、放大镜、三棱镜等光学设施，电池、电路板、小发电机、电线、灯泡等，磁铁、磁粉、回形针、土块、木块、弹子、布条、漏斗等，指南针、扇子、电筒、皮影玩具等。

3. 可以开展的活动

（1）自然角活动：发芽实验、断根实验、切片实验、染色实验、水栽与土栽实验、趋光实验等。

（2）动物饲养角活动：蝌蚪尾巴的变化、蚕宝宝的一生、蚯蚓钻洞、蚂蚁的洞穴、鱼类生活、螺蛳生活、多脚的昆虫等。

（3）实验区活动。

磁力活动：摩擦实验、相斥相吸实验、指南针找南极、磁粉变化实验、找五官、放小船、跳舞的小人等。

空气活动：塑料袋找空气、称重量、挤压实验、加热吹气球、气球开船、气球开火箭、转风车等。

电的活动：电池发热、亮灯泡、电流连接、交通灯等。

声音活动：纸杯电话、纸盒变乐器、敲击与声音等。

光与影活动：手影、皮影、剪窗花、万花筒、洒水找彩虹、太阳下的影子等。

水的活动：沉与浮、冰灯、戳洞流水、水杯交响乐、吹泡泡、溶解实验、蒸发实验、虹吸实验等。

有条件的幼儿园可以在园内专门设置动物饲养区、种植园地，饲养的动物以鸡、兔、鸽子等小体积的家禽、家畜为主，种植园地与各班级自然角中的种植相对应。

科学实验区

气象观察记录

自然角的不同区域

可变化的植物实验

植物观察记录

饲养区观察

（五）建筑区

1. 活动目标

（1）在建构活动中体验部分与整体的关系，了解与尝试保持平衡、对称等方法。

（2）愿意根据自己的想象创造，遇到问题会用多种方法解决。

（3）促进手眼协调与空间知觉的发展。

2. 需要的材料

（1）区域设置：建筑区虽然是利用积木、积砖开展的活动，但是建构活动的后期幼儿会自发与角色游戏串联，因此建构活动在地面要求平整的同时，空间范围要大，以满足幼儿在区域中游戏的需要。

（2）材料：建构的基本材料可以是小型桌面积木，也可以是清水积木。清水积木需要专门的橱柜收放。无条件配备清水积木的班级，建议收集鞋盒、药盒等，作为建构的基础材料。为了满足幼儿在建筑游戏中的需要，还应提供一些小树、小人、小车等辅助物，增加趣味性。

（3）辅助材料：有条件的幼儿园可以配备一块地毯或地垫，利于建筑物的稳定和幼儿操作的安全。如果积木数量不足，可以增添一些硬质纸盒、线轴、纸板、竹筒等作为替代物。

3. 可以开展的活动

（1）单纯性活动：堆砌类活动，如堆土坡、藏小动物等；平铺、延长类活动，如铺小路、开火车等；围合类活动，如动物园、幼儿园等；架空、加高类活动，如小桥、长椅、房子等；对称类活动，如亭子、长廊、轮船、大炮、高楼等。

（2）学习性活动。可以与本阶段班级教学活动相联系，如国庆期间可以建构天安门，“119”消防日可以建构消防车，春游后建构公园凉亭等。

（3）游戏性活动。随幼儿的兴趣而定，如火车站、十字路口、游乐场等。

夹墙间的建筑区

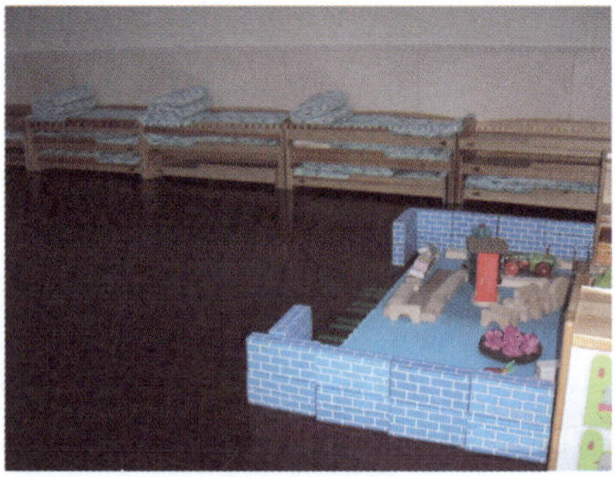

寝室中的建筑区

楼梯下的建筑区

建筑区里的辅助物

（六）表演区

1. 活动目标

（1）愿意用语言、表情、肢体动作等表达自己对文学作品的认识，并能以角色的方式表现。

（2）能大胆在群体中表演，不害羞、胆怯。

（3）在表演过程中，学习分工、合作，感受表演与成功的快乐。

2. 需要的材料

（1）区域设置：表演区为动区，不仅有音响要求，还因表演需要较大范围的活动空间，如舞台、后场、观众席区域等。所以，此区域最好设置在室外大空间，既不影响其他区域的活动，又有足够的活动范围。

表演区域

表演区的材料

表演区的服装

现场装扮

（2）设施：用于木偶表演的架子，悬挂表演服装的衣架，摆放表演道具的箱（盒），录音机等。

（3）材料：动物头饰是本区域的主要材料。有条件的幼儿园可以再增加以下材料：操纵表演用的木偶、纸偶、布袋偶等，装扮表演用的服装、发饰、拎包、纱巾、眼镜等，作表演道具的树、花、草、房子、头饰等。

3. 可以开展的活动

（1）歌舞类表演：可以与近期教学活动或庆祝活动学习的内容结合，作为学习和复习的场所。此表演的益处是全班人人轮流参与。如舞蹈、歌表演、“六一”节目准备等。

（2）情境类表演：以文学作品的录音为背景音乐，边听录音边表演。此表演的益处是没有固定的模式，可以随自己的认识表现，表演的后期阶段可以脱离录音，由幼儿分角色自己对白，提供更大的表现空间。

（3）小品类表演：幼儿根据自己的兴趣完全自由模仿、创作、表现，如新闻联播、天气预报、每日故事会、竞选演说、小品节目等。

（七）角色区

1. 活动目标

（1）通过角色扮演，表现自己对周围生活的认识，愿意模仿和想象相关的社会性行为。

（2）了解社会的基本结构，了解自己与他人的关系。

（3）在与同伴共同的活动中，学会交流、协商、合作等互动技能。

2. 需要的材料

（1）区域设置：角色区是班级游戏最主要的活动场所，也是幼儿最喜欢的活动。角色游戏是幼儿对现实生活的模仿和再现，要尽可能提供幼儿自主活动、自由创造的可能。在区域设置时，可采取固定区域与流动区域相结合方式，如娃娃家需要床、桌、柜、灶台等多样设施，就可以设固定区域；旅行社只要简单道具，就可以用一个纸盒解决问题。流动区域的材料可以集中摆放，游戏时再搬移到合适的地点。

（2）设施：角色游戏很多主题是随幼儿的兴趣临时出现的，班级内的椅子、桌子、琴凳、纸盒等，都可以成为角色游戏的设施。

（3）材料：大量的游戏材料需要老师根据游戏的发展而添置。

3. 可以开展的活动

（1）家庭类游戏：娃娃家。娃娃家配备的材料除了盒装的炊具、灶具、餐具外，教师可以通过收集实物、自制的方式增添更多的材料。根据班级环境的大小，娃娃家的数量可以变化，小班幼儿处于平行游戏阶段，建议设3~5个娃娃家，中大班适当减少。幼儿在娃娃家里可以扮演爸爸、妈妈、孩子的角色，中大班还可以增加爷爷奶奶或客人等。各个角色可以根据自己的生活经验来表现，如洗衣做饭、抚育宝宝、整理房间、迎送客人等。

爸爸与妈妈

走道上的娃娃家

娃娃家的客人

（2）公共服务类游戏

医院：小班幼儿玩医院游戏只要有医生角色就行了，中大班阶段可以逐渐增添人员细化分工，如挂号处、就诊处、取药处、住院处等。幼儿对医院游戏的兴趣直接依赖游戏氛围的创设，建议为角色制作服饰（白大褂、帽子等），游戏前引导幼儿回忆医院就诊过程，丰富幼儿相关经验。

中药房

超市：小班的超市仅限于幼儿买卖的动作，所以一个幼儿做超市的营业员就够了。中班、大班随幼儿生活经验的丰富，超市游戏在广度与深度上都要拓展，如角色可分为经理、理货员、送货员、收银员，可以从实物卡代替钱币买卖，过渡到点卡、数卡、点钞币等，可以在超市设即制即卖的专柜，可以增加送货上门服务等。

超市

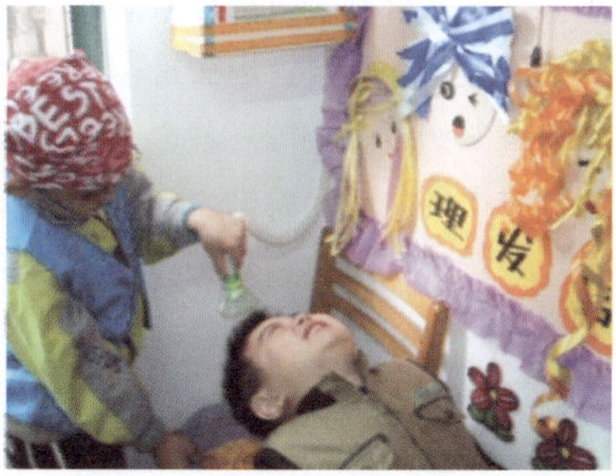

理发店洗头

理发店：随幼儿生活经验的丰富，理发店游戏也要不断变化。可以从开始单一模仿成人理发，逐渐过渡到美发、美容服务。可以逐步增添如涤纶纸做的镜子、蛋糕盒做的热水器、包装绳和浴帽做的假发。因为理发店的玩具都是要在客人身上摆弄操作的，每次游戏前，老师都要检查理发工具的安全性，及时消除隐患。

（3）其他游戏：班级还可以根据幼儿的兴趣和教学进度开设其他游戏，如幼儿园、汽车巴士、旅行社、小卖部、茶叶店、消防队等。

角色游戏在幼儿的游戏内容中应占据一半左右的份额。不仅班级每天开放角色游戏区域，还要让一半左右的幼儿参与到角色游戏之中。

角色游戏需要幼儿相互的交流、合作、互动，各游戏间要尽可能地创设互动的条件。如娃娃家的爸爸带孩子去医院检查身体、到表演区看戏，娃娃家的妈妈可以去菜场买菜，乘车去理发店烫发等；美术区的人员可以作为小

小卖部

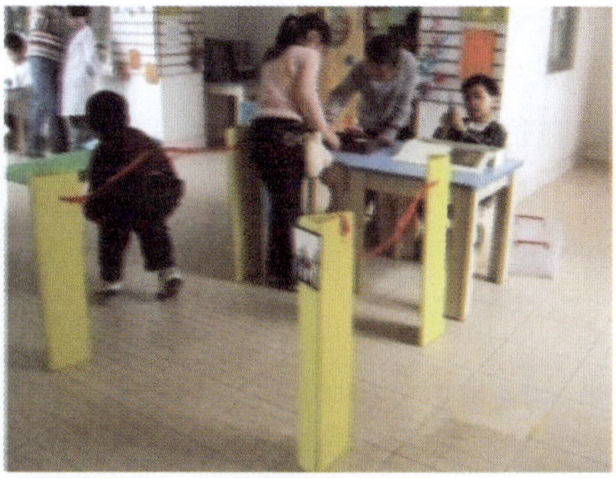

银行

茶叶店

豆腐作坊

外卖游戏

大排档

吃店制作糕点的地点，然后将成品送小吃店供应。总之，角色游戏是联合的游戏，是互动的游戏，如果角色游戏没有交流、交往的可能，这样的游戏就不适宜在幼儿园开展。

案例：小班（上）游戏“我会学本领”区域设置

	内容	儿童发展目标	层次	材料准备	指导要点
角色区	娃娃家	学习抱娃娃及哄娃娃的方法	层次一	1.事先让幼儿阅读有关妈妈养育宝宝的图片 2.在墙上张贴妈妈抱宝宝的图片或照片	能正确地抱娃娃，并能尝试与同伴共同进行游戏
			层次二		鼓励幼儿正确抱娃娃，学习一些简单的、基本的哄娃娃的方法，如睡觉、吃饭等
			层次三		初步学习抱娃娃的正确方法。帮助完全不会抱娃娃（如拎胳膊、腰、腿、倒着抱、顶在头上等）的幼儿，可多示范讲解，再让幼儿练习
语言区	学习看书	看单幅单画图书，知道书的封面、封底，会从头开始看	层次一	单幅单画图书、木偶小鸡、小鸭	知道书的封面、封底，鼓励幼儿学习小鸡小鸭的看书方法：从头开始看
			层次二		用木偶小鸡和小鸭看书的形式介绍封面封底，引导幼儿主动去看单幅单画图书
			层次三		在成人的启发下愿意到语言区看书，利用故事情节吸引幼儿去看书
科学区	喂点心	学习一一对应	层次一	底板1张（上面画有3只猫），塑料小鱼4~5条，小筐1个	能不受干扰正确地喂小猫吃鱼，并说出分配的理由
			层次二	底板1张（上面画有3只猫），塑料小鱼3条，小筐1个	鼓励幼儿按要求喂小猫吃鱼，并能说出一只猫吃一条鱼
			层次三	底板1张（上面画有3只猫3条鱼），塑料小鱼3条，小筐1个	帮助幼儿理解底板上的内容，使幼儿知道1只猫吃1条鱼，再请幼儿按要求喂小猫吃鱼
科学区	摸一摸，猜一猜	通过触摸不同的物体，提高触觉的敏感性	层次一	布袋1个；纽扣、贝壳、弹子、石块、硬币等（数量为3）	能根据成人所说从袋中正确摸出相应的物品
			层次二	布袋1个；纽扣、贝壳、弹子、石块、硬币等（数量为2）	将某个物品放入袋中（不让幼儿知道是什么），鼓励幼儿摸一摸、说一说
			层次三	布袋1个；纽扣、贝壳、弹子、石块、硬币等（数量为1）	引导幼儿观察、触摸这些物品并说出感受，鼓励能力较弱的幼儿大胆触摸与比较

（续表）

科学区	音响盒	能从多种声音中找出相同声音	层次一	数个胶卷盒内分别装有黄豆、细沙、小石子、绿豆、米粒、花生粒等（每种2瓶）	用4种物品进行分辨，其中1种为2个，其余为1 个；鼓励幼儿找出发出相同声音的小瓶
			层次二		用3种物品进行分辨，数量为6个；请幼儿将相同声音的小盒找出来
			层次三		用两种音色相差明显的物品进行分辨（数量为2种4瓶），引导幼儿分辨4个瓶子摇晃时发出的声音
建筑区	铺小路	1．学习将积木一块连一块铺平的技能 2．尝试用辅助物游戏	层次一	玩具小汽车、小动物若干	引导幼儿当路铺到尽头时，选择带弯度的弧形的积木使道路延续下去
			层次二		引导幼儿选择高度、宽度相等的积木来“铺路”，并鼓励幼儿尝试在铺好的路上放置小汽车、小动物等增添情趣
			层次三		出示小动物，以小动物要出去玩为由激发幼儿为小动物铺一条路的兴趣，引导幼儿学习用扁平的积木一块连一块铺平的技能
美工区	给娃娃卷头发	学习由中心向边缘扩散画圆的技能	层次一	画有娃娃半身正面像的纸若干（有五官）	能为娃娃用由中心向边缘扩散画圆的方法画出满头卷发
			层次二		能在一定范围内由中心向边缘扩散画圆装饰娃娃
			层次三		初步学习由中心向边缘扩散画圆，鼓励幼儿大胆下笔，提醒幼儿注意运笔转动画圆，可手把手帮助幼儿体验运笔
自然角	观察的规则	知道爱护自然角的动植物	层次一	各种植物、蔬菜、小动物等；小红花	喜欢观察自然角，并在老师的提醒下，遵守观察的规则（给幼儿发红花）
			层次二		鼓励幼儿积极主动地按要求观察，并努力做到爱护自然角
			层次三		帮助幼儿知道不破坏自然角，不抓小鱼、乌龟等以及不摘花的道理，要爱护动植物

（续表）

自然角	各种蔬菜	认识几种蔬菜	层次一	西红柿、萝卜、黄瓜、青菜、白菜等	能正确认识并说出这些蔬菜的名称，知道多吃蔬菜的好处，愿意多吃各种蔬菜
			层次二		引导幼儿观察这些蔬菜的颜色、形状、初步了解这些蔬菜的吃法
			层次三		帮助幼儿认识一些常见蔬菜，在成人的引导下能正确说出蔬菜的名称

案例：中班（上）游戏“奇妙的声音”区域设置

	内容	儿童发展目标	层次	材料准备	指导要点
角色区	娃娃家	在家务劳动、带“娃娃”时，轻声说话，不吵闹	层次一	娃娃家游戏材料、百宝箱	能有意识地在游戏中控制自己的音量，并能提醒其他同伴
			层次二		提醒幼儿在游戏的过程中注意自己的音量，尽量做到不大喊大叫
			层次三		能与同伴商量开展娃娃家游戏，明确自己的分工与职责
	超市	能主动、热情地接待顾客，注意说话声音的大小	层次一	各种商品、货架、收银机等	在游戏中能有意识地控制自己的音量
			层次二		指导幼儿向顾客主动介绍商品。提醒幼儿注意说话声音的大小
			层次三		扮演收银员，在收钱的过程中，通过与顾客对话，提高幼儿交往能力
	医院	了解保护耳朵的常识，主动向他人介绍保护知识	层次一	医院游戏材料	能主动地为病人进行保护耳朵的宣传
			层次二		知道一些保护耳朵的方法，尝试向病人做宣传
			层次三		帮助幼儿了解一些保护耳朵的常识，鼓励幼儿向病人做宣传

（续表）

语言区	穿衣服	会仔细倾听并理解指令性语言	层次一	娃娃一个，配套衣服、裤子、帽子、围巾、手套等	仔细倾听教师讲述两遍后，能准确地按顺序给娃娃穿戴
			层次二		仔细地倾听老师讲述三遍后，经老师指点，会正确地给娃娃穿戴衣服
			层次三		在老师的多次讲述后，分两次给娃娃穿衣服，经提示，顺序正确
语言区	我会看书	了解单幅多画面图书的阅读顺序	层次一	提供给幼儿单幅多画的图书。如：看图说话等	能正确认读小画面上的数字标记，会按数字的顺序进行阅读
			层次二		认识多画面上的数字，鼓励幼儿按数字的顺序进行阅读
			层次三		和幼儿一起认读数字，引导幼儿初步学会按数字的顺序进行阅读
科学区	奇妙的声音	感受不同物体发出的不同声音，提高听觉的辨别力	层次一	小铃、木琴、易拉罐、鼓、木鱼、沙球、塑料小碗、筷子等	能听出不同物体发出声音的区别，并能进行简单描述
			层次二		提醒幼儿注意倾听各种物体发出的声音
			层次三		引导幼儿让这些物体发出声音，感受它们产生的声音
建筑区	汽车嘀嘀嘀	尝试用积木建造几种常见的交通工具，如双层巴士、卡车、轿车等	层次一	各种陆地上交通工具的图片，各种辅助物、积木等	引导幼儿把自己喜欢的汽车搭出来，提示幼儿，可以看墙上的图片，用以前学过的围合、垒高的方法来搭
			层次二		了解各种汽车不同的外型特征。引导幼儿想一想，用什么样的积木可以用来搭建汽车的车身，什么样的做轮子，鼓励幼儿动手尝试
			层次三		先请幼儿观察图片，说出汽车的名称，鼓励幼儿与同伴合作共同来搭建汽车

（续表）

表演区	新疆歌舞	能表现出新疆歌舞的特点	层次一	纱裙、花环、纱巾、手环、新疆帽及新疆衣裙、铃鼓、手铃、双响筒等	启发幼儿将自己打扮一新，随着音乐表演民族歌舞，表情自然大方，动作协调
			层次二		鼓励幼儿大胆和着音乐跳新疆舞，注意动作的协调
			层次三		鼓励幼儿和大家一起表演新疆歌舞，提醒幼儿注意脚和手的动作
美工区	漂亮的花边	较熟练地沿轮廓剪纸	层次一	彩色纸、剪刀、黑卡、胶棒	掌握剪花边的方法，鼓励幼儿试着剪出花纹而不剪断
			层次二		能将纸对折两次，用黑色水彩笔画出图形，提醒幼儿注意接口处不要剪断
			层次三		和幼儿一起剪花边，提醒幼儿沿黑边剪纸
沙水区	沙池绘画	巩固用工具将沙抹平的技能，在沙上自由绘画	层次一	铲子、水壶、木棒、长尺、模具等	事先能将沙地整平，喜欢在沙上自由绘画
			层次二		观察幼儿的活动，在困难时再帮助幼儿解决
			层次三		帮助能力差的幼儿完成沙池中的绘画作品
自然角	种生姜	通过种植活动，激发幼儿对植物的喜爱	层次一	泥土、沙土、水、发芽的生姜	通过比较泥土与沙土的不同，让幼儿知道生姜适宜生长的环境
			层次二		学会正确使用种植工具，独立完成种植生姜
			层次三		和幼儿一起种植生姜，体验其中的快乐
	会唱歌的水	通过敲击不同容积的水，倾听不同的声响	层次一	木棍、小铁棍、同样容积的广口玻璃瓶装上高低不一的水	鼓励幼儿主动去了解水发出不同声响的原因
			层次二		引导幼儿比较声音高低与水的多少的关系
			层次三		引导幼儿敲击水容器，倾听水发出的不同声音

三、区域中的玩具

1. 购买的游戏玩具

市场上能够购买到的游戏材料中，角色游戏配备的玩具主要为娃娃家、理发店、超市、医院游戏材料，其特点为色彩鲜艳、外形逼真、易清洗。使用时，这些游戏材料应作为幼儿参与游戏的吸引点，通过材料引发幼儿介入游戏的愿望。由于材料为成套配备，不能将材料分散提供，更不能束之高阁。因幼儿园的角色游戏主题众多，大量的游戏材料还需要教师自主配备解决。

2. 幼儿园配备的基础性玩具

除了购买的材料外，班级游戏还需要基础性材料，如家具类（区域的隔断、橱柜、桌椅等）、装扮类(护衣、头饰、台布等)、工具类（剪刀、订书机等）、辅材类（纸张、粘合剂、筐、碟、笔等），这些材料应在游戏前全部到位。

资源区

资源区

3. 班级配备的个性化玩具

个性化材料是随着游戏主题的变化而出现的，这类材料一般在幼儿园的资源室中配备，如海绵、绳子、盒子、瓶子等。对于资源室也无法找到的材料，建议把自主权交到班级老师的手中。如每学期给每

自制护衣

个班级一定数额的游戏材料购买指标，老师们可以根据班级游戏的需要购买原材料或半成品（如制作角色装饰的布料、纽扣等），从材料上为各个班级游戏体现个性化风格奠定基础。

四、自制的玩具

（一）自制玩具的材料

1. 老师自制的精细游戏材料

角色游戏的主题既要随教育教学的内容变化，也要随幼儿的兴趣变化。当随幼儿的兴趣变化时，相应材料的准备会显仓促。如果一些材料的呈现会影响幼儿的学习效果，或材料需要具备层级发展的暗示，老师就应根据游戏的内容需要和幼儿的发展需要，对原材料进行加工，形成自制的游戏玩具，如接龙卡片、排序图、绕绳玩具、沙漏等。

三合板做装饰屏风

泡沫板做草莓

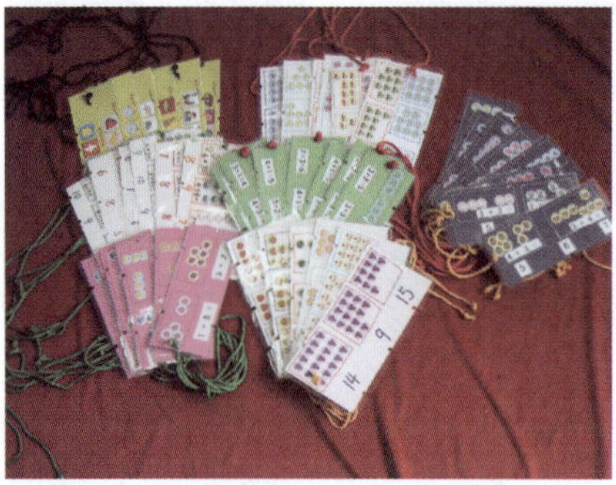

绕绳数卡

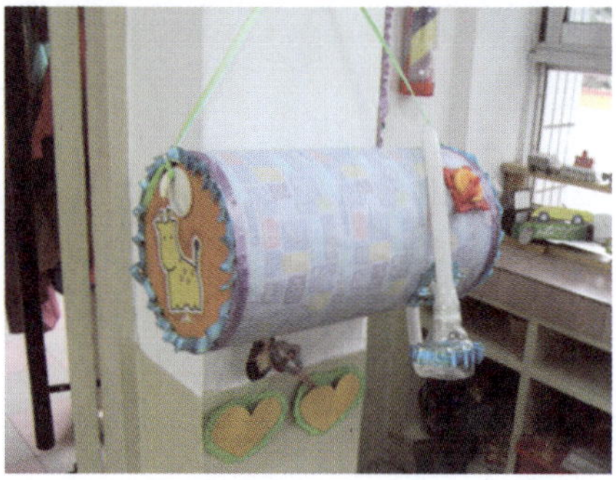

纸筒做热水器

2. 师生共同制作的粗略型游戏材料

和环境布置一样，游戏材料也应是幼儿对现实生活的理解表达，只是游戏化的表达以立体的、物的方式出现。超市的招牌、银行的等待隔离栏、医院的药品、汽车场的车辆，都应是师生共同完成的，老师在其中的作用是关键点引导、美化材料。

海绵做蛋糕

纸浆做蛋糕

纸盒洗衣机

卡纸与编结

蜗牛棋版

皮球锅

3. 幼儿自制的多变游戏材料

幼儿在游戏中随游戏主题的深入需要更多可变性材料，有些材料成型需要成人的帮助，但大部分材料靠幼儿自己是完全能够制作的，如线轴可以是旅行社的喇叭，可以是建筑区的灯塔，可以是科学区的望远镜和听筒，可以是玩沙区的沙漏……我们要鼓励幼儿以物代物的行为，更要鼓励他们到百宝箱中收集材料创造性自制的行为。

（二）备选的材料

1. 建立绿色资源室

在幼儿园非教学区域选一室内空间，放置若干储物架，准备大小不同的废旧纸盒做容器放置于储物架上。制作废旧材料标记牌，如线段类（毛线、棉线、电线、麻绳、塑料绳等）、布料类、纸张类、瓶罐类、纸盒类等，将幼儿园各类剩余、淘汰材料归于其中。

2. 设立资源回收站

在幼儿园某一共同区域设立资源回收站，放置4~5个大纸盒，分别贴上“纸盒”、“线段”、“纸张”、“布料”等标签。在回收站墙面张贴倡议书，号召家长将家长废弃的、安全的材料带到幼儿园，供幼儿游戏使用。

专门的资源区

废旧物品分类回收

3. 班级百宝箱

每个班级还可以单独设立百宝箱。如果班级教学、游戏活动需要什么废旧材料，老师可以向幼儿或家长发出请求帮助的信息。幼儿将相关的废旧材料带到班级后，可以置放在百宝箱内供大家选择使用。如果需要新一批的废旧材料，前面没有用完的材料就可以归到绿色资源室。

五、桌面游戏

（一）游戏的要求

1. 游戏的时间

桌面游戏是幼儿园游戏的一种形式，是相对安静的一种游戏。因为桌面游戏对合作的要求不高，基本上幼儿一人就可以开展游戏，幼儿园通常会在晨间或者下午离园的时间段安排此游戏活动。

2. 游戏的地点

桌面游戏是需要借助桌子开展的游戏，只要有桌面，就可以是游戏的地点，如教室、走道等。有些班级的角落有大块的地毯或地垫，幼儿也可以在上面开展游戏活动。

3. 游戏的人数

桌面游戏提供的游戏材料多少应根据幼儿人数而定，一般材料放在玩具筐里，一筐玩具可以供2~4人使用。注意观察幼儿游戏的情况，如果幼儿能够各自拼搭所需的玩具，不会出现争抢、无材料拼搭的现象，目前的人数就是适宜的。

桌子上的游戏

（二）游戏的材料

1. 结构游戏材料

结构玩具就是连接性的玩具，以提高幼儿的空间知觉及手眼协调能力为主。它由数百个相同或几组不同的构件组成（圆型、棍型、三角形、方形等），靠不同方向的凹凸槽、卡扣等将两个或更多的构件连接，形成立体造型，一般为塑料制品。

管状玩具

2. 益智游戏材料

如立体拼图、七巧板、穿线板、数序板、套杯、敲击台等。这类玩具的材质多样，塑料制品、木制品、铁制品、纸制品均是常见的制作材料。特点是每套材料的构件复杂，但缺乏变化，幼儿容易失去兴趣。也可以将此类材料投放在科学区。

雪花片玩具

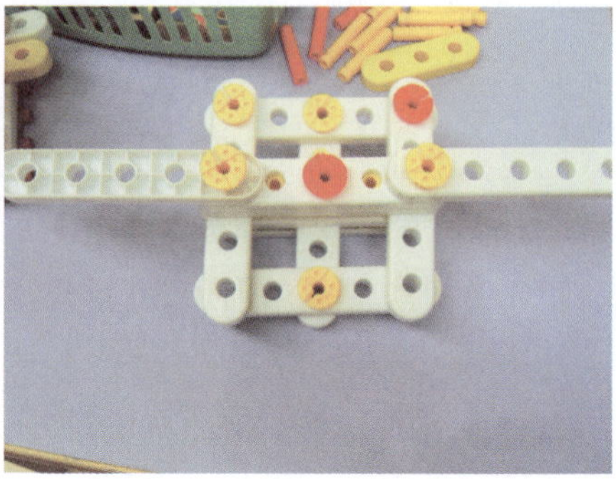

装配玩具

（三）游戏的指导

1. 人人自主选择需要的玩具

与区域游戏一样，桌面游戏也要尊重幼儿的选择需求。满足幼儿意愿的最好方法是提供足够数量的桌面玩具供幼儿选择。

足够多的玩具

2. 教给幼儿拼搭方法

结构类玩具的种类很多，连接的方法多样。每种结构游戏材料都有范例图，建议老师及时收集与玩具配套的拼搭图，张贴在教室的某处让幼儿学习，同时在幼儿首次游戏时要与幼儿一起探索连接的方法与技巧，并通过幼儿经验介绍、作品欣赏等，让更多的幼儿萌发介入游戏的欲望。

练习连接

3. 鼓励幼儿的合作行为

只要有游戏材料和时间，幼儿最终都会进入到情境化的游戏之中，这是幼儿游戏的天性。在桌面游戏开始阶段，幼儿通常聚精会神忙拼搭，在游戏的后半段，女孩会套项链戴耳环扮仙女，男孩则舞刀弄枪斗怪兽。我们要借助幼儿的兴趣鼓励他们的拼搭合作行为，为相互间的学习与技能的提高提供条件。

合作玩

案例：某幼儿园游戏组织参考要项

游戏目标

符合本年龄段幼儿的年龄特点，能针对本班幼儿的发展水平提出适合幼儿最近发展的有关社会性的大目标和各活动区域的小目标（根据各区域的教育功能自定）。

游戏内容

1. 符合幼儿的年龄特点和经验水平，能充分体现目标的要求。

2. 具有时代特点，能充分利用幼儿的生活经验及本地社会、文化和突发事件开展游戏。

3. 有丰富多样的利于幼儿全面发展的各种区域供幼儿选择，如角色区、建筑区、表演区、语言区、数学区、科学区、美术区、沙水区、自然角等。其中，晨间的游戏以科学区、语言区、数学区为主，上午的游戏内容以角色区、表演区、建筑区、美术区、沙水区等为主，下午的游戏可任意选择。

4. 注重游戏之间的相互联系，以利于幼儿游戏中的流动、交往。

时间、环境与材料提供

1. 每天有2小时以上的幼儿自主游戏时间，其中，晨间智力游戏20分钟，课后创造性游戏50分钟以上，下午区域游戏1小时以上。

2. 充分利用班级活动室和周边现有条件，为幼儿提供较大范围的活动空间。

3. 活动区的布置做到不相互干扰，既有利于幼儿的交往流动，又有利于教师的观察和指导。各区域的图文标记明显，暗示性强。

4. 区域的布置充满童趣，利于幼儿在舒适、方便的环境中学习、游戏。

5. 材料提供符合本班幼儿发展水平，具有以下特点：

① 操作性、可变性高。自制材料占游戏材料的2/3以上，以物代物的象征性功能强；成品材料与半成品材料各占材料总数的1/2；有方便幼儿制作、替代游戏材料的百宝箱。

② 种类丰富、数量充足。语言区、数学区、认知区、美术区等区域2/3的游戏内容有层次性材料的提供，4/5的游戏内容有3套以上的材料供幼儿平行游戏使用（分层次材料一个层次可算一套）。

③ 安全卫生，能重复使用。提供的材料无毒、无害，利于幼儿游戏和重复使用。

④ 摆放位置合理。每一类材料均有固定的摆放位置，并有图画标记，方便幼儿的取用和收拾。

游戏指导

1. 在规则保障的前提下，提供幼儿自主活动的条件和机会。

2. 能充分满足幼儿选择游戏的意愿，游戏中应允许幼儿自由流动和更换新的游戏内容。

3. 正确处理好显性指导和隐性指导的关系，不随意干扰幼儿正常的游戏。

4. 以角色的身份指导幼儿游戏，能根据幼儿的发展水平做相应的语言、动作指导。

5. 注重发展幼儿的有益兴趣、基本能力及学习方法，注重培养幼儿的良好行为习惯及个性心理品质。

幼儿行为与表现

1. 游戏过程中愉悦、轻松、满足、愉快、稳定，无焦虑、紧张、压抑等消极情绪。

2. 信任与依赖教师，接纳、亲近同伴；对自己表现出自尊、自信。

3. 班级气氛轻松、和谐，师生之间、幼儿与幼儿之间相互交往的频率高，幼儿主动接触多，教师积极性评价多。

第五章

多功能活动室与专用活动室

第一节　多功能活动室的综合运用

一、多功能活动室的综合利用

顾名思义，多功能活动室作为全园公用的辅助活动室，可以有多种用途。多功能活动室解决了班级活动室空间小、教育资源少等问题。幼儿园在可能的情况下，根据实际条件，应选择面积尽量大些的、进出便利的、通风照明良好的房间做多功能活动室。特别对于没有条件设置专用活动室的幼儿园，多功能活动室的设置必不可少。

（一）场所公用

1. 开展大型集体活动

全园性的、年级组的、班级的大型活动都可以在多功能活动室进行。面向家长的活动，如每学期幼儿园召开的家长会、年级组亲子活动、班级亲子活动等；面向小朋友的活动，如“六一”文艺演出、年级组共同开展的教学活动（升班教育、社会教育等）等；面向教工的，如召开全园会议、教工联谊等，均可以在多功能活动室开展。此外，也可以作为接待室使用。

2. 开展课外兴趣活动

幼儿园各类课外兴趣活动都可以安排在多功能活动室进行。如舞蹈兴趣活动、围棋兴趣活动、语言类兴趣活动等等。在多功能活动室开展以上兴趣活动，应事先做好相应的准备及安排好时间。如开展舞蹈兴趣活动，可在多功能活动室的一面墙上装上落地镜子，在两侧装上把杆。其他兴趣活动则准备好桌椅及相应的材料。各类兴趣活动应错开进行，以免相互干扰。

3. 组织教学观摩与研讨

对外的教学活动观摩、园内的教学活动研讨也可以安排在多功能活动室进行。在教学观摩时，应事先安排好幼儿的座位及听课老师的座位。并根据教学活动的需要，留好足够的活动空间。听课教师的座位应安排在幼儿座位的后方，并保持1米以上的距离，以避免对教学活动造成干扰。

（二）资源共享

1. 举办师幼自制玩具展览

可以在多功能活动室的四周搭建可活动的展示柜，用来摆放各种自制玩具。结合时令、教学活动等需要，举行的师幼自制玩具展览或评比活动也可安排在多功能活动室举行，既丰富和美化了多功能活动室的环境，其制作方法、制作材料的不同又使师幼分享制作的经验，搭建了师幼相互学习的平台。

2. 观赏“小电影”

利用多功能活动室的多媒体设备，可以定期组织全园幼儿观看娱乐类和知识类碟片。由于多媒体设备的先进性，视觉效果大大优于普通电视的效果，极大地丰富了幼儿的娱乐活动。

二、相关配备与使用

（一）相关配备

基本功能：满足幼儿园集体活动需要的功能空间。

环境和设计：1.多功能室符合相关要求；2.设备应全部符合国家标准；3.安装工艺应符合国家标准；4.注意防雷电、防盗、防火等安全措施。

多功能活动室基本配置表

序号	设备名称	规格要求	数量	单位	备注
1	交互式多媒体		1	台	
2	空调		2	台	立柜式
3	钢琴		1	架	
4	音响				
5	DVD播放机				
6	多功能收录机				
7	翻转黑板				可移动
8	讲台				可移动

（续表）

9	舞台				距地面高度为0.3~0.6米
10	照明				
11	镜子	同活动室一侧墙面	1	块	钢化玻璃
12	把杆				距地面高度≤0.6米
13	桌子	参考中班幼儿的标准	6	把	
14	椅子	参考中班幼儿的标准	40	把	
15	消防灭火器	手提	2	具	

（二）管理与使用

1. 多功能活动室使用制度

（1）幼儿园应有专人（兼职）负责场地和设备的使用及管理。

（2）保持活动室的清洁，使用前注意活动场地的通风换气，定期消毒空气、桌面、地面及设施设备。

（3）定期检查记录活动场地设施设备的状况。

（4）每次活动前检查场地及相应设备的状况，保证幼儿的安全。

（5）使用设备时，要严格按仪器设备的操作规范操作，注意仪器设备运转情况，一旦有故障，应立即报告主管人员处理，并详细说明出现故障的原因。

（6）未经同意，不准擅自改动仪器设备的连接线，不准擅自移动或拆卸任何仪器设备，不准擅自把仪器设备拿出室外使用。

（7）使用结束，应按操作程序关闭电源，整理好仪器设备，关好门窗。

2. 多功能活动室安全制度

（1）有良好的防盗设施，并由专人负责，定期检查是否完好无损。

（2）定期检查电路等设施，杜绝一切安全隐患。

（3）根据多功能活动室面积的大小配备相应数量的消防灭火器。灭火器应放置在大门等醒目位置。所放置的消防灭火器应在保质期内。

3. 多功能活动室卫生清洁制度

（1）每周一大扫、每日一小扫，以保证多功能活动室地面、墙面、家具的清洁。

（2）每周五定期清洁消毒活动区的玩具，并及时清除破损的玩具。

第二节　科学室的配备与指导

一、功能定位

主动探究环境是幼儿的天性。科学室是为幼儿自主探究式地学习粗浅的科学知识、初步培养基本的科学探究能力和科学素养而设置的学习环境。既是“动手做”的活动场所，也是工具库、材料库及成果展览室，是幼儿科学活动的天地。

科学室里的设备设施，有为探索活动而配置的仪器、设备、工具与材料等实物资源，还要有教师为幼儿的学习而开发的诸如自制教具、日常用品等实物。教师可以利用身边的废旧材料制作科学游戏的玩具，组织科学探究活动。如将废旧的乒乓球一剪为二，边缘处剪出波浪形，用小贴画装饰内壁，以制成乒乓花；同时提供垫纸板及湿抹布，组织幼儿将乒乓花放置于湿的或干的垫纸板上，左右移动，引导幼儿思考乒乓花放置于湿的或干的垫纸板上的不同运行情况，探究科学道理。

二、区域设置及配备

1. 基础配备

序号	名称	参考规格	数量	单位
1	水池	设防锈水嘴，防堵、防臭水池	1	套
2	操作台	下带1~2层陈列柜，面板宽于陈列柜（便于幼儿腿脚摆放）	6	个
	幼儿桌	适合大、中班幼儿使用	6	张

（续表）

3	幼儿椅	适合大、中班幼儿使用	40	把
4	急救箱		1	个
5	灭火器	手提	2	具

2. 区域配备

序号	名称	参考规格
1	机械操作区	杠杆：平衡材料（包括玩具）
		齿轮：齿轮材料（包括玩具）
		斜面：滑梯材料
2	物理现象操作区	力学：重力操作材料
		电：电子玩具与操作材料
		声：声振、传声材料与玩具
		磁：磁性玩具与材料
		光影：各种镜子
		热：温度计、物态变化（水温表、烧杯酒精灯等）
3	化学现象操作区	溶解、沉淀、酸碱、燃烧等使用的烧杯、容器
4	天体认知区	地球仪、三球仪等
5	生物区	人体器官、关节、骨骼模型
		植物标本
		动物标本
6	无生命物质区	石、土、空气等实验材料
7	木工区	钢锯、起子、起钉锤
8	拆装区	可拆卸玩具、车辆、钟表等
9	自然观察区	植物生长、发芽等观察试验工具
10	现代科技	电子玩具、声控玩具、机器人、无土栽培等
11	烹调区	微波炉、电磁炉、电磨、石磨、电饭煲等
12	沙、水区	沙池、水池，铲子、桶、耙、筛子、模型、勺子、水漏等

案例：科学室活动

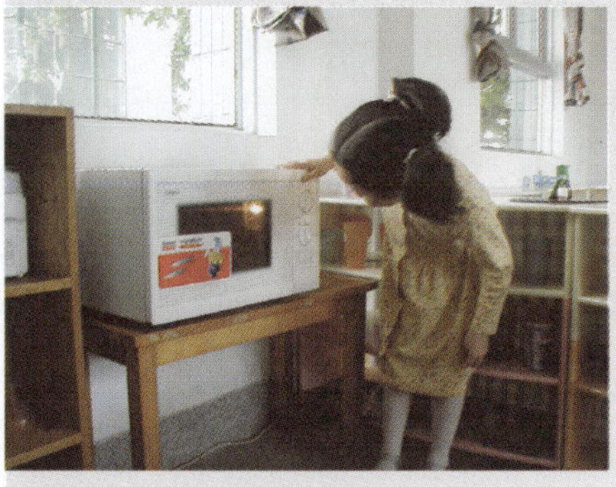

烹饪区：给食物加热

烹饪区：磨豆浆

烹饪区：榨果汁

生活区：给地毯除尘

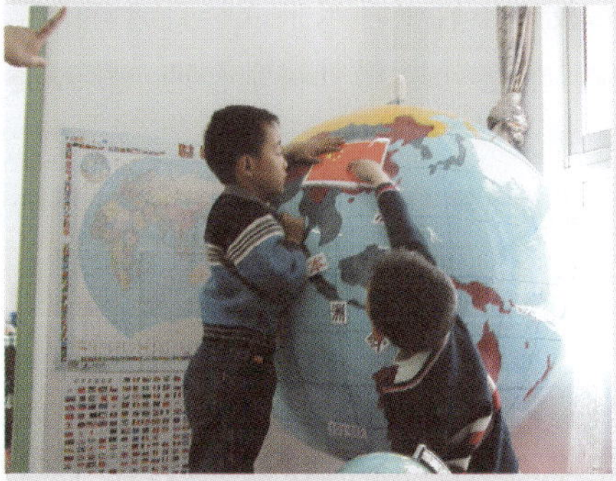

天体认知区：这是我们的祖国

物理现象操作区：吹气球

物理现象操作区：灯泡亮了

三、管理与使用

（一）人员管理

幼儿园应配备一名科学室管理人员（可由副园长或资料员兼任），安排全园幼儿科学室活动的日程，负责科学室的管理。管理人员应熟悉科学室相关材料的使用和保养，了解幼儿科学活动的内容和方法。

（二）制度管理

应制订科学活动材料的使用、维护制度，设备、仪器的保管使用制度，安全防护卫生制度，任课教师教学管理制度，幼儿活动记录制度，教师考核制度。

（三）仪器设备、材料、环境的管理

1. 仪器、设备应妥善保管，放在幼儿园统一的仪器设备室内，并配置设备橱柜，按照仪器设备的不同分类，根据重下轻上、水平或竖直放置的原则定橱定柜合理摆放（按照分类编号，贴上标签），做到科学合理、整齐美观、取放方便；特大仪器注意盖好，防止灰尘。

2. 科学室必须保持卫生、整洁，注意通风换气，定时消毒。可安排专职保洁员负责环境的卫生和整理工作，以保证幼儿活动的良好环境，保护师生的健康和操作、活动安全。

3. 做好科学室活动计划、过程记录和学期成果汇报。每学期应该针对不同年龄的幼儿制订不同内容和形式的美术活动计划。每次活动后，应该及时记录活动情况和反馈意见。

第三节　美工室的配备与指导

一、设计要点

（一）光源的选择

宜设朝南方向采光，或顶部采光。美工活动室光源采用日光灯或白光节能灯。

（二）墙面、地面材料的选择

地面和墙面最好选择便于擦洗的建筑材料。在活动室一角可以设计供幼儿涂鸦的墙壁，可以选择黑板（画粉笔画）、白板（画水彩笔画）。美工室的桌子可选择木工板制作，无需刷油漆。幼儿作画时留下的颜料自然形成色彩斑斓的桌面，很有艺术气息。

美工室的桌椅

（三）墙壁的装饰

墙壁应装有可以展示幼儿作品的特制板墙或软木，顶部可以设计有方便悬挂的网状吊顶。在色彩效果上，既要有强烈的对比，又要注意和谐和统一。

美工室一角

作品展示

二、功能区的划分及配备

（一）功能区的划分

依据幼儿园办园规模，可设置不同功能的区域，为幼儿提供更好的美术欣赏和创作的场地。它包括美工活动区、材料区、作品展示区、写生区、欣赏区等。可以用柜子做隔断划分各区域，也可以用竹栅栏、装饰过的纸盒来做隔断，更有艺术氛围。

美工室组织的创作活动包括色彩游戏、水粉水彩创作、手工制作、泥塑、印染、版画、立体造型等。美工室开展的活动，就所需材料及空间而言，一般是班级不便利开展的活动。同时，教师还可以根据活动内容的需

美工室一角：隔断上的幼儿作品

美工室一角：纸盒隔断

要，在美工室为幼儿提供一次以上的活动时间来完成作品，使幼儿的作品更具完整性。如纸盒造型——彩色的火车，收集长为30厘米以上、高和宽分别为15厘米以上的纸盒若干，并将上下两面剪去，让幼儿用各色水粉颜色及装饰纸将盒身装饰成一节一节的车厢，连接形成彩色的火车。

（二）美工室的配备

1. 基本配备

功能区	主要功能	配备要点	备注
美工活动区	幼儿进行色彩游戏、水粉水彩创作、美术欣赏、手工制作、泥塑、印染、版画、立体造型活动的场地	水、电配到室；实物投影仪、电视机或音视频设备；信息端口	幼儿桌椅的摆放可以根据需要而定
材料区	幼儿美工活动需要的颜料、纸张、笔、泥等材料	配开放的柜子，注意通风、防潮、防火、防盗	与美工活动区相邻
盥洗间	幼儿入厕、洗手、洗笔等	防滑、通风	有男女不同的便池

2. 设备配备

序号	名称	参考规格	单位	数量	备注
1	写生画板	40厘米长×30厘米宽	块	10	
2	画架	55厘米长×55厘米宽×105厘米高	个	5	一个画架可以有两位幼儿同时作画
3	材料柜	120厘米长×30厘米宽×90厘米高	个	6	
4	作品陈列柜	长度根据房间格局而定，高度不超过90厘米	个	4	尺寸可以根据幼儿的视线和活动室的面积考虑
5	幼儿画桌	每桌4~6人，儿童桌的尺寸、重量等规格与儿童身高、肌肉等的发展相适应	张	4	用木工板定制，无需油漆，幼儿操作中留下的颜料自然形成色彩斑斓的装饰
6	幼儿用椅	儿童椅的尺寸、重量等规格与儿童身高、肌肉等的发展相适应	把	30	儿童椅要配有椅背
7	教师用椅	35厘米长×32厘米宽×35厘米高	把	1	
8	磁性白板	120厘米长×75厘米宽×115厘米高	块	1	

（续表）

9	视频展示台（或实物投影仪）		台	1	
10	彩电	74厘米以上	台	1	
11	电脑	品牌机	台	1	
12	简单静物	工艺品（尺寸不一）	套	1	水果、造型不同的瓶子、花卉等
13	静物台	118厘米×58厘米×58厘米 长　　宽　　高	张	1	供摆放静物，幼儿写生用
14	衬布		块	≥7	主色比较明显，可以有格子布、条纹布
15	工具架	长度根据房间格局而定，高度不超过90厘米	个	1	供摆放幼儿美工工具
16	管线	电、网络			
17	网络信息口		个	1	
18	录音机（带影碟机）	DVD	台	1	
19	塑料材料箱（有盖）	可以用超市出售的整理箱代替	个	1	用来装切好的泥块（可以洒上水，盖好盖，以保持潮湿和粘性）
20	喷水壶		个	1	给泥喷水，保持潮湿
21	挂衣柜	每个柜可以挂10件护衣（可根据布局确定尺寸）	个	3	
22	护衣或围裙	按身高125厘米、130厘米、135厘米各定制10件	件	30	

3. 材料配备

序号	名称	参考规格	单位	数量	备注
1	材料架	按照房间大小贴墙定制	个	6	
2	原泥		吨	1	
3	泥缸		个	1	回收的泥
4	资源库	欣赏类	套	1	陶瓷、民间玩具、雕塑作品、民间工艺品等
5	纸类	整开、4开、8开不同质地和颜色的幼儿美术用纸			
6	颜料、油墨、染料		瓶	≥60	水粉、国画颜料；印染用染料、红、黑油墨若干
7	泡沫、KT板等		块	2~3	

三、管理与使用

（一）人员管理

幼儿园应配备一名美工活动室管理人员（可由副园长或资料员兼任），安排全园幼儿美工室活动的日程，负责美工活动室的管理。管理人员应熟悉美工活动室相关材料的使用和保养，了解幼儿美工活动的内容和方法。

（二）制度管理

应制订美工活动材料的使用、维护制度，设备、仪器的保管使用制度，安全防护卫生制度，任课教师教学管理制度，幼儿活动记录制度，教师考核制度等。

（三）仪器设备、材料、环境的管理

1. 物品材料的借出或损耗必须要记录，并定期清查核对，做到账物相符，账账相符。学期结束，多余材料必须回收，放入材料室，并清点数量。

2. 美工区、材料区、盥洗室必须保持卫生、整洁，注意通风换气，定时消毒。可安排专职保洁员负责环境的卫生和整理工作，以保证幼儿活动的良好环境，保护师生的健康和操作、活动安全。

3. 做好美工室活动计划、过程记录和学期成果汇报。每学期应该针对不同年龄的幼儿制订不同内容和形式的美术活动计划。每次活动后，应该及时记录活动情况和反馈意见。定期进行美术作品的展览和汇报，总结一学期幼儿美术活动情况。

案例：美工室活动

做陶土

做手工

装饰树根

第四节　图书室的配备与指导

一、图书室的环境创设

（一）基础配备

序号	名称	参考规格要求	单位	数量	备注
1	地毯	可以同时坐下10个孩子	张	1	
2	沙发	2~3个孩子坐着阅读	张	4~5	
3	靠垫	30厘米×40厘米	个	10	
4	书架	适合孩子取放	个	根据活动室大小确定	
5	电脑		台	1	
6	电脑台		张	1	
7	光源	符合阅读条件	组	1	
8	电源	电源装置	台	1	
9	安全设施	手提灭火器等	套	1	防火、防潮、防虫、防晒、防盗、消毒设施

（二）创设要点

1. 采光通风

室内应采光通风良好，光照度不足应增加人工辅助照明，自然通风不够应采用机械方式排风。同时应避免阳光直射于幼儿的阅读区域内。可以安装色彩柔和的布窗帘遮挡直射的阳光。

2. 氛围营造

（1）色彩要点

室内色彩应柔和，要考虑墙壁、书桌椅、书架等的色彩搭配。科学研究发现，较为柔和的冷色调可使活泼的幼儿变得沉稳一些。幼儿园图书室不应使用低冷、阴暗的色彩，以免导致幼儿情绪消极，影响阅览效果。而应采用柔和的暖色调或适当选用冷色调，以利于幼儿保持安静、专心的状态，同时不影响其思维的活跃性，从而有助于培养幼儿良好的阅读习惯、稳定其阅读兴趣。

（2）装饰要点

室内的环境装饰应凸显儿童化、艺术化、趣味化。活泼可爱的卡通形象、线条优美的图案花纹等能吸引幼儿喜爱图书室的环境，激发幼儿在图书室阅读的兴趣。室内装饰的内容可以从幼儿熟悉的故事中选择，也可以从幼儿喜爱的动画片中选择。在装饰内容中，还可以融入形象直观的提醒标志，帮助幼儿遵守阅读规则。

二、图书室的图书配备

1. 图书室的藏书量应按照生均20本作为参考性指标。藏书应关注收藏价值，购买正规出版社的图书。要做到品种丰富，适合儿童心理特点，具有趣味性、科学性、启迪性。

2. 幼儿的阅读主要以读图为主，以培养阅读的习惯为主，读字为辅。因此，在对图书的选择时要关注图画书的用纸质量、画面大小。应配备画面丰富、人物形象优美、色彩鲜明、画面多于文字的图画书。

3. 在选择图书时，还可以根据幼儿的心理特征、阅读倾向、知识结构和教育要求，选择适合幼儿阅读水平与兴趣的图书，如童话故事书、科普读

图书架

给图书编上号

老师带领幼儿阅读

幼儿自主阅读

物及卡通书刊等。

4. 幼儿的阅读活动通常会在成人的带领下进行。除了标准尺寸的绘本，还应配备一定数量的大书。

三、管理与指导

（一）人员管理

幼儿园应配备一名图书管理人员（由资料员兼任），负责图书室物品的添置与日常管理，安排全园幼儿图书室活动的日程，负责图书室的管理。有条件的幼儿园，管理人员应熟练运用计算机，在图书采购、分类、编目、流通等方面实行计算机管理。

（二）制度管理

应根据幼儿园的实际情况制订图书室的使用制度，图书的保管制度，安全制度，清洁卫生制度，任课教师教学管理制度，幼儿活动记录制度等。

（三）图书管理

1. 建立藏书库

图书室应收藏足够数量的图书。图书收集可以有订购、邮购、现购等各种方式。家长捐赠的新旧图书也是藏书库的一个很好的图书来源。幼儿园可组织家长将一些保存较好的低幼读物捐出来，盖上捐赠章，签上捐赠者的姓名作为留念。这不仅是一件十分有意义的活动，而且能有效利用资源，丰富幼儿的读书活动。

2. 定期组织读书活动

图书室应定期向全园幼儿开放，每位幼儿每周在图书室至少活动一次。教师在指导幼儿读书时，首先要教会幼儿正确的阅读方法，如让幼儿知道每本书都有封面、封底和目录，阅读时要按页码顺序翻书等；其次要帮助幼儿学会观察的技巧，教师应使用适当的语言主动引导幼儿观察，通过比较画面与画面之间的区别，帮助幼儿更好地感受人物情感的变化与故事情节的发展。

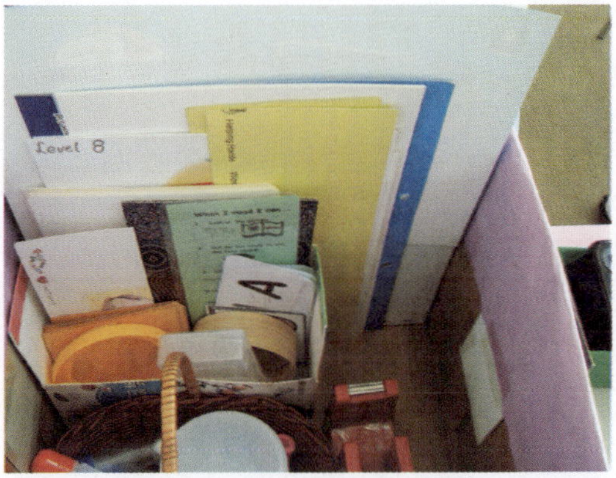

修补图书所需的工具

为激发幼儿的阅读动机，维持其持久的阅读兴趣，图书室还应积极开展形式新颖、丰富多彩、生动有趣的读书活动，如“读书会”、“自制图书比赛”、“故事大王比赛”等活动。

3. 积极开展自制与修补图书活动

图书室应积极创设幼儿自制图书及修补图书的条件，设立专门的修补与自制图书角，为幼儿动手修补与自制图书提供便利。

修补图书所需的工具

第六章

幼儿园资料和图书的配置与使用

第一节　教学资料室（区）的配置与使用

幼儿园资料室（区）主要是管理并存放幼儿园各类教育教学设备设施和资料的场所，这是一个幼儿园必不可少的重要组成部分，它为全园的教育教学提供了最直接有效的教学资源。各幼儿园可以根据实际情况设置相应的教学资料室（区）。为开展教育教学活动配置的相关资料，要依据幼儿年龄段、学科领域、课程特色等多方面因素分类，由资料保管人员登记、造册、集中统一保管。教师可根据教学的实际需求进行调整。

1. 教师每周集体备课，依据教学进度的要求编排下周教学内容时，借领相应的教学资料。

2. 班级教师还可依据本班的实际需求进行调整。例如，在大班进行语言教学《小蝌蚪找妈妈》后，班级老师可借用其它相关的教学资料开展发散性的教学活动，利用 “青蛙”的科学图片对青蛙的身体结构、生长习性进行进一步的认知；抓住孩子对青蛙的探索热情，开展《青蛙弗洛格的成长故事系列》的早期阅读活动等。

3. 除了为日常教学提供帮助外，它的服务对象还涵盖了课程所涉及的领域，其中也包含了班级的学科教学、游戏或主题活动等内容。例如，中班开展“伞”的主题活动，教师引入早期阅读《借你一把伞》进行幼儿的情感教育，还可以整合美术活动“装饰花边”开展雨伞的设计比赛等等。但不是每一个相关的课题都适合这一年龄段的教育，这时教师需要根据本班幼儿的认知发展水平进行适当的调整，重新设计教学重点，灵活运用教学资料。

幼儿园的教学资料室（区）主要包括几个部分：图片资料、音像资料、教师用书、网络共享区等。可依据条件设置专职或兼职的资料管理人员，对各类资料配置进行分类管理，每种资料设备都要做分类标签，并登记造册。

一、图片资料的配置与运用

幼儿园阶段幼儿的年龄特点和认知特点，决定了图片资料在教育教学活动中运用得特别频繁，几乎每个领域都会涉及。由于幼儿园没有统一的大纲与教材，因此，各幼儿园选择的教材也会不尽相同，从而配置的图片资料也会有所差异。

（一）图片资料的配置

幼儿园在配置图片资料之前，首先要确定本园所使用的课程。现在幼儿园可选择使用的课程内容比较丰富，如何选择出适合本园使用的课程，直接影响了幼儿园的整个教育过程。幼儿园课程就是为幼儿系统设计和组织实施的。每种课程活动方案都有其适用的课程基础，幼儿园就是要在各种课程活动中选择适合自己使用的课程方案。

在选用统一编制的课程方案时，有条件的幼儿园可以考虑建构园本化的课程方案：

1. 了解各课程方案的主要结构与特点；

2. 具体分析明确本园的办学理念；

3. 客观分析幼儿园课程实施的资源优势、物质条件和精神条件；

4. 考虑本园教师的基础水平、幼儿的认知经验等。

幼儿园根据选择的课程方案，可以具体配置的一般图片资料，主要来自三个方面：直接购买、收集积累和手绘制作。由于幼儿园的教育内容涉及自然与社会生活的各个方面，因此，对于各方面的图片资料，例如自然环境、社会文化、科技生活、风土人情等方面的图片，以及各种宣传图片、报刊杂志等综合资料，都要有积累的意识，随时进行广泛的收集，不断丰富并拓展教师的教育资源。富有园本课程特色的教育内容，可组织教师根据课程设计者的设计意图，自己绘制相应的图片资料。

（二）图片资料的运用

1. 为了保证日常教育教学的正常使用，各幼儿园可以根据具体情况，在资料室配置专职或兼职的管理人员负责图片资料的管理。

2. 制订相关的图片、教具资料借阅制度，并严格执行。

3. 为了方便教师查阅、使用，必须根据不同年龄段、学科、课程、制作形式等多种因素对图片资料进行分类存放。

按照不同的年龄段分类，可分为托班、小班、中班、大班。

按照不同学科分类，可分为语言类、音乐类、美术类、科学类及数学类等。

按照课程内容分类，可根据幼儿园所选教材的种类划分。例如统编课程、整合课程、渗透课程、园本课程等。

按照制作形式分类，可增添自制图片资料等。

4. 资料室需配置专门登记借阅信息的记录本，每周教师可定时以年级组为单位，到资料室归还图片，同时领取下周所需资料。教师选定借阅的图片资料后，必须在登记本上登记名称与数量，方便资料管理人员及时检查核对资料的使用状况。

5. 每次借出图片在归还后，资料管理人员需及时查看，如有损坏或遗失，管理人员可及时修补或更新。

二、音像资料的配置与运用

音像资料是指幼儿园各种具有使用、保存和参考价值的教学磁带、唱片、录像带、光盘、磁盘、声像电子读物以及各类教学课件等视听载体资料。它是幼儿园进行电教活动的主要资源库。管理人员需要对所有音像资料进行全面整理和保管。

（一）音像资料的配置

1. 资料室应有专门存放磁带、唱片、录像带、光盘、磁盘、声像电子读物以及各类教学课件等音像资料的地方。

2. 幼儿园的音像资料主要包括了两类：一是与幼儿园课程相关配套的各种音像资料；二是广泛收集可辅助教育教学使用的具有本地特色的自然、经济、文化、军事、科技、风土人情等方面的音像资料。

3. 音像资料品种比较繁杂，类别较多，存放时分类一定要清晰，可根据种类与学科登记，分橱窗归类摆放，配上标签。登记一般包括：类别、序号、目录、数量、备注等。

（二）音像资料的运用

1. 为方便使用与保存，每一类音像资料需至少存放两份，一份用于存档，一份用于教师平时的借用。

2. 音像资料资源较少，一般采用全园公用、年级组公用、班级公用、个人借用等方式，明确责任登记签字，定期归还。

3. 管理人员要及时整理各种音像资料，有缺失、损坏的必须及时替换，以保证电教设备的性能良好。

幼儿园的音像资料多以购买为主，但随着园本课程的建立，这些资料已远远满足不了新课程的需求。日常工作中可根据教学的实际需求，结合教案设计的内容，通过不同的渠道，合理利用各类资源，自行进行音像资料的制作。

案例一：大班音乐课《有趣的按摩》

这是一节音乐欣赏课，欣赏对象是法国作曲家圣桑的名曲《动物狂欢节》。教师将教育环境设计成一个理发店，幼儿通过有趣的按摩动作来感受《动物狂欢节》乐曲的节奏和音乐表现风格，并让幼儿结合生活经验创作和表演有关理发店的动作细节。为了让幼儿充分地感受音乐与生活细节结合的乐趣，教师利用在电视台工作的家长资源，帮助寻找《卓别林》的电影视频，进行剪辑，使其符合乐曲情节的需要。课堂上通过视频播放，加深了乐曲的感染力，使教学过程变得轻松、有趣，达到了较好的教学效果。

案例二：大班音乐课《打字机》

这也是一节音乐欣赏课，欣赏的对象是美国作曲家安德森的名曲《打字机》。教师将原曲进行了部分剪辑，使其符合幼儿的欣赏特点。在网络上收集了大量关于实物打字机的图片和视频，通过后期制作，让图片、视频切合乐曲的节奏。使幼儿在欣赏乐曲的同时，通过对图片、视频的观看，更好地感受、理解乐曲的风格和所要表达的意境。

三、教师用书的配置与运用

（一）教师用书的配置

幼儿园的教师用书一般包括两个部分：一是教师日常教学用的参考用书，如各类课程用书、教材等；二是相关的拓展类参考用书、管理用书、资料用书、专业期刊等。由管理人员统一编码登记造册，保管使用。

1. 幼儿园对本园课程涉及的常用教学用书，应统一配发给教师或年级组，满足教师日常备课的需求。

2. 幼儿园课程内容发生变化时，教师配置的教材也需及时更换调整。其他书籍则统一由资料管理人员进行分类、编号、登记、造册进行存放。

3. 幼儿园每年根据本园的实际情况和需求，可以有计划地添置教师用书和参考用书，这部分书籍在分发给各部门后剩余的交给资料室统一存放保管。

（二）教师用书的运用

1. 幼儿园配置的其他相关的教育教学、管理等各类参考用书，由资料室统一保管。教师根据需求，到资料室借阅。

2. 关于教师借阅书籍的管理，幼儿园应制订相关的图书借阅制度，教师严格依照制度进行借阅登记，妥善保管，按时归还。

四、网络共享区的配置与运用

随着现代科学技术的发展，各种高科技的设备与技术资源相继进入了幼儿园，电脑、互联网、局域网等应运而生，为幼儿园的管理以及教育教学提供了更科学更强大的技术支撑与资源拓展。幼儿园可根据本园实际情况，进行相应的配置。

（一）网络共享区的配置

网络系统是一个比较复杂的体系，硬件与软件都要配套，必须有专职或兼职电教人员进行管理。

1. 全园至少有一台电脑作为数字音像资料的存储，并逐步形成一定数量的教学用课件、音像、影音资料集。

2. 有条件情况下，保证每个班级有可上网的电脑。如条件有限，可提供一台可上网的专用电脑，便于教师下载、整理、制作教学中使用的音像资料、课件。

3. 有条件的幼儿园可以按照小型局域网标准设置内网，有服务器，能共享上网，并保证每班一台可上网用的电脑，或有一个独立的多媒体活动室。并实现网络管理、网络存储、网络共享。

（二）网络共享区的运用

1. 可根据条件在网上设立幼儿园网站，建立班级网页，教师、幼儿、家长都可以通过这个平台进行交流。

2. 幼儿园可逐步创建园内小型局域网，设置网络资源库，构建网络共享区。班级师幼都可以实现资源共享。

3. 有多媒体活动室的，可以共享收集制作的课件进行教学；条件有限的幼儿园，也要想方设法充分利用互联网的巨大资源。

4. 幼儿园电教人员需定时定量进行网络管理与维护。

附件：幼儿园电教设备名录

1. 幼儿园选配的电教设备

电视机、台式电脑、手提电脑、移动硬盘、U盘、收录机、光碟、数码相机、刻录机、投影机、幕布、调音台、扩音喇叭、卡座、功放、有线麦克风、无线麦克风、草坪音箱等。

2. 幼儿园小型局域网选配设备

网络、宽带租用、路由器、交换机、服务器、存储、教学教辅软件、OA系统。

3. 机房配置条件

电视机、有线电视系统；

空调、防静电地板、电脑、UPS电源、机柜、还原卡、广播系统；

资源库、共享区。

第二节　本土资源区与教学具制作区的配置与使用

一、本土资源的运用

（一）本土资源的内容

在幼儿园的班级中，一般的教育资源有三大类，一类是幼儿园的桌子、椅子、琴等器具；第二类是幼儿园购买的一些常用的材料，如杯子、篓子、各种纸、布、笔等；第三类是收集来的半成品和废旧材料。这些资源会因地域、环境、季节的不同而有所不同。在三类资源中，前二类资源和材料是幼儿园准备的，这些是让一个班级能正常运行起来的最基础的资源，而第三类材料是幼儿园和教师个人准备的。幼儿园日常教学中，重视对一些收集来的半成品和废旧材料的利用，最能体现班级特点和个人能力，也是班级教师能做到的资料收集工作。

1. 资源收集的观念与思路

资源收集首先要有收集的观念和意识。例如可以匠心独运地用鹅卵石上一节关于“6的组成”的课，课后还可以让幼儿在鹅卵石上画画。在生活中最常见的东西，多留心，多动一下心思，就会有新的发现，将无用之材变成有用之材。其次收集的材料要安全卫生。这些材料是让幼儿接触的，一定要保证无毒、干净、无尖锐角，不会给幼儿造成外伤。对收集的材料，老师要多摸一摸、看一看，有无安全隐患。还要多多收集有本地特点的材料，制作的作品也要有地域特色。比如在海边多收集与海有关的材料，玉米、稻谷多的地方，收集与之相关的叶、种子、茎、根的材料。最后对收集的材料要进行分类摆放，这样利于材料的保管，也方便拿放。

2. 资源收集的方式

在幼儿园里，资源的收集需要多方面的共同参与，把资源收集工作变为日常的活动。

幼儿园首先要从物质上给予支持，在幼儿园的大门口设立资源回收的设施，向所有的教师、幼儿和家长表明在资源收集上的积极态度。资源收集的设施不需要特意购买，可以用一些大的纸箱或是大的竹筐子等，经过教师的巧手装饰、分类标注后即可，通过这样的方式，也向给大家展示出资源收集的意义。其次在收集资源的地方进行相关的信息宣传，指导大家怎样来收集，如何收集。最后还要建立一些奖励制度，鼓励大家的参与。

幼儿园的物品回收站

班级也可以在某个地方设置一个资源收集点，可以根据自己班级的特点，来确定资源收集的规模、设施款式、大小、回收分类等。可通过奖励的方法，调动班级幼儿和家长的积极性。一但收集的习惯养成，资源收集就不是一件困难的事了。在班级收集中，既要广泛收集各种材料，也要注重收集班级中常用、有特点的资源，这样在实际的使用中，既可以满足需要，也能体现出班级在资源收集制作方面的特点。

班级资源分类柜

教师在平时要注意收集多类资源，给幼儿以示范。同时教师还要注意发现新的有利用价值的材料，不断扩展资源回收的种类和范围。

（二）本土资源的运用

每一种材料都有自己主要的功能，在实践中，不同的使用方式会延展材料的功能。

1. 幼儿园家具

主要有柜子、架子、桌椅、大型玩具、琴等。

柜子可以收纳各式各样的材料，也可以充当幼儿的操作台，有了柜子，幼儿在游戏中取放材料会更加方便和轻松。柜子还可以与桌子、藤架、书柜、床等组合，让空间区域的组合形式多样，更便于幼儿的操作和行动。

架子可以作为游戏区域中摆放材料的地方，也能成为游戏的环境。藤架摆放上游戏的材料，再装点上一束小花、一盆绿色植物、一件陶艺作品等，使藤架和游戏材料成为游戏环境的元素，适合运用在“茶馆”、“棋社”中。在选择架子时要注意，架子的高度让幼儿随手可及，教师还要时常检查、维护，保证使用的安全。

造型美观、色彩鲜艳的大型结构玩具是幼儿的最爱，在玩的同时，还能自己动手分割出趣味空间，里面是幼儿的童话世界。幼儿推动轻巧的它，便可以成为一个移动的乐园。

2. 常用材料

常用材料有各种不同种类、颜色、质地的纸，各种笔、颜料、布、线和绳子，各类粘合剂等。

布是一种柔软的材料，由于这个特点，可以用于立体造型。布的反复利用率高，颜色鲜艳，牢固耐用，不容易损坏，适合幼儿在活动中使用。布的可塑性强，适合制作出的各种立体的造型，形象逼真，像水果、蔬菜、糖果用布制作就是比较好的选择。布可以上颜色，使制作的东西更加逼真，游戏中常用的游戏材料饼干、鱼、包子等都可以用布做。

纸因其适合孩子绘画，方便幼儿进行剪贴和造型，是幼儿园最常使用的材料。纸根据其作用，又有许多不同种类，这些纸在使用中有不同的方法。

彩色纸的色彩丰富，取材广泛，适合幼儿操作，可提供给幼儿进行折纸、纸塑，或是在区域中使用。对于一些图案丰富、色彩艳丽的纸，适合作为环境中各种各样的点缀，比如糖纸、包装纸等。

纸板表面平整，便于幼儿绘画，淡棕色的底色，使整个画面呈现出朴实的效果。撕开表层，里面还会显露出不同的纹理，形成与纸板表面不同的效果。可用来制作镜框、图案。纸板比较厚且

用纸板制作的书架和告示牌

立体感强，用纸板造型比较困难，教师应与幼儿共同制作。

大面积的彩色卡纸适合制作大块的底板，配合绘画、粘贴等方法，让底板变得生动美观。纸与纸的搭配，要考虑粘贴方便，材质匹配，色彩协调，制作作品适合幼儿操作，作品有审美情趣。

3. 半成品和废旧的材料

幼儿园收集的常见物品中，可以分为几大类：纸、瓶子、罐子、盒子、自然物等。这些东西怎样转化成幼儿可以使用的材料以及如何制作？

报纸在生活中随处可见，是很好的材料。可以利用报纸的本色，制作别有韵味的童装，装点图书区域。报纸柔软，还可做为填充物用于立体造型。

瓶子和罐子是生活中常用于装物品的东西，它的立体造型，适合在表面绘画，制作出一些有特点的作品。

各种瓶子的装饰

造型美观，材质通透的瓶子，可用附着力较强、色彩鲜艳的材料进行美术装饰。但玻璃瓶使用时要密切注意幼儿的安全。建议用通透感强的塑料瓶代替。孩子用黑色、蓝色的记号笔在白色的瓶子上进行图案的装饰，能够营造出一种黑白对比和蓝印花的效果。各种塑料瓶和纸罐不仅造型可爱，可塑性也很强，可用来制作各种各样游戏物品，如一个装糖果的大瓶子能做出各种可以喂食的小动物；用大的油壶罐做出的花篮可以用来种植自然角的各种植物。

盒子也是平时容易收集到的材料，由于是纸制的，给造型的变化提供了方便。大盒子装饰后可以制作成各个区域的架子、柜子，既可以放材料，又能用于分割区域，区分游戏的场地。盒子还可用于大型玩具的制作，如用大型纸盒制作的公共汽车，让幼儿可以在其中自由活动。小盒子的收纳功能强大，可以用来装各种细小物品，即美观又环保。小盒子的可塑性也很强，与不同的材料搭配，可制作出各种游戏材料，像“超市”里的“收银机”就是用小盒子制成。大小不一的小号、中号纸盒，通过组合，能制作大型的物品，如“邮局”里的“信箱”，“超市”里的“储物柜”等。

自然物是大自然给人类最好的资源，在农村很容易收集到，且种类多，是幼儿亲近的材料。对收集来的自然物，如种子、花、树叶、坚果等进行分类，建立起展览中心，并给每样实物贴上标签，供幼儿自由观察。收集的植物叶子、茎类，可以用来粘贴图案；夏天，水果蔬菜充足，是进行“蔬果”造型的好时机；秋天，南瓜籽、丝瓜筋、稻草、蟹壳、枯叶等材料更是随处可见，可以制作许多美丽的“工艺品”——南瓜娃娃、稻草人、芦花扫帚、丝瓜筋鱼等；冬天石头宝宝、贝壳、漂亮羽毛等唱起了主角，石头日历可以放在写字桌上，蛋壳花瓶、贝壳蜡烛台则可以装饰班级。

二、教学具的制作

教学具在教学中既可以形象具体地表现静态现象，又可以生动活泼地表现动态过程，具有简单直观的效果。利用多种教具学具组合，更能使抽象的概念具体化，深奥的道理形象化，枯燥的知识趣味化，激发幼儿的学习兴趣，使幼儿在轻松愉快中学习知识，加深印象，达到活学巧用的目的，利于幼儿的发展。根据教学具的制作和使用的方法，将幼儿园常用的教学具分成四大类：立体类、平面类、实物类、电教类，每一类又有多种制作和使用方式。

（一）立体类教学具

这类教学具可视可操作，适合年幼儿童，能引发幼儿的兴趣。立体的教学具包括头饰面具、手偶、地面教具、桌面教具。

1. 头饰面具

在幼儿园中，这些教具常常会在表演游戏、语言游戏中使用，它能很形象地让幼儿进入“角色”，也能让观看的幼儿明确扮演的“角色”，方便幼儿的操作和融入情境。制作头饰面具时，要考虑到幼儿的头部和面部的大小，要适合大多数幼儿使用。头饰面具可以买现成的，也可以让大班幼儿制作。在幼儿制作头饰和面具时，教师要给幼儿提供一些帮助，如剪出眼睛的洞、钉头带等。

用布、棉花、塑料眼睛制作的面具

2. 手偶指偶

手偶指偶是可以用手操作的教具，它具有灵活、方便、互动性强的特点，经常在语言故事、区域游戏、分组操作等活动中使用。对于教师来说，可以用手偶表演，形象逼真，吸引幼儿，适合全体幼儿的观看。手偶一般为购买，简单的手偶形象也可以让幼儿自己制作，让每一个幼儿都参与到活动中。

3. 桌面教学具

桌面教学具是放在桌面的教学具，操作、移动方便，稳定性好，很多场合都能用到。制作教学具要使用安全材料，不安全的材料要进行加工。在数学教学中使用的学具要注意数量要多于幼儿的人数。在中班数学活动中，要提供2组到4组不同游戏的学具；到了大班则要提供多达5到6种不同的游戏学具；新学习内容的学具，更要多提供几组，以保证每一个幼儿都有机会操作。

移动串珠

4. 地面教学具

地面教学具除了具有桌面教学具的特点之外，还具有区分地面区域的功能。地面教学具使用最多的就是在体育活动之中。制作地面教学具时，要重点考虑安全问题，排除在运动中对幼儿不安全的因素。教学具要安排在合适的位置，方便孩子的活动。

游戏道具“给小动物喂东西”

（二）平面类教学具

这是在幼儿园使用最多、制作最多、表现形式灵活、方便保存的教学具。合理地制作和使用平面类教学具，能达到比较理想的教学效果。平面教学具根据制作方法的不同，可以有以下6种常用的形式：

1. 挂图式教学具

挂图有具体、形象、新鲜的特点，能体现教学的重点和要点，运用恰当，能吸引幼儿的注意，培养幼儿的观察能力。幼儿园中各个领域都会用到挂图式的教学具，特别在语言、科学、音乐等活动中，使用得会多一些。在制作挂图式教学具时，要对教学的内容进行分析，找出其中的难点和要点，针对重难点的解决设计挂图。绘制挂图时，形象要可爱，颜色要和谐。图的大小也要有要求，一般讲，一张图要有1 K纸大小，过小则不适合在集体中使用。

2. 填充式教学具

填充式教学具具有一定的可选性，灵活多变，形象生动，幼儿参与性强，是幼儿园使用制作最多的教具之一。填充式的教学具能将一些隐性的形式显现出来，比如具有规律格式的诗歌，通过填充图片教学具，能体现出诗歌的规律；在音乐打击乐中使用，能让幼儿体验不同乐器形式的变化和不同打击方式。制作这类的教学具时，填充内容多以图画、标记的形式出现，所填内容应是教学的重点和要点。

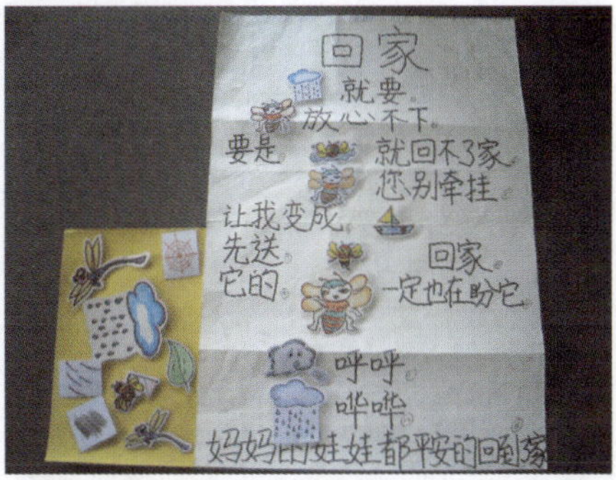

填充诗歌：《回家》

3. 插入式教学具

故事《小蛇多多》的插入式教具

插入式教学具是在大的底图上面，插入小的图片，在需要时，使用拉线、掀开等方式把小图片呈现出来，能给幼儿以新奇感。插入式教学具在制作时，要根据教学的内容，选择插入的位置和呈现的方式。比如与生长、长大相关的内容可以采用拉线向上拉的方式，再如与躲藏、体现内部秘密相关的可以使用掀开的方式。在设计制作时，使用拉线方式的要考虑到拉线的开口和拉线的方便性；插入式的口要隐蔽，插入的地方要进行加固，方便在教学中操作。

4. 镶嵌式教学具

镶嵌式教学具表现形式与插入式教学具相反，镶嵌式教学具把镶嵌的内容在底图上明确地呈现出来，幼儿能根据所提供的线索找出或是回忆出镶嵌的内容。制作镶嵌式教学具

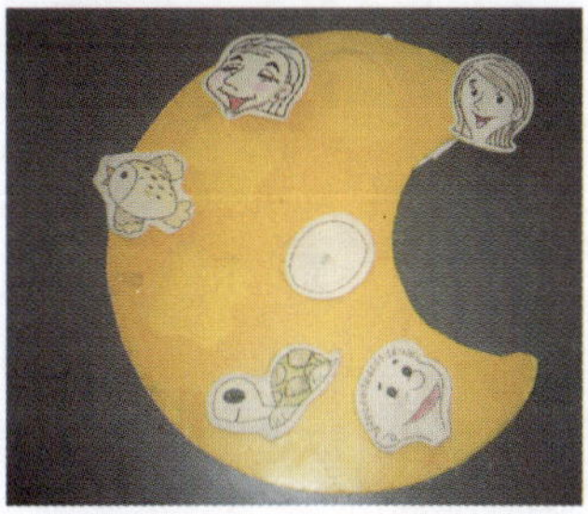
诗歌《月亮月亮巴巴》的镶嵌式教具

时，镶嵌内容与镶嵌的位置要吻合，镶嵌位置所留出的部分要能体现出镶嵌内容的特点。镶嵌部分安一个可拿放的部件，方便在操作中顺利地拿放。

5. 覆盖式教学具

覆盖式教学具是将呈现的内容一层层地累加到一起，使呈现的画面更加丰富，体现出事物发展的顺序性。制作此类教学具时，首先要设计出覆盖的顺序，根据顺序设计每一张图片的内容。所覆盖的图片位置要准确，保证在覆盖完成时，图片美观完整。

6. 折叠式教学具

通过折叠的方式，分步呈现教学内容的部分信息，引发幼儿的好奇心。在制作时，前期的设计很重要，既要考虑到已有画面的完整，还要顾及与折叠画面的接合。

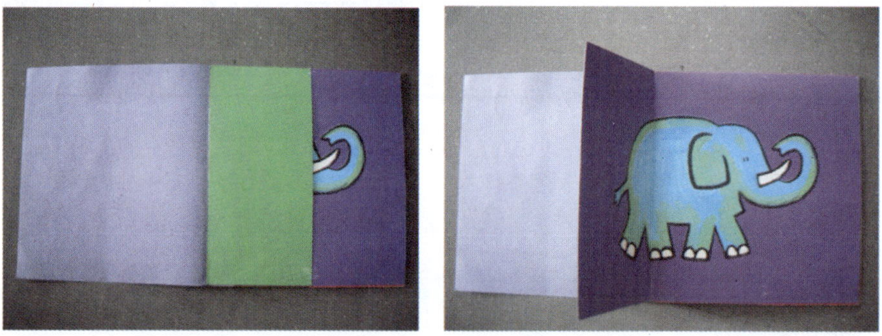

诗歌《变变变》的折叠教具

7. 实物类教学具

这类教学具有可见、可比、可操作的特点，直观实物的具体形象让幼儿容易理解，一看就明白，符合幼儿思维发展及年龄心理特征。而且幼儿可以用多种感官进行感受与分析，得到的认识会更加全面与直接。幼儿园使用的实物教学具很多来源于平时收集的半成品和废旧的材料，根据领域和使用的不同，选择不同实物。在数学活动中，多以小而好拿放的材料为主，如扣子、夹子、豆子等。科学活动中一些实验需要很多教学具，要用科学的方法进行选择，所选用的教学具，大小、外形要适合幼儿的操作，不易打碎，不要有过多的细节干扰幼儿的学习或影响实验的准确性。日常不用的帽子、衣服、围裙等也是很有用的实物教学具，可以在表演、游戏中使用。

8. 电化类教学具

这类教学具具有丰富的表现力，能把事物的现象、变化过程、彼此间的联系生动形象地再现出来，便于幼儿仔细观察、充分理解，提高教学质量和效率。在幼儿园使用得最多的是录音机、幻灯、电视、激光视盘等。

无论教学具的构思多么巧妙，制作多么精美，我们都不能忘记其根本目的是为教学服务。忽视教学具制作中的小细节，便有可能产生分散幼儿注意力等负效应，降低教学效果。因此，制作教学具中，教师应在认真分析教学内容的基础上，准确把握教材的重点和难点，适当适时选用制作教学具的方法，让教学具的使用科学、有效、方便，这样才能使教学具应有的功效得以充分显现，从而取得良好的教学效果。

三、教学具制作区的设置

（一）教师教学具制作区的配置

1. 制作区

教学具制作的地方，要配置一张大桌子，至少要有两张平铺开的1K纸大小。没有大的桌子，也可以用小的桌子拼合起来。桌面上应铺上较厚的、容易清洁的桌布，方便教师在这个台面上进行教学具的绘画、制作。

2. 材料区

在制作区的周围要配置一些架子，分类放置使用的材料。制作教学具的常用材料有各种纸、半成品材料、工具等。纸是最常用的材料，种类多，用量也最大。整张的纸要分类摆放，使用剩下的纸也应分成几个大类放在一起，方便再用时根据具体需要选择，以节约材料。半成品的材料即回收上来的各种资源，也要分类摆放。工具架子上要配置一些铅笔、蜡笔、水彩笔、剪刀、美工刀、粘合材料、颜料、毛笔、长尺子等，按照类别放置。

3. 资料区

这个区域主要是放置一些教学资料和制作好的教学具。这些书和教学具也要按领域和年龄要求分类摆放，使用时方便查找。

4. 交流区

这个区域能给教师提供讨论、查找资料的地方，可以配置一张普通的桌子和几把椅子。

（二）教学具的运用

如何在教学中有效合理使用教学具，发挥其应有的作用，需要认真思考研究。而集体备课，则是一个比较好方法。各年级组商量选定某个时间，对下周的活动进行研讨，共同商量出活动的要点，同时讨论出教学具制作方法和使用方法。通过这样的交流，能让每一个教师都知道教学具设计的意图，从而有计划有目的地使用教学具。

要保管好教学具。只有这样，教学具才能积少成多。可以按照每一个教师保管一个或两个领域教学具的方式落实保管责任，这位教师负责这领域教学具的借出和归还，还回到资料区的教学具都要完好无损。通过教师负责制，保证借出的教学具“完璧归赵”。

幼儿园教育活动中，教具学具出示的时间、形式、语言情境都应注重和讲究，否则效果是大不相同的。教具不在多，而在于用得巧用得得当；学具的数量要充足，能人手一份的要尽量保证，要多提供机会让幼儿操作，在实践中获得认识和得以巩固。

案例一：某幼儿园资料管理制度

1. 资料管理人员要牢固树立为教学一线服务的思想，认真协助每位教师做好各类资料的借用工作。

2. 所有资料都必须进行严格的分类、编号、登记和保管。经常检查资料的使用情况，随时做好整理、修补、清洁工作。

3. 教学资料原则上只用于本园的教育教学活动，如因特殊情况需外借，要经有关领导批准。

4. 教师根据教学计划，以年级组为单位，提前一周在规定的时间里领取相关的教学资料，隔周同一时间归还（数学教具除外）。

5. 资料领取时应认真、明确填写《资料领取登记表》，由资料管理人员核对后方可借出。归还时，须经资料管理人员验收后盖章注销。

6. 资料使用者有义务妥善保管好所借资料，如归还时发现损坏、缺失，使用者要及时修补或更新。

7. 资料管理人员每学期对所借资料清查一次，对到期未归还的，要督促其尽快归还。

案例二：某幼儿园图书管理制度

1. 所有由资料室保管的图书都必须进行分类、编号、登记。图书管理人员要经常检查图书的借阅情况，随时做好整理、修补、清洁工作。

2. 幼儿园的图书原则上只供本园教工借阅，如因特殊情况需外借，要经有关领导批准。

3. 图书借阅每次限5本，借期最长为30天，新书借期为15天。如因教学、科研确实需要可续借。做到勤借勤还，不得长期占用，以免影响他人借阅。

4. 借阅者借阅图书时要认真、明确填写《图书借阅登记表》，由图书管理人员核对后方可借出。归还时，须经图书管理人员检查后盖章注销。

5. 借阅者有义务妥善保管好所借图书，不得圈点、批注、污损、卷折、撕割、遗失，违者将进行赔偿。

6. 资料室工作人员每学期对所借图书资料清查一次，对到期未归还的，督促其尽快归还，每两年对全部图书进行一次盘点。

第三节　幼儿图书阅读区的配置与使用

一、幼儿图书阅读区的配置

幼儿园幼儿的阅读环境包括全园性的阅读室和各个班级的阅读活动区。以下主要阐述班级阅读活动区的创设。

（一）阅读区环境的选择

各个班级教室中的阅读地点即阅读区角，要选择在光线明亮，有较好光源的地方，以保证幼儿在阅读过程中的用眼卫生。同时最好能够选择相对封闭一些的地方，这样幼儿在阅读的过程中比较容易集中注意力而不受其他游戏幼儿的干扰。

（二）阅读区环境的创设

1. 图书的摆放

（1）要选择比较矮小的分层书架来摆放图书，既方便幼儿取放，又可以将图书有序地摊开摆放，幼儿可以直接看到书的内容，来选择自己喜爱的图书。

适合幼儿取放的书架

（2）图书角摆放的书籍数量不宜过多，阅读的幼儿人数在4~6人，书籍投放的数量在10~20本之间为宜。教师可以根据幼儿阅读情况定期更换图书角图书。

2. 幼儿阅读场地的布置

幼儿阅读场地应靠近阅读区，布置相对固定的4~6个人的座位，供幼儿阅读使用；还可以设置在阅读时拉到阅读区的4~6人使用的活动桌椅；也可以在书架下面摆放地垫靠枕，创设出温馨舒适的阅读环境。

3. 营造阅读氛围

（1）阅读区域要有明显的标记，帮助幼儿了解区域的划分，如“小小图书馆”、“娃娃书屋”等。

幼儿阅读场地

（2）在阅读的区角中，可以将阅读活动的一些简单、必须的规则，通过幼儿能够看得懂的方式（如照片、图画加文字等）展示在阅读区，提醒幼儿在阅读时遵守。如：看书时轻拿轻放；轻轻翻阅图书；看完以后放回原处等等。

阅读区域的标志

简单的规则

（3）可以用“好书推荐”、“最受欢迎的图书”等方式向幼儿介绍图书，指导幼儿选择图书。

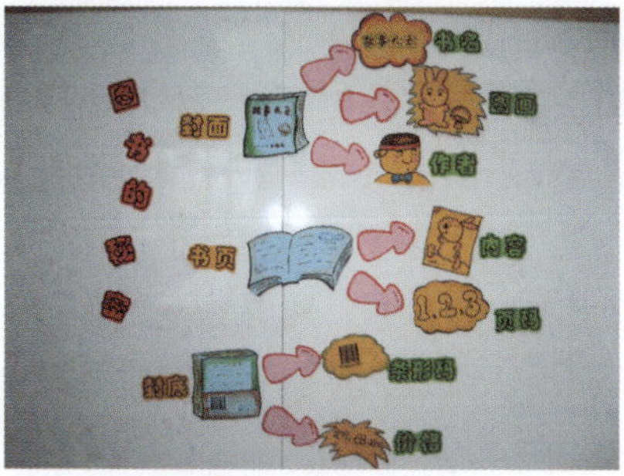

有关图书的知识

好书推荐

（4）可以将一些幼儿自制的图书或有关图书的一些知识展示在图书角固定的区域，增加幼儿对书籍的兴趣和了解。

（5）可以在阅读区域摆放有生命的植物或者简单精致的小装饰品，增加阅读环境的优美舒适。

小植物的装饰

（三）幼儿阅读图书的投放

1. 根据幼儿不同的年龄特征选择相应的图书

小班幼儿保持注意力的时间较短，对熟悉、具体、生动的事物感兴趣，偏爱动作和声音，爱模仿。应为他们选择内容短小生动、情节简单，一次能看完的图书。这些书有生动、形象的词汇，如象声词、动词、重叠词等，同时语句多动作多对白，用词反复重叠，幼儿读来朗朗上口，富有韵律感，乐于通过语言和动作模仿再现图书中人物的语言、动作。另外，主角为贴近幼儿日常生活经验的熟悉而有趣的动物或人物的书，而且书中的角色少而拟人化，孩子易于认同，有安全感。再者，画面色彩鲜艳明亮、主体形象可爱、大而突出，背景相对淡化的图书，给孩子温馨、快乐的感觉。单幅画页、版面大而精美的书，也能受到孩子们的喜爱。

在小班幼儿阅读的基础上，中班幼儿乐于阅读具有清晰情节和结构，富有想象力、感染力和思想性的图书；情节有变化、有悬念但不过于曲折的图书；还喜欢表现人物情感和心情的、人物性格鲜明生动的图书；喜欢描绘故事意境和人物内心情感的优美语言。幼儿还喜欢绘画线条和色彩的运用更为丰富的图书，将人物不同的心情、好恶、个性表现得生动，准确地传达出故事要表达的意义或感觉。而且这时的幼儿喜欢欣赏拼贴画、水粉画、色铅笔画等不同绘画风格的图书。

大班幼儿对新奇事物充满了好奇和探究的欲望，他们乐于欣赏多种题材和形式的优秀故事、童话图书；喜欢阅读有奇思妙想、出乎意料的神奇事件和人物的图书；甚至一些探讨抽象概念或恐惧情绪的图书也是他们喜欢的。为大班幼儿选择的图书情节应跌宕起伏，人物心理和情感富于变化，而且语言细腻、刻画入微，幽默而富有想象力和浪漫色彩。蕴含着深刻主题的图书也是深受大班幼儿喜欢的。在中班基础上，线条、色彩和构图应更丰富，更能体现出人物性格特征，烘托出故事特有的气氛。

2. 根据不同的阅读方式为幼儿选择不同的图书

蕴含价值，值得讨论，更能萌发幼儿兴趣的书籍比较适合在集体的早期活动中进行阅读。情节短小、画面简单的，已经在集体活动中阅读过的书籍适合幼儿独立自由阅读。还有一些线索比较多，内容设计比较广的书籍适合在老师带领下阅读或者亲子阅读。老师要事先将班级的书籍进行大概的分类，比较适合集体阅读的书留出来，集体活动之后再投放到阅读区；适合幼儿自由阅读的书籍则分批投放到幼儿的阅读区域中去。

案例：图书阅读区的创设

小班

面对小班刚入园的孩子，需要什么样的阅读区呢？

1. 我要在教室里选择一块不用太大，够4~6人坐下的，靠近窗口、光线明亮的地方作为图书角的区域。

2. 接下来我需要用一些比较矮的，孩子自己可以取放的书柜，间隔出相对封闭的阅读区域。书柜可以是现成的木质或塑料的，也可以是用废旧纸盒、纸箱制作的。

3. 为了把图书角的氛围营造得温馨舒适，我可以铺上漂亮的地毯，放上漂亮的靠垫，放上一些花草等植物或毛绒玩具，让孩子们一下子就喜欢上这里。还要做上一个比较醒目的标牌帮助孩子辨识。

4. 接下来就是挑选书籍啦。不能把所有的书籍都放进图书角，根据每次4~6人共同在图书角阅读的人数，可以一次投放进20本左右的书籍，每2周或者一个月更换一次图书。小班孩子比较适合看每页的内容比较简单浅显，页数不是太多的书籍，如一些简单浅显的科普类动物认知图书，短小的故事书等等。

5. 将选择好的图书按照大小分类，整齐有序地摆放在书架上。

6. 对于小班小朋友，可以在每本书的相同位置贴上不同的小贴花，然后再在书柜上摆放这本书的地方贴上相同的贴花。小朋友只要找到相同的贴花图案就可以很快找到正确的摆放位置。

7. 对于小班的小朋友，老师可以通过一些简单的讨论和实际的练习，来帮助他们了解一些最基本的图书角阅读的规则，如看书的时候要爱惜图书，轻轻从前往后翻页；看完的图书要根据标记归还到原处；看书的时候要保持安静，不能影响到其他小朋友；看书的时候要注意用眼卫生，在光线明亮的地方看书，保持书本和眼睛的距离等等。

中班

对于有了一些阅读经验的中班孩子来说，我需要做些什么呢？

1. 和小班同样，需要营造一个明亮温馨舒适的阅读环境，阅读区域可以在小班的基础上再扩大一些。

2. 选择的书籍情节、画面可以更丰富一些，每次的数量可以增加到25~30本，每2周到一个月更换一次，也可根据孩子阅读情况进行调整。

3. 中班的孩子已经认识基本的数字，可以通过数字的标记来帮助孩子找到每本书的位置。

4. 可以用一些简单的图画标记贴在图书角，帮助小朋友了解在图书角应该遵守的规则和用眼卫生的要求。

5. 可以在平时的阅读中丰富孩子一些书籍的常识，如书有封面、封底、页码，封面上会有书的名字、书内容的图画、书的作者以及出版社等等信息。

大班

大班的孩子即将走向小学，知识经验相对来说比较丰富，我在图书角中要做一些什么呢？

1. 环境的创设上，如果有可能，可以将图书角再扩大一些，保证5~6个大班孩子在图书角的阅读不太拥挤，不会相互干扰，能够舒适、安静地阅读。

2. 对于大班孩子，选择的书籍相对来说情节画面更加丰富，页数可以再多一些，科普类的书籍可以增加投放，同时可以增加一些连环画类的书籍。也可以结合幼小衔接，投放一些简单的带汉语拼音的读本给孩子阅读。图书角中每次投放书籍的数量可以增加到30~40本，每2周或一个月更换一次，也可根据孩子的阅读情况及时调整。

3. 大班孩子能力有了很大提高，图书摆放的标记可以由孩子自己讨论，在老师帮助下自己完成。也可以考虑用两维的标记如3~2，表示第3排第2本书。讨论出的规则要让全班小朋友都能够明确并且遵守。

4. 大班孩子已经对汉字有了一些认识，可以用一些简单的汉字夹图片的形式来帮助孩子将讨论的规则记录下来，张贴在图书角，相互提醒遵守。

5. 大班孩子对书籍已经有了一定的认识，可以带领孩子做一些自制的图书，一方面启发孩子对书籍的兴趣，一方面可以通过制作图书提高孩子的技能，积累经验，学习探索和收集。可以将这些自制的书籍在图书角中展示，孩子之间可以相互学习欣赏，增加成就感。

6. 在图书角还可以张贴一些简单的图文配对的汉字，让孩子在看看玩玩中学习一些汉字，萌发对文字的兴趣。

二、幼儿图书阅读区的使用

（一）集体阅读活动

1. 正式的集体阅读活动

教师可以根据幼儿的年龄特点和已有经验兴趣点等，选择相应的图书进行早期阅读活动。

在集体的早期阅读活动中，可以完整地阅读图书的内容，也可以选择最适合在集体中共同阅读的部分进行活动，或者只选择其中的一个价值点进行相应的活动。

活动中可以先让幼儿自由阅读，然后集体讨论遇到的问题；也可以先把书中的重点难点前置，在老师引导下先理解难点，然后再集体完整阅读。

2. 非正式的集体阅读活动

（1）餐前餐后自由等待时间进行的阅读活动

除了正式的集体阅读活动之外，老师还可以利用餐前餐后等集体自由等待的时间带领幼儿进行阅读活动。可以由老师选择幼儿感兴趣的书给幼儿讲述，这样的阅读活动比较宽松，老师幼儿都可以自由地提出自己的问题，大家都可以参与回答。对于大班的幼儿来说，也可以由幼儿选择自己喜欢的熟悉的书讲述给大家听。

（2）幼儿独立进行的自由阅读活动

幼儿可以自己到规定的位置取放图书，也可以由老师或小老师统一管理，幼儿自由选择进行阅读。在这样的阅读活动中，幼儿有着更多的自由，可以根据个人的兴趣选择自己喜爱的书籍阅读，在规定的时间内可以阅读多种不同类型的书。

（二）小组阅读活动

小组阅读主要是区角阅读活动。区角阅读的时间可以放在所有区域活动的时间，如晨间刚入园时、课间区域活动时、游戏活动时间、家长来接前等等。阅读的幼儿可以根据情况相对固定，也可以相互流动，但是同时在区角进行阅读的幼儿人数应该保持在4~6人。所以在进行区域活动前，教师必须确保每一个幼儿了解阅读区域活动的基本规则，以保证阅读活动正常有序地进行。同时教师在阅读区域对幼儿的阅读进行规则的督促、阅读方法的指导、阅读内容的交流也是非常重要的。

（三）亲子阅读活动

亲子阅读也是在幼儿阅读过程中必不可少的一个部分，它的作用非常重要。教师可以选择优秀经典的读本以及每个家庭带来的书籍在班级共享，成立班级的小小图书馆，定期向每个家庭借阅图书，以增加每个幼儿的阅读量和阅读的质量。

班级图书馆的书籍要和平时幼儿在班级阅读的书籍分开摆放，便于管理。班级图书馆书籍的选择要区别于幼儿独立阅读的图书，可以针对亲子阅读的特点，选择一些高于幼儿独立阅读能力的书籍，由幼儿和家长共同完成阅读。教师也可以通过家委会收取适当的费用来不断更新图书馆的图书，同时可以邀请家长共同参与图书馆的管理，让家长了解更多的图书和阅读对于幼儿成长的重要性，增加每位家长的责任感。

要想让每一个家长都能了解幼儿阅读，重视亲子阅读，观念的引领非常重要。教师可以尝试通过各种途径，如请专家学者和有经验的老师举办讲座；在班级的家园交流版面中，摘抄一些好的文章和家长分享；将一些好的指导早期阅读的书籍提供给家长，帮助家长和孩子慢慢了解阅读，走近阅读，喜爱阅读。在班级的家长活动中，可以进行亲子阅读的交流会，给参加的每位家长提供阅读观念和经验的碰撞交流的机会，把自己对阅读的看法和经验提出来与其他的家长分享。通过交流和讨论，使每位家长对于幼儿阅读和亲子阅读的认识都有不同程度的丰富和提高。

第七章

幼儿园保育保健设备配置与使用

第一节　幼儿园卫生保育工作的基本要求

一、幼儿园卫生保育工作的目标

1. 促进幼儿生理和心理健康协调发展。
2. 培养幼儿良好的生活和卫生习惯。

二、实现卫生保育工作目标的前提

1. 安全

幼儿园环境的首要标准是必须保障儿童的安全。因为幼儿动作发育还不完善，手眼协调能力较差，反应不够灵敏，平衡能力低，但对周围事物有强烈的好奇心，没有危险意识，容易发生意外。因此环境创设必须首先符合安全的要求。

2. 卫生

幼儿园工作的对象是正处于生长发育关键期的幼儿，他们生长发育迅速，但身体还没有发育完善，对环境的适应能力以及对疾病的抵抗能力不强，容易感染疾病，卫生清洁的环境能减少疾病的发生，确保幼儿健康成长。

始终把安全、卫生贯穿在卫生保育工作中，才能确保幼儿园卫生保育工作的顺利开展。我们要创设符合安全、卫生的良好环境，包括符合安全标准和卫生要求的房舍、场地和设施设备等。幼儿园安全、卫生的环境创设有利于保教工作的开展，有利于促进幼儿的发展。

三、幼儿园房舍的安全卫生要求

1. 幼儿园选址

符合安全卫生和教育要求，宜设置在环境安全清洁、安静、无污染的地区。园址的选择应远离污染严重的工厂、加油站、河塘、农贸市场、铁路。园舍基地宜选择地势平坦、场地干燥坚实并方便排水的地段。

2. 房舍建筑设计

符合安全卫生要求的楼梯

动工前，建筑商要将设计图纸交教育和卫生部门审核，使布局符合安全卫生的要求。幼儿园的建筑以平房为佳，如果是楼房则以两层为宜，不得超过三层。楼梯设计要考虑安全和通行效能，楼梯宽不小于1.2米，坡度要小，每一级踏步的高不应大于12厘米，深度为30厘米，楼梯应有护栏及适合幼儿身高的扶手；楼层有阳台或平台的，应装有不低于70厘米的围墙，或装高度距地面1.2~1.5米的栏杆，两栏间距不大于10厘米，避免幼儿从间隙中滑落，发生意外，栏杆中间不设横栏，以免幼儿攀爬。

3. 建筑材料

要选择安全、无毒、不开裂、不掉色、耐火强、无放射源、无气味、防滑的材料。

4. 房舍室内的采光

采光又称自然采光，是指以太阳光线为光源，保证有效的室内生活和活动的条件。幼儿园房屋对光线要求较高，主要利用自然光源，通风要好。房舍应坐北朝南，活动室和卧室一般朝南，卫生间及辅助用房朝北。房间的采光取决于玻璃窗的面积，一般幼儿生活用房的窗、地比例为1∶4.5~5（1倍的窗面积∶4~5倍的地面积）。充足的日光是保证房屋采光的首要条件。为了改善室内采光状况，天花板和墙壁最好刷成白色，室内家具宜选用浅色。应经常保持门窗和家具的清洁，因为窗玻璃的清洁程度对采光也有影响，普通明亮的玻璃遮光率为10%左右，而被尘埃污染的玻璃遮光率可达20%~30%以上。

5. 房舍室内的照明

照明又称人工照明，是指利用白炽灯、荧光灯等光源辅助自然采光的不足。幼儿园活动室人工照明要求室内有足够的照度，照度分布均匀，不产生或少产生阴影，没有或尽量减少炫光作用。灯具照明设备对保证幼儿良好的用眼环境极其重要。按照国家教育部的有关规定，幼儿活动用房的平均照度值为150勒克斯（Lux）以上，工作面为距地0.5米处，灯具一般采用40～80瓦的荧光灯，大约每10平方米面积使用20瓦荧光灯。

6. 房舍室内通风

通风的目的是通过空气的流通，排出室内污浊的空气，送入室外新鲜的空气，调节室内的温度、湿度和气流。幼儿因身体发育不完善，对环境温度、湿度变化的调节能力差，对氧的需要量相对较大，如果室内温度过高、过低或骤然变化，都易引起上呼吸道感染等疾病。因此，保持室内新鲜空气和适宜的微小气候，有利于保证幼儿正常生长发育和身体健康。通风的形式有自然通风和人工通风两种，一般多采用自然通风的形式。自然通风是由于风力和室内外温差的大小，引起不同程度的气流，风力和室内外温差越大，气流的速度也越大，通风所需的时间就越少。为了保持幼儿园房舍室内有新鲜的空气和适宜的小气候，应根据季节和气候的变化制订合理的开窗通风制度。

7. 房舍室内温度控制

当冬天室外温度在5℃以下、夏天室外温度在30℃以上时，就可以开启空调。启用空调时应注意控制好室内温度，室内外温差不宜过大，一般冬季室温不超过18～20℃；夏季室温不低于27～28℃。同时注意定时开窗通风，一般情况下，每隔2小时开窗通风15~20分钟；冬季注意掌握开窗通风和关窗保暖的时机；幼儿进出空调房间应及时增减衣服。

四、保育教师的工作职责

1. 在园长的领导下，在保健人员的指导下，配合教师作好本班保育工作，严格执行幼儿园的安全卫生保健制度。

2. 负责本班房舍、设施、设备的清洁卫生工作，保持班级室内外环境的整洁、美好、安静、舒适。

3. 在教师的指导下，管理幼儿生活、饮食、大小便、睡眠、穿衣、户外活动等护理工作，对个别体弱儿做好特殊护理。

4. 严格执行卫生保健制度规定的消毒要求，熟练掌握园内常用物品的清洗消毒时间和方法，掌握消毒液的配比方法和浓度，并防止消毒后的再污染。

5. 妥善保管好本班使用的各种物品，包括生活物品和清洁卫生用品。

6. 配合教师组织好班级的教育教学活动。

五、保育工作安排※

（一）每日工作安排

7：30~7：45　教室开窗通风；准备保温桶的开水；消毒茶杯。

7：45~8：00　室内卫生清扫湿抹；整理自然角；组织幼儿劳动。

8：00~8：15　将消毒好的茶杯放入茶杯箱，检查保温桶水温；做好晨间活动前准备工作。

8：15~9：00　做好幼儿晨间体育锻炼和早操的教具摆放及幼儿安全和护理工作。

9：00~9：30　取早点、餐桌消毒、分发早点；早点后打扫地面、桌面。

9：30~10：00　协助教师上课(体育、美术等）；清洗消毒擦手毛巾以及早点后的茶杯和水壶等餐具。

10：00~10：50　配合做好区域游戏准备和收拾工作；将消毒好的茶杯放入茶杯箱。

10：50~11：00　餐前准备，配制消毒液，消毒餐车或开饭桌（或台面）和幼儿餐桌。

11：00~11：10　餐具和饭菜进班；摆放餐具。

11：10~11：30　盛装饭菜；准备餐巾。

11：30~11：45　添饭菜、盛汤，帮助托班幼儿喂饭。

11：45~12：15　打扫整理餐后地面和餐桌；打扫盥洗室、冲洗消毒厕

※ 时间及具体安排，不同地区要因地制宜。

所、消毒拖把。

12：15~12：30　幼儿午睡前的准备（准备床铺等）；准备下午开水。

12：30~14：30　休息或值班（值班老师负责消毒教室空气和消毒后开窗通风）。

14：30~15：00　做好幼儿起床护理工作；整理床铺；打扫卧室。

15：00~15：30　午点前准备工作（包括到厨房取午点、消毒餐桌）；分盛午点。

15：30~16：00　午点后打扫桌面和地面；清洗消毒点心盘和点心夹。

16：00~17：00　幼儿离园前准备工作（检查幼儿衣物等）；清洗离园幼儿的茶杯，准备第二天早晨消毒，清洁保温桶；打扫教室地面；整理教室桌椅；倾倒垃圾；下班前记录好当天体弱儿《全日观察表》和《班级物品消毒记录表》。

（二）每周工作安排

1. 全面卫生打扫。
2. 消毒茶杯箱和毛巾架；消毒图书；清洗和消毒玩具；消毒被褥。
3. 填写每周《班级物品消毒记录表》。

（三）每月工作安排

1. 清洗钢琴套、空调套和游戏区域的布制品。
2. 幼儿更换座位。
3. 用肥皂水或洗洁精彻底清洗桌椅。
4. 更换清洗床单、枕套和被套 。

六、保育工作的技巧

（一）掌握卫生清洁工作技巧

1. 地面清洁技巧

地面清洁，需要的用具有：扫帚、干湿拖把、撮箕。

在清扫工作中，有的人打扫得又快又好，有的人打扫得又慢又不干净。那么班级地面清洁有哪些技巧？怎样做才能又快又好呢？

清洁班级地面，首先把地面的垃圾清扫一遍，扫干净后，再用清洗干净、拧干的湿拖把用力拖地。如果是水泥地（比较毛糙的地面），拖把可以湿一些；如果是地砖或地板，最好用半干的拖把拖地，千万不要用太湿的拖把拖地，否则会在地面留下水印，造成地面呈“大花脸”的现象。

2. 玻璃清洁技巧

清洁玻璃，需要的清洁用具有：全棉不掉毛软抹布1~2条，废旧报纸若干张，相应的清洁剂（如玻璃液、洗衣粉、肥皂水、洗洁精、醋、酒精等）。

先用湿布把窗玻璃及窗框上的浮灰擦干净，然后再用半干的软布或废报纸搓成团稍用力在玻璃上擦拭，擦过后，玻璃既干净又明亮。

如果遇到玻璃特别脏，可以根据玻璃上污垢种类的不同进行相应的清洁处理。

（1）窗玻璃或玻璃镜上有陈迹和油污时，可用布或棉花滴上少许煤油或酒精，轻轻擦拭，就会光洁明亮。

（2）教室装修后，玻璃上常常会沾有油漆或涂料，可以先用小刀片将油漆或涂料轻轻铲下，然后用醋很容易擦净。

（3）玻璃上有大面积油污，先用废汽油擦洗，再用洗衣粉或去污粉擦洗，然后用清水冲洗、废报纸擦拭即可。

（4）玻璃上贴过装饰的墙饰后，粘在上面的黏胶可以先滴几滴风油精在上面，过几分钟，让风油精和黏胶起作用后，再用废旧报纸擦拭，玻璃很容易清洁干净。

如果有条件用玻璃刮，可以先用玻璃刮的棉布层沾上玻璃液，或用稀释后的洗衣粉或洗洁精，把玻璃清洗一遍，再用刮头从上到下、从左到右，按顺序将清洗水刮下，最后用干净的、不掉毛的干布或废报纸用力擦一遍，玻璃立即光亮如新了。

3. 厕所清洁技巧

清洁厕所，需要的清洁用具有：花球刷、地刷、厕所专用拖把，清洁剂（如洁厕灵）、消毒剂。

（1）在幼儿每次集中上完厕所后，应立即将厕所冲洗干净。

（2）不管是男孩还是女孩，每次上完厕所都有可能将尿液滴在便池外，保育老师应及时用清水冲洗后，再用厕所专用拖把拖干净。

（3）幼儿大便后，也应及时冲干净，如果冲水后仍有大便粘在便池内，应及时用花球刷冲刷干净。

（4）如果便池内沉积有尿垢，用适量洁厕灵浸泡尿垢数分钟，然后再用地刷或花球刷冲刷干净。

（5）每天至少用消毒液消毒厕所及厕所专用拖把1次，花球刷和地刷随用随消毒。

4. 毛巾清洁技巧

清洁毛巾，需要的清洁用具：洗衣机、洗衣粉、肥皂、桶或盆。

幼儿园的幼儿每人各有1条擦手毛巾和擦嘴毛巾，每天清洗前，先将特别脏的毛巾挑出来，用肥皂把脏的部位重点搓洗一下，然后将所有毛巾浸泡在洗衣粉水中，浸泡时间可根据毛巾脏的不同程度来调整。浸泡后放入洗衣机，把洗衣机水位开关调到低水位，保证洗衣粉清洁的效果，等洗衣机进满低水位水开始清洗时，再把水位调至高水位，以确保毛巾漂洗干净。

5. 壶杯清洁技巧

清洁开水壶、豆浆壶、茶杯，需要的清洁用品：专用清洁巾、试管刷（刷壶嘴用）、百洁布、钢丝球。

开水壶、豆浆壶、茶杯、保温桶都是幼儿经口的食具，每天保持清洁卫生特别重要。

（1）水壶的清洁。水壶壶身内部可以用专用清洁巾（如洗碗巾）清洗，水壶壶口，特别是装豆浆或牛奶的壶口是最难清洗的，建议使用大小适中的试管刷刷洗壶口，每次壶用完要及时清洗，以免时间长了，壶口结垢难以清洗。

（2）茶杯。幼儿喝水的茶杯，在喝完牛奶或豆浆后要用专用清洁巾及时清洗，茶杯重点要注意杯口的清洁，卷边杯口上容易沉积残留食物，一定要及时洗干净，否则茶杯经高温消毒后会结成黄垢。建议用小百洁布用力擦洗杯口，如果有不易清洗的黄垢，可以用钢丝球擦洗。

用试管刷刷壶口

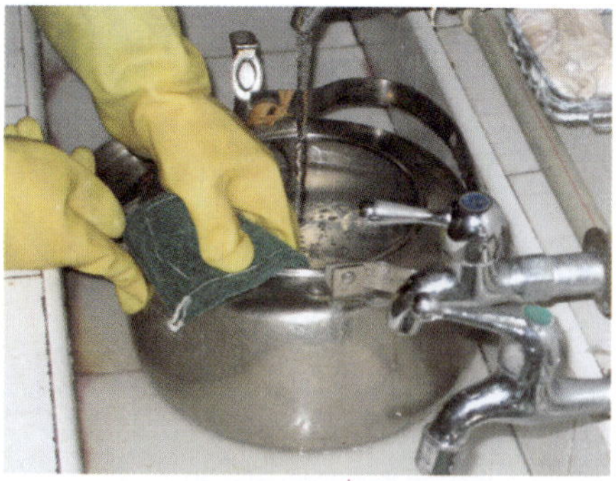

用专用清洁巾清洗壶身

（二）分类摆放清洁卫生用具

班级卫生清洁用品建议按照清洁区域、相对清洁区域和半污染区域划分，贴上标签，严格分区域摆放卫生用具，功能不同的清洁用品绝对不得混放乱放。

清洁区域主要摆放清洗与食具有关的卫生用品，如洗杯巾、洗杯口百洁布、洗壶巾、洗壶嘴刷、消毒水胶皮手套、擦餐桌百洁布、清水擦餐桌巾、消毒水擦餐桌巾等。

相对清洁区域主要摆放清洁非食具类的卫生用品，如擦席布、擦玻璃布、卫生抹布、水池刷、钢丝球、普通清洁胶皮手套等。

半污染区域主要摆放清洁地面、厕所等污染场所的卫生用品，如便池刷、地刷、拖把、扫帚、撮箕等。

以上班级卫生清洁用品的分区摆放只是一个建议，各幼儿园可以因地制宜，尽可能按此原则来安排各种物品的摆放。

清洁区（挂清洗食具的清洁用品）

相对清洁区（挂打扫卫生的清洁用品）

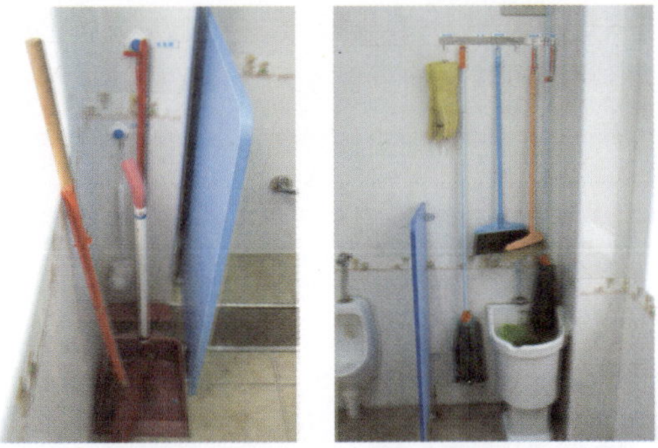

半污染区（摆放清洁地面、厕所等污染场所的卫生用品）

（三）合理安排保育工作时间

对于一些容易忽略的卫生死角（如玩具柜下、钢琴周边、床底下、墙角等处），保育员要会利用班级幼儿各种活动的间隙，合理安排好工作时间。例如：

每天上午幼儿进行区域游戏时，要把玩具活动柜推出来游戏。当区域游戏结束收拾时，老师可以用半干的拖把将固定摆放活动柜的地面拖干净，再把收拾好的活动柜推回原位，这样就能保证玩具柜下面的每一个角落清洁卫生，避免卫生死角。

中午午餐时，幼儿将小椅子搬到餐桌边围坐进餐，平时摆放椅子的地面就腾出位置了，这时老师可以用半干的拖把拖一遍，等幼儿吃完饭、放回椅子时，地面就干净了。

床底也容易成为卫生死角，打扫时间可以安排在幼儿起床后，建议将两张靠在一起的床分开，将中间部分打扫干净，再合上。

第二节　班级保育设备配置与使用

一、幼儿生活中保育设备的使用和管理

《幼儿园管理条例》明确规定，“幼儿园应贯彻保育与教育相结合的原则，创设与幼儿教育和发展相适应的和谐环境，引导幼儿个性的健康发展”，“幼儿园应当保障幼儿的身体健康，培养幼儿的良好生活、卫生习惯”。

做好幼儿园的保育卫生工作，是幼儿园全面提高保教质量的重要环节。幼儿园的卫生保育工作，主要通过幼儿在园的生活管理来实现。

（一）随时提供幼儿饮水

1. 提供幼儿随时饮水的条件

幼儿新陈代谢旺盛，保育老师应提供幼儿随时饮水的条件。

（1）饮用水来源

提供给幼儿的饮用水建议使用烧开的自来水，将开水放在保温和密闭性能好的带有水龙头的保温桶内。不提倡使用桶装纯净水，或用电饮水机供水。

（2）饮用水温度

为了保证幼儿随时饮水，保温桶应始终有适宜温度的开水，水温要保证幼儿的安全。打开保温桶的水龙头，保育老师用手背试水温，以水滴在手背上不烫为准。

老师可在前一天下班前灌一壶新鲜开水，密闭存放，第二天将此壶内的凉开水倒入干净的保温桶里，同时掺入早晨新烧的半壶热开水。中午再灌一壶开水凉着，下午幼儿起床前掺入保温桶，这样保温桶内的水一天都能保持适宜的温度。

（3）饮水杯具

幼儿饮水除了有适宜温度的开水外，还要有盛装开水的饮水杯。饮水杯一般用不锈钢或搪瓷有把手的杯子。

早晨幼儿入园前，茶杯应及时从消毒柜中取出放在茶杯箱（架）上，保持茶杯箱（架）上始终有茶杯。幼儿园可按班级人数10%左右的比例，准备一些机动茶杯，放在茶杯箱（架）的没有标记的一层，或另外放在干净的托盘里。当全班茶杯集中消毒时，机动茶杯即可提供给幼儿随时饮水之用。但要注意，当幼儿用机动茶杯喝过水后，这个茶杯只能放在有该幼儿标记的茶杯格子里，或直接放入需要清洗消毒的盆（或桶）中，别的幼儿不能再继续使用。

机动茶杯的摆放

案例：体育课后，满头大汗的媛媛非常想喝水，但全班小朋友的茶杯正在消毒柜消毒，如何解决媛媛随时饮水的问题？

答案：用消毒过的机动茶杯提供给媛媛随时饮水之用。

（4）符合条件的茶杯箱（架）

茶杯箱（架）中至少要有40个茶杯格，每个格子能摆放一个直径6~7厘米的茶杯；杯箱（架）背面密封，前面敞开，用干净的布帘遮住，既防尘，又方便幼儿取拿茶杯。格子里要贴上班级每一位幼儿的标记贴，老师要教会幼儿认识自己的标记。为了让幼儿随时饮水，茶杯箱（架）必须始终打开。

2. 饮水设备的使用和清洁消毒

（1）饮水设备的摆放位置

为了保证幼儿随时饮水，饮水设备一般放在盥洗室或饮水间。不要把饮水设备放在厕所。如果没有饮水间或盥洗间放不下，可放在活动室靠近盥洗间的安全地方，使用高50厘米的专用饮水柜，上面放保温桶和茶杯箱（架）。

饮水设备放在饮水间

饮水设备放在盥洗室

饮水设备放在活动室靠近盥洗间的安全地方

（2）保温桶

使用：平时倒入保温桶的开水要保持适宜的温度。将太烫的开水直接倒入保温桶，再将保温桶的盖子打开降温，这样做既不安全，也不卫生。先往保温桶里灌进一定量事先准备好的凉开水，然后再掺入一定量现烧的开水，是保持桶内适宜水温的最佳办法之一。使用保温桶接饮用水时，保温桶水龙头下放一个接水盘，防止

保温桶摆放位置要确保幼儿随时饮水

幼儿接水时不慎将水泼洒在地面而造成湿滑的安全卫生隐患。

清洁：每天早晨使用保温桶前，内胆用开水烫一下，下午下班前将保温桶里剩余的水倒干净，以免积水垢。如果保温桶内的水有沉淀物，要及时倾倒更换。每周用专用清洁巾彻底清洗保温桶内胆至少1次。

消毒：每天使用前将保温桶四周及盖子、水龙头把手和出水口用消毒液擦洗一遍。每周用适宜比例的次氯酸钠消毒液消毒内胆10分钟，消毒后，再用开水反复冲洗内胆。

（3）茶杯箱（架）

使用：平时茶杯箱（架）始终打开，前面用干净的盖布遮盖防尘。当幼儿集中使用茶杯时（如早点喝豆浆或牛奶、午餐后漱口、午点喝水等），保育老师可以将盖布打开叠放在杯箱（架）上。

清洁：每天消毒茶杯时，将空出来的杯箱格子用专用清洁巾擦拭一遍，擦去格子里残留的水迹。

消毒：每天早晨放茶杯前，用带有消毒液的清洁巾将茶杯箱的格子消毒后，再放入消毒好的茶杯。每周茶杯箱（架）要彻底清洗消毒一次；茶杯箱盖布每周清洗一次。

（4）饮水杯

使用：幼儿的饮水杯要专人专用。保育老师摆放消毒好的茶杯，要注意杯把手向外，便于幼儿取放。教师要教会幼儿按标记取拿自己的杯子，不要拿错放错。

清洁：用专用清洁巾清洗茶杯，重点要注意杯口的清洁，卷边杯口上容易沉积残留食物，一定要及时洗干净，否则茶杯经高温消毒后会结成黄垢。建议用小百洁布用力擦洗杯口，如果有不易清洗的黄垢，可以用钢丝球擦洗。

消毒：如果早点用茶杯喝豆浆或牛奶，茶杯每天必须消毒2次：一次是早上消毒前一天下班前清洗好的茶杯，一次是早点后消毒。茶杯一般放在高温消毒柜里消毒30分钟（按消毒柜上的“消毒键”，达到消毒温度后，自动完成消毒）。从消毒柜中取拿消毒好的茶杯，注意要用手抓住杯子的把手，不要将手指伸入杯内取放，防止消毒后再污染。

（二）幼儿盥洗设施设备

1. 盥洗室设备配备要求

（1）盥洗室面积：按人均0.5平方米计算，最低不少于10平方米。盥洗室和活动室之间最好有敞开式的玄关。

（2）洗手池：幼儿园幼儿洗手池规格要求为，距地面高度50厘米、距墙宽度40厘米、槽深15厘米。一个班级的洗手池应设5~6个水龙头，最好不少于4个，水龙头之间间距为35厘米左右；洗手皂可以摆放或挂放在水龙头旁，洗手皂大小以孩子的手能抓握住为宜。

（3）擦手毛巾：选择边长为20~25厘米的全棉方巾做擦手毛巾；每班最好准备2套擦手毛巾。

（4）毛巾架：用可移动的不锈钢管制成的毛巾架，至少可挂40条擦手毛巾，挂钩间距≥10厘米，两层间隔高≥25厘米（擦手毛巾边长20厘米时），或两层间隔高≥30厘米（擦手毛巾边长25厘米时），保证擦手毛巾上下左右不会碰叠在一起。

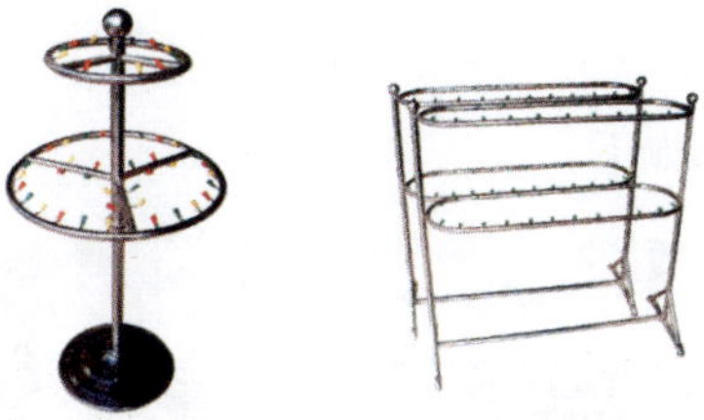

两种形式的毛巾架

2. 幼儿洗手的规范要求

（1）幼儿洗手时间为：

吃食物前后；

上厕所前后；

打喷嚏或咳嗽后；

从外面回家或早晨进班后；

使用蜡笔、油泥或玩沙等活动后；

户外活动后，特别是使用或接触过体育器械后；

传染病高发期，适当增加洗手次数。

（2）幼儿集中洗手时，盥洗室老师的职责为：

防止幼儿意外事故的发生；

帮助幼儿提裤卷袖；

督促幼儿正确洗手、擦手、拉袖子，正确使用茶杯。

在盥洗室的老师必须等最后一位幼儿洗完手后方可离开。

（3）洗手步骤为：

① 卷袖子（小班幼儿及中大班部分衣袖难卷的幼儿由教师帮助卷袖子）；

② 流水肥皂洗手，从手指洗到手腕，双手必须搓出泡沫后用流水冲洗干净；

③ 洗完后双手在水池内甩三下，防止水滴在地上；

④ 擦手时应打开自己的毛巾将手心手背擦干；

⑤ 老师（或检查员）帮助洗完手的幼儿拉下袖子。

3. 盥洗设备的清洁消毒

（1）擦手毛巾：擦手毛巾要求一人一巾，最好每天清洗消毒一次。每天清洗前，先将特别脏的毛巾挑出来，用肥皂把脏的部位重点搓洗一下，然后将所有毛巾浸泡在肥皂水或洗衣粉水中，用专用洗衣机清洗干净，再用开水烫洗干净，最后进行消毒。消毒方式有：远红外高温消毒、蒸汽消毒、消毒液浸泡消毒。消毒后可用毛巾夹夹好晾晒，或直接挂在毛巾架上晾晒。

擦手毛巾消毒步骤如下：

①将洗干净的毛巾放入毛巾盒

②将毛巾盒放入消毒柜消毒

③消毒后的毛巾在阳光下晾晒

（2）洗手池：每天用专用水池刷蘸上碱水或肥皂水擦拭洗手池1~2次，保证水池内无油腻、污垢和黄水迹。

（3）毛巾架：每天用清水擦浮灰1次，每周用消毒液擦洗消毒1次。

（三）幼儿进餐管理

1. 幼儿进餐环节班级教师分工

（1）班级3位老师的分工

保育老师：负责餐前消毒餐桌（餐车），端饭菜进班，分发餐具，盛添饭菜汤，餐后打扫。

副班老师：协助保育老师端饭菜进班，分发餐具，在盥洗室照看幼儿上厕所和洗手，观察幼儿进餐，组织幼儿餐后散步。

主班老师：负责组织幼儿餐前活动，组织分组洗手，观察幼儿进餐，帮幼儿添饭菜汤，组织幼儿餐后散步。

（2）班级2位老师的分工

保育老师：负责餐前消毒餐桌（餐车），端饭菜进班，分发餐具，组织幼儿分组洗手，盛添饭菜汤，餐后打扫。

当班老师：负责在盥洗室照看幼儿上厕所和洗手，观察幼儿进餐，组织幼儿餐后散步。

2. 对老师的要求

（1）餐前

保育老师按《作息时间表》中的“餐前准备时间”开始摆放餐桌，每张餐桌要宽松摆放，不要挤在一起，便于推餐车分发饭菜和幼儿进餐。

餐前，保育老师要穿护衣，并用流水肥皂洗净双手。

准备2个小桶，分别装上清水和消毒液，同时准备2块抹布（清水抹布和消毒水抹布），消毒液按要求配制，按清水——消毒水——生活饮用水顺序

消毒餐桌前准备：清水桶、消毒水桶和浓缩消毒液

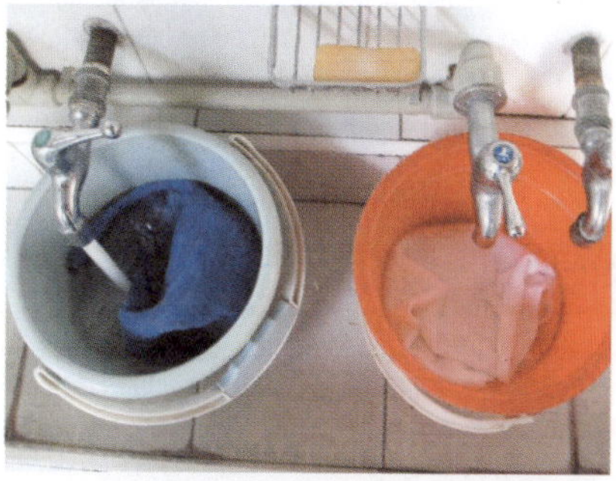

准备清水抹布和消毒水抹布各1块

配制好的消毒水

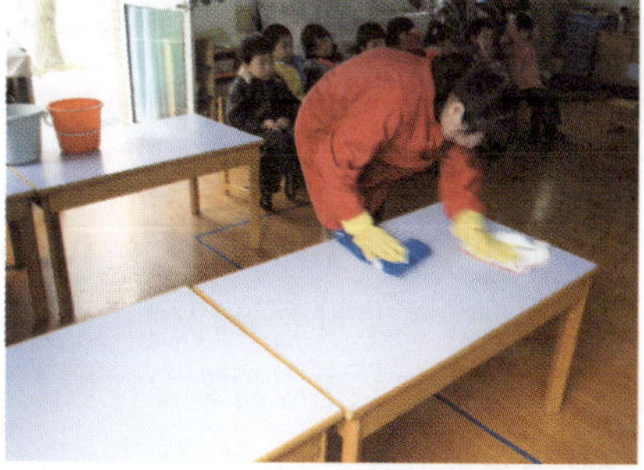

餐前按规范消毒餐桌：先用清水，再用消毒水，最后用生活饮用水

消毒。

保育老师按规范擦餐桌（包括班级餐车、摆放餐具的开饭桌、餐垫、幼儿餐桌）：先用清水擦一遍，再用消毒液擦一遍；每擦一张桌子，抹布要搓一下；最后用生活饮用水去除消毒液残留液。特殊活动，如在桌面用油泥、水彩等后，首先用肥皂水擦洗餐桌，再按以上要求消毒。要求幼儿餐桌在饭菜进班后、幼儿进餐前10分钟开始消毒；餐桌消毒后，要防止再污染（如幼儿趴在桌上乱摸）。

食堂工作人员将饭菜汤和消毒好的餐具用大餐车送到班级门口，或用专用饭菜运送电梯送到各班相应楼层，保育老师从大餐车上或电梯间将饭菜汤用小餐车推进班级，饭菜放在班级小餐车上层，餐具（碗盘筷勺）放在餐车下层，汤桶放在幼儿不易触及的开饭桌上。

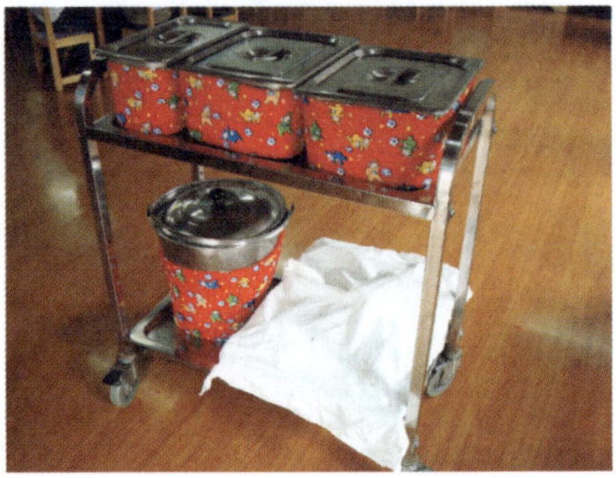

餐具按规范摆放在餐车上

饭菜汤在没有装盛前都要加盖防尘保暖。所有餐具应放在开饭桌上或餐车上，不要直接放在地上。

饭菜及餐具进班后，保育老师和副班老师将餐具按各组出勤人数分放在每组餐桌上，餐桌中间放一个消毒好的餐盘，放本桌幼儿的筷子或小勺。

每张餐桌上的餐具放好后，主班老师组织幼儿分组洗手，副班老师负责在盥洗间照看幼儿上厕所和洗手，保育老师负责推餐车给正在洗手的这组幼儿分发饭菜。从第一组幼儿开始洗手到所有幼儿进餐，时间应控制在10分钟内。

（2）餐中

盛菜顺序：保育老师推餐车分组盛饭菜，先盛正在洗手这组幼儿的饭菜，保证进餐不等待。冬天饭菜不宜过早盛出。不允许所有孩子洗好手坐在位置上等饭菜，应该洗完手上位就有饭吃，做到进餐不等待。

给幼儿盛饭菜时要注意量和质的分配，第一碗饭应多盛些；盛菜要注意荤素搭配，荤菜量要分均匀并一次分完，可留些素菜添饭。小班盛饭菜应一半饭、一半菜，不应将菜盖在饭上。遇到有刺、骨头的菜时，不应将这类菜与其他菜混放在一起，应分开盛放，以免发生意外。

饭菜分发完后，餐车可推放在讲台前的位置，老师站在车旁照顾幼儿添饭，添饭时中大班幼儿可端饭，但不允许端汤；小班幼儿添饭添汤必须由老师帮助端送到餐桌上或用餐车送到餐桌上。

在进餐过程中老师应该用积极的、刺激食欲的语言，让孩子愉快进餐，忌用消极催促的言语，如“快吃、快吃”等。

（3）餐后

餐后老师应督促幼儿将碗盘内的残羹集中倒入汤桶内，餐后所有餐具应干净整齐地码放在碗筐内，便于食堂清洗。

保育老师负责餐后卫生，必须等最后一个幼儿吃完后再进行。先用洗洁精或肥皂水擦桌子，然后用清水擦干净；地面先扫后拖（用半湿拖把拖）。

餐后主副班老师组织幼儿散步20分钟，散步时不宜做剧烈活动或让幼儿过度兴奋。

3. 对幼儿的要求

（1）餐前：

饭菜餐具进班、碗盘筷（勺）在每张餐桌上放好后，由主班老师组织幼儿洗手：幼儿先将自己的椅子搬放到餐桌前，椅子不要放进餐桌底下；体弱和吃饭慢的孩子可先洗手吃饭，吃饭快的肥胖儿可安排在最后洗手、先喝汤再吃饭。

幼儿规范洗手，洗完手后直接上位进餐，保证洗手后进餐不等待。

（2）餐中：

培养幼儿良好的饮食习惯：学会细嚼慢咽，进餐时间不少于20分钟；不挑食、不洒饭菜、不剩饭菜，鼓励幼儿吃完自己的一份饭菜；进餐过程中的鱼刺、骨头等残羹集中放在每桌中间的盘子里。

（3）餐后：

用温开水漱口；用消毒餐巾正确擦净嘴和手，擦过的餐巾放在一边待洗。

4. 餐具的消毒

（1）餐巾必须一人一巾，餐后立即用碱水或洗涤剂清洗。餐前消毒的消毒方式为：

远红外消毒：将清洗好的餐巾放入带盖的毛巾专用盒，连盒一起放在消毒柜里，按消毒柜的使用说明操作（一般按“消毒”键后自动消毒，消毒完自动停止）。

蒸汽消毒：将清洗好的餐巾放入特制的棉布袋或不锈钢盒子中，放入蒸箱，水开后蒸30分钟。

煮沸消毒：将清洗好的餐巾放入特制的棉布袋中，放入沸水中，煮沸15~20分钟。

消毒液浸泡消毒：将清洗好的餐巾放在配制好的消毒液中浸泡10分钟后取出，餐前再用开水烫热拧干备用。

（2）餐具：餐后餐具要及时在专用洗碗池内清洗，清洗餐具时先用热碱水或食具洗涤剂将油腻洗净，再用清水冲洗至少两遍，清洗好的餐具分班放在专用容器内，放在沥水架上沥水，待下次进餐前消毒。进餐前的消毒方式为：

远红外（高温）消毒：将清洗干净、沥好水的餐具，放入消毒柜里，按消毒柜的使用说明操作。

蒸汽消毒：将清洗好的餐具放入蒸箱，水开后蒸30分钟。

煮沸消毒：将清洗好的餐具放入沸水中，水要盖住餐具，煮沸15~20分钟。

消毒液消毒：一般不建议用消毒液消毒餐具，如果没有其他消毒方式，一定要使用，最好用消毒液消毒餐具后，再用开水反复冲洗，以防氯残留。

蒸汽消毒餐具

高温消毒餐具

（四）幼儿午睡护理

幼儿午睡一般安排在午餐后30分钟，即餐后散步20分钟和睡前上厕所10分钟后。

1. 幼儿午睡前准备

（1）床铺准备：为幼儿安排合适的睡床、被褥、床垫和枕头。如条件允许，最好使用专用卧室，一人一床铺。如果条件有限，日托可以睡通铺，但要一人一条被褥和枕头，让幼儿头对脚、脚对头分两头睡眠，以减少呼吸道疾病的传染。午睡前，小班或托班幼儿的被子由老师帮助铺好，中大班幼儿可在上床后自己铺被子。

（2）午睡室环境：午睡前调节好午睡室温度，冬天或夏天需要使用空调调节室温时，应该提前开启空调，控制好室温，一般冬天室温保持在18~20℃，夏天室温控制在27~28℃。午睡室要安装遮光窗帘，幼儿午睡时要拉好窗帘，光线要暗，但不能影响值班老师的观察。午睡室地面最好铺设木质地板，没有地板的午睡室，要在床边铺上地垫。

（3）脱衣裤：幼儿午睡前先上厕所，然后脱去外衣裤，外衣裤不能做枕头，一般外衣裤脱下，叠放在幼儿的小椅子上，如果冬天天气寒冷，卧室温度不高时，脱下的外衣裤可以叠放在床铺的脚后。

2. 幼儿午睡观察护理

幼儿午睡时，值班老师要不停地巡视和观察，及时发现午睡中需要帮助的幼儿或有异常情况的幼儿。

午睡时常见情况的处理：

（1）异常病症：幼儿午睡时出现发热、哮喘、剧烈咳嗽、鼻出血、腹痛、腹泻、呕吐等异常病症时，值班老师要立即通知保健老师，由保健老师先行处理。幼儿园不能处理的，应立即通知家长。

（2）不睡觉的幼儿：值班老师不要训斥不入睡的幼儿，只要不妨碍别人，能在床上安静地躺着即可，不一定强迫他睡觉。

3. 幼儿起床整理

（1）起床穿衣：午睡起床，大班幼儿可以自己穿衣，小中班幼儿由老师帮助穿衣；秋冬季指导幼儿先套毛衣，再穿袜子、套毛裤，然后坐在床沿套外裤，下床穿好鞋，最后套上外套。

（2）起床观察：幼儿起床后，保教人员要观察幼儿的精神、情绪、面色等是否异常。

（3）起床检查：检查幼儿是否穿戴整齐，鞋带、纽扣是否系扣好；再检查一下床上是否异常，如尿床、流鼻血等。

（4）床铺整理：午睡后，由老师组织幼儿上厕所洗手，保育老师负责整理床铺（叠被、枕头放在被子上、床单铺平整）、拉好窗帘、开窗通风；夏季，每天午睡前后用清水擦席子和枕席。

二、班级消毒设备的使用和管理

（一）卫生消毒的概念

卫生消毒工作是减少疾病发生和防止传染病的有效措施。

1. “清洁”就是清除物体上的污垢。

2. “消毒”就是消灭物体上的病原微生物（细菌、病毒）。

（二）幼儿园卫生消毒制度

1. 日常清洁卫生制度。

2. 预防性消毒制度。

3. 发生传染病的消毒制度。

（三）班级常用的消毒方法

1. 机械消毒法

利用肥皂、水的机械作用冲洗或刷洗物体表面的污垢，以减少物体表面的病原微生物。如肥皂洗手、洗衣被和鞋子等。机械消毒法的优点是操作简便、经济实惠；缺点是只能减少病原体，不能杀灭病原体。

2. 物理消毒法

用物理方法抑制或杀灭周围环境的病原微生物。如开窗通风、曝晒 。物理消毒法适用于不宜清洗消毒的玩具、图书、被褥等。

3. 高温（热力）消毒法

如幼儿园常用的远红外消毒、蒸汽消毒和煮沸消毒均属于高温消毒。大多数病原微生物可在60~70℃死亡。高温消毒法适用于餐具、茶杯、毛巾等物品的消毒。

4. 化学消毒法

利用化学消毒药物作用于病原微生物，使其蛋白质变性，失去正常功能而死亡。如84消毒液、幼儿园自制的次氯酸钠消毒液、漂白粉溶液都属于化学消毒药物。化学消毒法适用于门窗、桌面、地面、厕所等物体表面的消毒。

5. 消毒灯消毒法

幼儿园常用紫外线灯、臭氧消毒灯来消毒室内的空气。

（四）班级常用消毒设备的特性

1. 臭氧消毒器特性

消毒原理：臭氧消毒灯是利用高压产生强氧化剂臭氧O_3，氧化分解细菌和病毒，破坏其新陈代谢，达到消毒的目的。

消毒特点：广谱杀菌，快速渗透扩散，消毒灭菌无死角、无残留。

2. 紫外线消毒灯的特性

消毒原理：紫外线消毒灯是利用低汞蒸汽压被激化而发出紫外光，引起病原微生物的遗传物质发生变异，造成死亡或不能繁殖，从而达到消毒杀菌的目的。

消毒特点：紫外线辐射能量低，穿透力弱，仅能杀灭直接照射到的微生物，只对照射范围内的物品有效，被阻挡后就不会有效，照射不到的背面不起作用。

3. 消毒液消毒的特性

幼儿园常用的消毒液是次氯酸钠消毒液，主要来源，一是市售的84消毒液，二是用消毒液发生器自制。

消毒原理：通过水解形成次氯酸，次氯酸再进一步分解形成新生态氧（O），新生态氧的极强氧化性使菌体和病毒上的蛋白质等物质变性，从而杀死病原微生物；同时次氯酸产生出的氯离子还能显著改变细菌和病毒体的渗透压，使其细胞丧失活性而死亡。

消毒特点：杀菌消毒高效、高速、广谱；遇水、遇热、遇光易分解；有清洁、漂白、除臭、防腐作用。

4. 消毒柜消毒的特性

幼儿园常用的消毒柜有远红外高温消毒柜和高温、臭氧双门组合消毒柜。

（1）远红外高温消毒柜

消毒原理：通过电加热元件加热空气或产生辐射热，对物品进行直接或间接的加热，使物体表面温度达到一定的高温值，使病原微生物的蛋白质变性或凝固，新陈代谢受到障碍而死亡，从而达到消毒的目的。

消毒特点：红外线辐射热易于被水分吸收，消毒效果好。

（2）臭氧消毒柜

消毒原理：通过物理方法，使空气中的氧分子获得能量而产生臭氧

（O_3），氧化分解破坏病原微生物的细胞膜，达到消毒灭菌的目的。

消毒特点：低温消毒，消毒无污染、无残留。

（五）消毒设备的安全使用

1. 臭氧消毒器的安全使用

（1）放置位置：为了保证室内空气达到全方位整体消毒的效果，应将消毒器挂或放在室内一侧墙的中间位置，高度为2/3室内高度。

（2）消毒时间：在臭氧浓度≥20 mg / m^3、温度20℃、空气相对湿度60%~85%条件下，消毒时间≥30分钟；当温度低于20℃或高于40℃、湿度≥60%时应适当延长消毒时间。

（3）安全事项：消毒时，人必须离开房间，关闭门窗；消毒结束，开窗通风20 ~ 30分钟后，无臭氧气味，人方可进入。

（4）清洁维护：用酒精纱布或棉球定期（每1~2周）擦拭清洁消毒灯表面，确保消毒效果。

2. 紫外线灯的安全使用

（1）放置位置：采用悬挂式的紫外线灯消毒时，消毒的有效区域为灯管周围1.5 ~ 2米，即紫外线灯悬挂的高度距离被消毒的物体表面1.5 ~ 2米。

（2）消毒时间：在无人环境下、有效距离内，对密闭室内的空气和物品进行消毒，消毒时间30 ~ 60分钟，消毒以适度为宜，不提倡长时间开紫外线灯。

（3）安全事项：紫外线对皮肤和眼睛会造成灼伤，因此紫外线灯开关的位置最好独立设置在进门处，要有明显标志，或使用定时器，这样便于操作和防护；消毒时，要关闭门窗，人必须离开房间，并在门口挂上“正在消毒，请勿入内”的警示标志，防止无关人员入内；消毒结束，要及时开窗通风。

（4）清洁维护：为保证消毒效果，定期用干净的软布或酒精轻擦灯管，注意清洁前，要先切断电源，忌用汽油等有机溶剂清洁。

3. 消毒液的安全使用

（1）放置位置：制备好的消毒液原液，装入储液瓶中，放置于幼儿够不着的避光处（橱柜里）密闭保存。

（2）浓度配比：根据消毒对象的不同，次氯酸钠消毒液稀释的比例也不同。消毒液稀释无须严格称量，只要浓度大致相当即可。例如，用2400ppm的次氯酸钠原液配制消毒液（1ppm=1mg/L）：

消毒抹布：要求消毒液的浓度为250ppm ~ 1500ppm（原液稀释5~8倍）

消毒桌椅：要求消毒液的浓度为50ppm ~ 500ppm（原液稀释5~50倍）

消毒厕所：要求消毒液的浓度为100ppm ~ 500ppm（原液稀释5~25倍）

消毒毛巾：要求消毒液的浓度为250ppm ~ 2500ppm（原液或稀释8倍）

消毒玩具：要求消毒液的浓度为250ppm ~ 500ppm（原液稀释8~16倍）

消毒席子：要求消毒液的浓度为100ppm ~ 500ppm（原液稀释5~25倍）

（3）安全事项：次氯酸钠消毒液不可入口。消毒液应置于儿童不可触及的地方。浓度高的消毒液（600mg/L以上）对眼睛有刺激作用，请勿溅入眼内。次氯酸钠消毒液对纺织物有漂白作用，制作消毒液的人员最好穿上工作服操作，避免造成衣物褪色。

（4）保存：制备好的消毒液原液，装入储液瓶中，并置于避光处密闭保存，随用随取，任意稀释。稀释后的消毒液不易保存，最好为现制现用。由于次氯酸钠对金属有轻微的氧化作用，请勿使用金属器皿存放消毒液。

案例：如果用容积为15升的大桶消毒塑料玩具，在桶中倒入10升自来水，按照1：50的比例加入市售的84消毒液（次氯酸钠消毒液），应该配多少消毒液才能达到消毒玩具的要求？

答案：配制消毒液原液数量=10升（需加入的稀释水量）×1/50（消毒液稀释比例）=0.2升（即200毫升）

4. 消毒柜的安全使用

消毒柜正确摆放位置

（1）摆放位置：消毒柜应放置在周围无杂物、无易燃物品、干爽通风、孩子够不着的地方，远离高温、潮湿、腐蚀环境。可水平放置，也可悬挂在墙上。采用悬挂方式使用，要注意挂钩的牢固度，防止消毒柜承重后松脱跌落。

（2）正确接线：电源线要接好地线，使用250V10A单相三级插座，确保使用安全。

（3）消毒前准备：茶杯、盘子、碗等不锈钢餐具应清洗干净，反扣沥水或稍稍抹干，然后

消毒柜不正确的摆放位置

分类放置在相应的层架上。有盖的食具打开盖子，耐高温的食具放进高温消毒室，不耐高温的食具放进低温臭氧消毒室，尽量避免食具堆叠。注意不要将带水的餐具放入消毒柜，否则容易使消毒柜的各电器元件及金属表面受潮氧化，烧坏红外发热管和其他部件，缩短消毒柜的使用寿命；另外，消毒柜因潮湿可能造成漏电，发生安全事故。

（4）消毒要求：高温消毒后可拔下电源插头，切断电源。断电后不要立即打开柜门，以免烫伤，应继续利用余热，以增强杀菌效能。低温臭氧消毒室，在工作时不要打开柜门，以免臭氧溢出，消毒完成后还要烘干食具，要待两个指示灯均熄灭后方可拔下电源插头，否则会影响消毒效果。

（5）定期检查食具消毒柜的功能是否正常。一看正常消毒时间是否延长了，若延长了许多，一种可能是两条石英发热管坏了一条，另一种可能是门封磁条吸合不好。可打开门通电检查石英管是否发热发光，或断电后将开着的手电筒放入柜内，然后关上柜门，看门封条是否漏光；二看臭氧发生器是否正常工作，在晚上检查，应看到臭氧发生器发出紫蓝色的微光，伴有吱吱声，并闻到鱼腥味，说明臭氧发生器工作正常。

（6）定期保养：断开电源，用拧干的湿布抹拭消毒柜内外表面，过脏的，可蘸少量中性洗净剂抹拭，然后用干布擦干水分。忌用热开水、汽油、酒精、洗衣粉、碱性洗涤剂清洗。严禁用水直接喷浇冲洗柜体，以防止电气绝缘性能降低，造成危险。

（六）班级各种物品的消毒方法

1. 空气消毒

指卧室和活动室空气的消毒。预防和控制呼吸道传染病流行的有效措施是开窗通风，使用空调时，每隔2小时开窗通风15～20分钟。一般情况下，班级活动室和卧室室内空气每周消毒一次，在传染病流行季节每天消毒一次，可选择上午或下午幼儿离开房间时消毒。消毒前关好门窗，消毒后打开门窗。空气消毒方式主要有：

（1）臭氧消毒灯；

（2）紫外线消毒灯；

（3）消毒液喷雾。

2. 玩具消毒

一般情况下，每周清洗消毒一次。不同材质的玩具消毒方式有所不同：

（1）塑料玩具，消毒液浸泡消毒；

（2）木制玩具，消毒液擦拭消毒；

（3）布艺玩具，日光照射或消毒灯照射消毒；

（4）金属玩具，消毒液擦拭消毒；

（5）大型玩具，日光照射或消毒液擦拭消毒；

（6）玩具柜，消毒液擦拭消毒。

3. 图书消毒

日光或消毒灯照射消毒。

4. 餐桌消毒

进餐前，保育老师按规范对餐桌进行消毒，消毒液的浓度一般为250ppm。

5. 餐具消毒

常用物理消毒的方法，包括蒸汽、煮沸、红外线等热力消毒方法。不同材质和大小的餐具用不同的消毒方法：

（1）不锈钢餐具：蒸汽消毒保持100℃10分钟以上；或红外线餐具消毒柜125℃15分钟以上（一般消毒柜达到消毒温度后会自动关闭）；

（2）竹木筷子：蒸汽消毒或煮沸，温度保持100℃10分钟以上；

（3）餐巾：蒸汽消毒保持100℃10分钟以上；

（4）操作台：浓度为250ppm的消毒液擦拭。

第三节　保健室设备配置与使用

幼儿园是儿童集体活动的场所，是易感人群集中的地方。保护儿童健康成长，是幼儿园的首要任务。保健工作，其主要职责就是围绕入园儿童的卫生保健、科学膳食、消毒隔离、疾病预防、安全保护等几个方面来开展工作，保健工作质量的好坏将直接影响到幼儿健康发展。所以幼儿园除了配有专业的保健人员及独立的保健室外，还应该配置必要的仪器设备，每一位保健人员都应熟练掌握和使用这些设备。

一、关注幼儿健康发育

（一）健康检查常规

保健人员必须将保护幼儿的生命和促进幼儿的健康成长摆在工作的首位，牢固树立正确的健康观念，高度重视幼儿的身心健康，将健康工作渗透到每位幼儿一日生活的各个方面，做到勤了解、细观察、早发现、急处理，从而确保幼儿安全入园，平安离园。

1. 新生入园体检

（1）体检项目：所有新生或转学生必须持当地儿童保健所《入园体检表》按项目体检（包括测量身高、体重、全身健康检查、血色素、听力等），体检合格方可入园。

（2）体检时效：体检结果一个月内有效。

（3）特殊病史调查：了解幼儿疾病史、传染病史、过敏史、家庭史和生活习惯等，做好特殊疾病（如哮喘、癫痫、皮肤过敏、习惯性脱臼等）的登记工作，便于保健老师及班级老师对其进行特殊的观察和护理。

（4）对有传染病接触史的幼儿，必须经过医学观察，观察期满且无症状再作检查，正常者才可入园。

（5）入园体检率达到100%。幼儿入园时应将健康检查表和预防接种证交幼儿园保健室。

2. 幼儿定期体检

（1）次数：体检次数应根据幼儿的年龄，1岁以内儿童每季度体检一次，1~3岁每半年一次，3岁以上每年一次。每次体检均应按常规要求进行全面体检,体检率达到95%。离园两个月以上（尤其是到外地）的幼儿必须重新体检才能返园。

（2）发育测量次数：幼儿按要求每学年测量体重4次（分别为3月、6月、9月、12月）、测量身高2次（6月、12月）、视力检查2次（4月、10月），血红蛋白检查1次（6月），测量准确并做好统计和分析工作。

（3）体检评价和分析：体检后要进行幼儿健康状况分析（体检小结）和疾病统计，及时筛查出体弱儿（如肥胖、营养不良、贫血等），列入体弱儿专案管理。保健老师应将幼儿体格发育检查和评价情况及时输入电脑，同时公布在家长园地，督促家长对患有龋齿、视力不良、贫血、沙眼等疾病的幼儿进行疾病矫治，并要求家长及时提供治疗反馈信息。保健老师对幼儿的疾病矫治情况应及时、准确地进行记录，直至痊愈。

3. 晨间检查和全日观察

（1）晨检位置：晨检接待室应设在大门口，有条件的可以设置专用房，无条件的可与传达室合用。

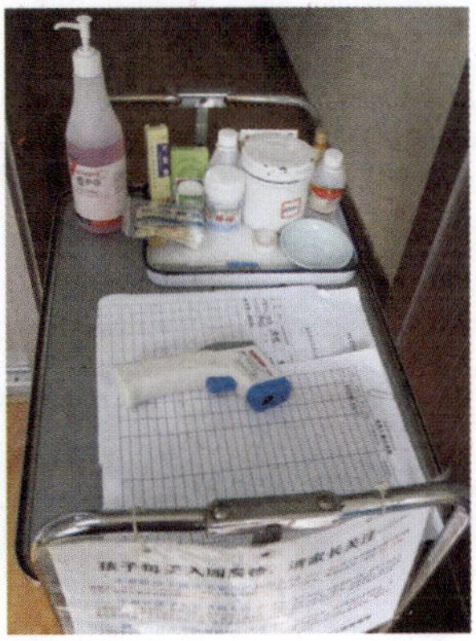

晨检用小推车

（2）晨检准备：晨检用的小推车和椅子、体温计、酒精棉球、听诊器、压舌板、家长委托服药登记表、笔等。

（3）晨检步骤：每天按要求对幼儿进行晨间检查，认真做到“一摸”：摸有无发烧，有无淋巴结肿大；“二看”：看幼儿精神、咽部、皮肤和五官（外表）状况；“三问”：询问家长昨晚幼儿在家饮食、睡眠、大小便和患病情况；“四查”：查看幼儿指甲和双手的卫生，有无携带不安全物品，发现问题及时处理并做好纪录。

（4）晨检特殊情况处理：晨检发现异常情况要及时处理并纪录，有传染病或其他疾病可疑者，应及时通知家长带幼儿去医院作进一步检查，必要时应将幼儿留在观察室作临时隔离观察，严禁患不宜入园疾病（如传染病）的幼儿入园。在晨检中，保健老师接受需服药幼儿的家长带来的药品时，首先要请家长在用药委托登记表上填写完整并签名，其次保健老师要严格核对需服药幼儿的班级、姓名、所服的药名、剂量、用药时间和方法，并做好晨检纪录，按时给幼儿用药。严禁幼儿私自带药入园，保健室除接受患病幼儿应用的治疗药品外，一律不得接受其他无关的药品。

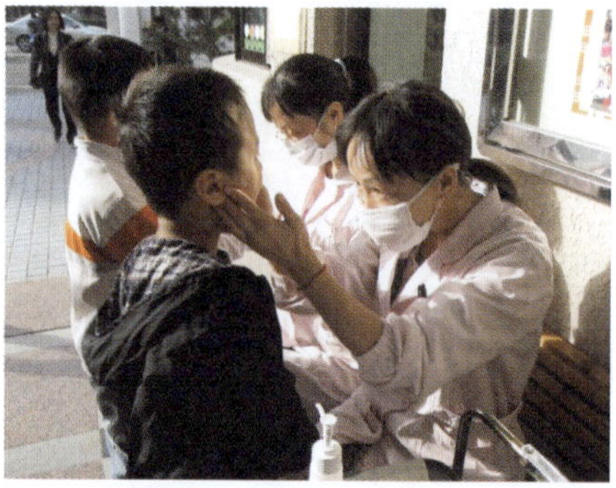

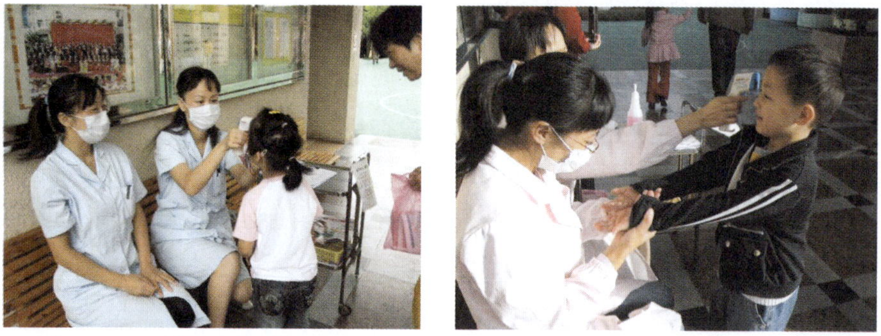

幼儿入园晨检

案例：幼儿服药家长委托登记表样式

日期	班级	姓名	症状	服药名称	剂量	家长签名	备注

（5）全日观察（保健室观察、班级观察）：保健老师必须每日上午、下午巡视各班级，向班级老师了解幼儿健康状况，如发现可疑或异常情况应及时处理。对幼儿在园内突发性发烧、腹痛、腹泻及损伤等，应及时在保健室进行诊治、处理和观察，并将病儿在园内患病及处理、治疗情况书面告知家

长，以便病儿到医院进一步确诊治疗。对重病儿应及时通知家长或直接由保健老师护送到医院。班级的保教人员应全日观察幼儿精神、饮食、睡眠、大小便等情况，对有病或体弱的幼儿应加强生活护理和观察，发现异常情况及时与保健老师联系，并做好全日观察纪录。

（6）保健室全日观察的对象：

① 骨折后未拆绷带石膏的幼儿；缝针后尚未拆线的幼儿；

② 体温在37.5℃以上的幼儿；咳嗽一声接一声的幼儿；

③ 头部有外伤的幼儿，虽然伤口未破，仍需观察一天；

④ 不明原因的腹痛或肠痉挛剧痛未缓解的幼儿；

⑤ 鼻出血量较多，尚未止住或止住后情绪不好的幼儿；

⑥ 烫伤以后起水泡的幼儿；

⑦ 吞咽了异物或头痛的幼儿；

⑧ 频繁呕吐或呕吐后情绪不好的幼儿；

⑨ 腹泻或一般性肠炎的幼儿；

⑩ 持续哮喘，早上入园时，喉中仍有哮鸣音喘息的幼儿。

（7）班级全日观察的对象：

① 在园服药的幼儿；

② 近期正患感冒或咳嗽的幼儿；

③ 晚上在家发热，但第二天入园晨检不发热的幼儿；

④ 晚上在家发过哮喘，但第二天入园时已缓解的幼儿；

⑤ 晚上在家腹泻的幼儿；

⑥ 早上入园精神和情绪不好的幼儿；

⑦ 体弱儿；

⑧ 身体有外伤但不严重的幼儿；

⑨ 外伤恢复期的幼儿；

⑩ 接种疫苗1~2天的幼儿。

4. 工作人员健康检查

（1）岗前检查：工作人员在参加幼儿园（所）工作前，必须在妇幼保健院进行健康检查，并持有健康证明方可以上岗。

（2）定期检查：工作人员应每年进行一次健康检查。检查按体检表所有项目进行，体检合格由健康检查单位签发“健康证”方可上岗工作。检查中发现可疑人员，须暂时离岗待确诊后再作决定。

患有国家法定传染病、性传播疾病、化脓性皮肤病、精神病等有碍幼儿身体健康的保教人员、炊事员，患病期间不得从事相应的工作，应及时隔离治疗。单纯表面抗原阳性的人员，不得从事直接接触幼儿的保教工作。患病人员病愈后须在指定的健康检查单位检查，认定无传染性，持健康证明方可恢复工作。

（二）生长发育测量方法

生长发育测量指标：参照世界卫生组织0~6岁儿童身高、体重评价标准（见附录）。

1. 体重测量方法

（1）测量体重前先将秤矫正到“0”；

（2）测量体重最好有固定的时间（午睡起床后最佳）；

（3）称重时应脱鞋，只穿贴身衣服（夏季穿短裤和汗衫、冬季穿棉毛衫、裤）；

（4）体弱多病的幼儿可以穿薄毛衣毛裤，称重后扣除衣重。

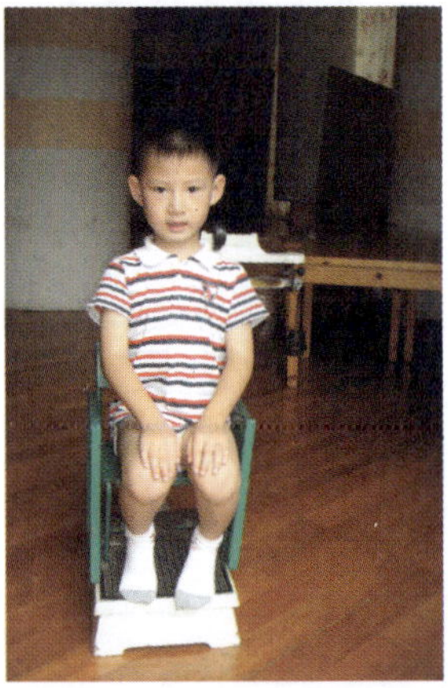

用三用儿童杠杆秤测量体重

2. 身高测量方法

（1）3岁以上幼儿用立式身高计，测量身高时应脱鞋；

（2）测量时脚跟并齐站立，两眼平视，脚跟、两肩胛骨和后脑勺三点要紧靠标尺；

（3）读数以厘米为单位，小数点后保留一位数。

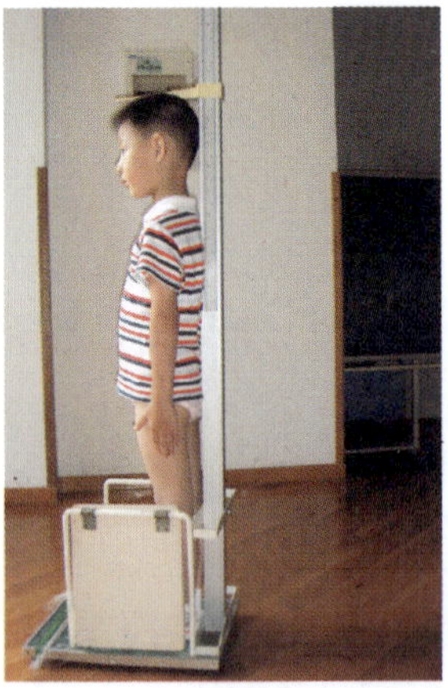

测量身高

3. 视力测量方法

（1）视力灯箱悬挂在距离幼儿5米的墙上，高度保持在幼儿目视水平的位置；

（2）在5米距离地上划上线，让幼儿坐在划线处，用圆形遮盖器遮挡住一只眼睛（提醒幼儿用手轻轻扶着，避免压得太紧，影响测试）；

（3）从最大图谱测起，每行图谱测试2~3遍，随机指读，通过率达80%后就可以换至下一行；

（4）如果在4.6处全通过，而4.7只通过2个，记录为4.6+2；

（5）测试结束，关闭电源。

（三）生长发育测量设备的维护

1. 三用儿童杠杆秤的维护

（1）保持干燥、整洁，不得日晒雨淋。

（2）经常检查底座安放情况及“0”位变化情况，保证准确性。

（3）移动秤时不得重拖猛拉，应搬起秤的最底部，然后轻轻放下。

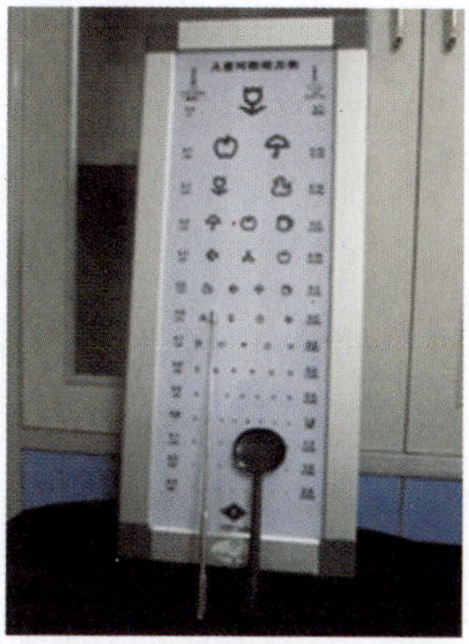

视力灯箱

（4）测量时应特别注意防止冲击和超负荷。

（5）拉动身长计时，应沿管体直线方向拉伸，不宜用力过猛。

（6）如有故障，应停止使用，由专业人员检查，其他人不得任意拆卸。

2. 视力灯箱的维护

（1）注意防潮，保证良好的电源接地。

（2）避免利器和酸、碱物质接触照明区域。

（3）如电器部分出现故障，必须请专业人员或电工修理。

二、幼儿园保健室的设置与管理

（一）保健室的设置要求

保健室应与班级隔开，并位于班级师生来往较方便的地方，一般面积为15平方米左右，最小不得少于10平方米，有阳光照射，通风有窗，不潮湿并有纱门纱窗。保健室要配置自来水、药品柜、写字台、诊察床，消毒柜等。有预防接种或注射治疗的单位可配置一个冰箱。有医师（医士）资格的可配备处理常用症状的药物，如退热药、止咳药、止痛药、止泻药、止喘药、抗过敏药等，以及常用外用药如眼药水、眼药膏、红汞、75%酒精、1%碘酒、3%双氧水、烫伤药、创口贴、医用胶布及绷带等。

（二）保健室消毒设备与使用方法

1. 消毒管理常规要求

为了加强幼儿园的消毒管理，预防和控制感染性疾病的传播，确保幼儿的安全，消毒工作必须严格遵守卫生部《消毒管理办法》，执行医疗器械、器具的消毒工作技术规范，并达到以下要求：

（1）无论是医务人员还是保健人员均须严格落实消毒防疫制度，熟练掌握保健室各种医疗器械的消毒方法，严格按程序操作，避免操作不当造成二次污染。

（2）医疗器械使用后清洗干净，可用消毒柜或消毒液浸泡消毒，盛放器械的容器一并消毒。

（3）做好消毒后的登记工作。

2. 臭氧消毒灯使用方法

（1）避免直接照射人体，臭氧可加强紫外线的杀菌作用。因此，消毒时人必须离开房间，关闭门窗，把窗帘拉上，把被褥展开，把图书翻开，被褥的两面需轮流照射。

（2）要有足够的照射时间、强度。

（3）灯管表面每1~2周用酒精纱布擦拭一次。

（4）消毒结束后应开门开窗通风15分钟，无臭氧气味才可以入室。

3. 单门消毒柜使用方法

（1）将需消毒的物品有序地放在层架上，按电源和消毒开关键，则电源和消毒指示灯同时启亮，表示消毒开始。

（2）当消毒柜温度达到120℃以上时，消毒指示灯灭，表示消毒结束，此时箱内温度较高，为达到更好效果，应待30分钟后才能打开门取用。

（3）消毒期间非必要时，请勿开门，以免影响效果。

（4）消毒柜应放置在干燥通风处，离墙不宜小于30厘米。

（5）消毒、保洁完成后，将电源插头拔下。

消毒柜

（三）保健室用品的消毒方法

1. 保健用品的种类

（1）药品柜、桌椅、观察床及被褥；

（2）对数视力表、消毒柜、臭氧消毒灯、三用杠杆秤；

（3）体温计、大小方盘、医药箱、敷料罐、换敷料的镊子、医用剪刀；

（4）纱布、脱脂棉、胶布。

2. 保健室用品的消毒方法

（1）每天用消毒水对保健室物体表面擦试一遍。

（2）保健室每观察一名幼儿后，被褥要更换、清洗、消毒，无幼儿使用时每月清洗一次。

（3）体温计随用随消毒。

（4）医疗器械及敷料每周用高温消毒柜消毒。

保健室常用物品消毒登记表

项　目	消毒方法	第一周					第二周					第三周					第四周				
		一	二	三	四	五	一	二	三	四	五	一	二	三	四	五	一	二	三	四	五
玩　具	消毒水擦洗																				
图　书	臭氧灯消毒																				
镊　子	消毒水浸泡																				
剪　刀	消毒水浸泡																				
方　盘	消毒水浸泡																				
敷料（罐）	消毒柜消毒																				
空　气	臭氧灯消毒																				
体温计	75%酒精浸泡																				
被褥、枕头	清洗 日光曝晒																				
地面、门窗	清扫 消毒液湿抹																				

（四）体温计使用方法及注意事项

1. 数字式电子体温计使用方法

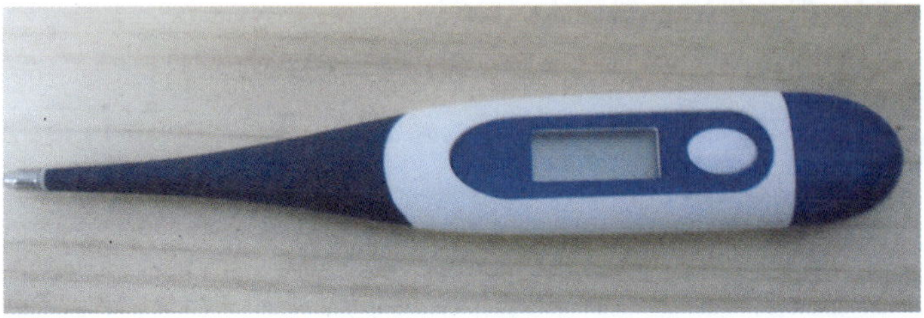

数字式电子体温计

（1）体温测量可采用口腔、腋下、肛门三种量法，并保持在任何同一部位进行测量。

（2）口腔测量前先休息5分钟，不可饮食、交谈，以使体温稳定。

（3）测量时间约60秒，即可量出体温，并自动发出“哔哔”声告知。

（4）无论测量口腔、腋下、肛门，都必须有保健人员陪伴。

（5）每次使用前用75%的酒精清洗消毒。

2. 水银体温计使用方法

口表

（1）适用于大中班幼儿；

（2）将口表水银柱甩至35℃以下；

（3）将口表水银端放在幼儿舌下，让幼儿抿住嘴巴，用手扶住体温表测量3分钟。

肛表

（1）适用于托班、小托幼儿，用前用后用肥皂和清水洗干净；

（2）将表头涂上润滑油、凡士林或植物油，表头轻轻插入幼儿肛门；

（3）测量3分钟，在肛表温度实际读数上减去0.5℃为实际体温数。

腋表

（1）使用口表和肛表都可以，将消毒好的表放在幼儿腋下，要幼儿夹紧膀子，因此方法有点困难，故使用此法较少；

（2）一般腋表测量时间约5分钟，取出后在读数上加0.5℃。

3. 注意事项

（1）无论是测量口表、腋下、肛门，都必须有保健人员陪伴。

（2）在进食进水、洗浴或剧烈运动后必须间隔30分钟再测量。

附件：世界卫生组织 0 ~ 6 岁儿童身高、体重评价标准

世界卫生组织0~6岁儿童身高、体重评价标准

0~23个月男童年龄别身长（厘米）表（卧位）

月龄（月）	−3S.D	2S.D 下	−1S.D 中下	中位数	+1S.D 中上	+2S.D上	+3S.D
0	43.6	45.9	48.2	50.5	52.8	55.1	57.4
1	47.2	49.7	52.1	54.6	57.0	59.5	61.9
2	50.4	52.9	55.5	58.1	60.7	63.2	65.8
3	53.2	55.8	58.5	61.1	63.7	66.4	69.0
4	55.6	58.3	61.0	63.7	66.4	69.1	71.7
5	57.8	60.5	63.2	65.9	68.6	71.3	74.0
6	59.8	62.4	65.1	67.8	70.5	73.2	75.9
7	61.5	64.1	66.8	69.5	72.2	74.8	77.5
8	63.0	65.7	68.3	71.0	73.6	76.3	78.9
9	64.4	67.0	69.7	72.3	75.0	77.6	80.3
10	65.7	68.3	71.0	73.6	76.3	78.9	81.6
11	66.9	69.6	72.2	74.9	77.5	80.2	82.9
12	68.0	70.7	73.4	76.1	78.8	81.5	84.2
13	69.0	71.8	74.5	77.2	80.0	82.7	85.5
14	70.0	72.8	75.6	78.3	81.1	83.9	86.7
15	70.9	73.7	76.6	79.4	82.3	85.1	88.0
16	71.7	74.6	77.5	80.4	83.4	86.3	89.2
17	72.5	75.5	78.5	81.4	84.4	87.4	90.4
18	73.3	76.3	79.4	82.4	85.4	88.5	91.5
19	74.0	77.1	80.2	83.3	86.4	89.5	92.7
20	74.7	77.9	81.1	84.2	87.4	90.6	93.8
21	75.4	78.7	81.9	85.1	88.4	91.6	94.8
22	76.1	79.4	82.7	86.0	89.3	92.5	95.8
23	76.8	80.2	83.5	86.8	90.2	93.5	96.8

0~23个月男童年龄别体重（公斤）表（卧位）							
月龄（月）	-3S.D	-2S.D下	-1S.D 中下	中位数	+1S.D 中上	+2S.D上	+3S.D
0	2.0	2.4	2.9	3.3	3.8	4.3	4.8
1	2.2	2.9	3.6	4.3	5.0	5.6	6.3
2	2.6	3.5	4.3	5.2	6.0	6.8	7.6
3	3.1	4.1	5.0	6.0	6.9	7.7	8.6
4	3.7	4.7	5.7	6.7	7.6	8.5	9.4
5	4.3	5.3	6.3	7.3	8.2	9.2	10.1
6	4.9	5.9	6.9	7.8	8.8	9.8	10.8
7	5.4	6.4	7.4	8.3	9.3	10.3	11.3
8	5.9	6.9	7.8	8.8	9.8	10.8	11.8
9	6.3	7.2	8.2	9.2	10.2	11.3	12.3
10	6.6	7.6	8.6	9.5	10.6	11.7	12.7
11	6.9	7.9	8.9	9.9	10.9	12.0	13.1
12	7.1	8.1	9.1	10.2	11.3	12.4	13.5
13	7.3	8.3	9.4	10.4	11.5	12.7	13.8
14	7.5	8.5	9.6	10.7	11.8	13.0	14.1
15	7.6	8.7	9.8	10.9	12.0	13.2	14.4
16	7.7	8.8	10.0	11.1	12.3	13.5	14.7
17	7.8	9.0	10.1	11.3	12.5	13.7	14.9
18	7.9	9.1	10.3	11.5	12.7	13.9	15.2
19	8.0	9.2	10.5	11.7	12.9	14.1	15.4
20	8.1	9.4	10.6	11.8	13.1	14.4	15.6
21	8.3	9.5	10.8	12.0	13.3	14.6	15.8
22	8.4	9.7	10.9	12.2	13.5	14.8	16.1
23	8.5	9.8	11.1	12.4	13.7	15.0	16.3

2~3岁男童年龄别身高（厘米）表（立位）								
岁、月		−3S.D	−2S.D下	−1S.D 中下	中位数	+1S.D 中上	+2S.D上	+3S.D
2	0	76.0	79.2	82.4	85.6	88.8	92.0	95.2
2	1	76.7	79.9	83.2	86.4	89.7	92.9	96.2
2	2	77.3	80.6	83.9	87.2	90.6	93.9	97.2
2	3	78.0	81.3	84.7	88.1	91.4	94.8	98.1
2	4	78.6	82.0	85.4	88.9	92.3	95.7	99.1
2	5	79.2	82.7	86.2	89.7	93.1	96.6	100.1
2	6	79.9	83.4	86.9	90.4	94.0	97.5	101.0
2	7	80.5	84.1	87.6	91.2	94.8	98.3	101.9
2	8	81.1	84.7	88.3	92.0	95.6	99.2	102.8
2	9	81.7	85.4	89.0	92.7	96.4	100.1	103.7
2	10	82.3	86.0	89.7	93.5	97.2	100.9	104.6
2	11	82.9	86.7	90.4	94.2	98.0	101.7	105.5
3	0	83.5	87.3	91.1	94.9	98.7	102.5	106.3
3	1	84.1	87.9	91.8	95.6	99.5	103.3	107.2
3	2	84.7	88.6	92.4	96.3	100.2	104.1	108.0
3	3	85.2	89.2	93.1	97.0	101.0	104.9	108.8
3	4	85.8	89.8	93.8	97.7	101.7	105.7	109.7
3	5	86.4	90.4	94.4	98.4	102.4	106.4	110.5
3	6	86.9	91.0	95.0	99.1	103.1	107.2	111.2
3	7	87.5	91.6	95.7	99.7	103.8	107.9	112.0
3	8	88.0	92.1	96.3	100.4	104.5	108.7	112.8
3	9	88.6	92.7	96.9	101.0	105.2	109.4	113.5
3	10	89.1	93.3	97.5	101.7	105.9	110.1	114.3
3	11	89.6	93.9	98.1	102.3	106.6	110.8	115.0

2~3岁男童年龄别体重（公斤）表（立位）								
岁、月		−3S.D	−2S.D下	−1S.D 中下	中位数	+1S.D 中上	+2S.D上	+3S.D
2	0	9.0	10.1	11.2	12.3	14.0	15.7	17.4
2	1	9.0	10.2	11.4	12.5	14.2	15.9	17.6
2	2	9.1	10.3	11.5	12.7	14.4	16.1	17.8
2	3	9.1	10.4	11.7	12.9	14.6	16.3	18.0
2	4	9.2	10.5	11.8	13.1	14.8	16.6	18.3
2	5	9.3	10.6	12.0	13.3	15.1	16.8	18.5
2	6	9.4	10.7	12.1	13.5	15.3	17.0	18.7
2	7	9.4	10.9	12.3	13.7	15.5	17.2	19.0
2	8	9.5	11.0	12.4	13.9	15.7	17.4	19.2
2	9	9.6	11.1	12.6	14.1	15.9	17.6	19.4
2	10	9.7	11.2	12.7	14.3	16.0	17.8	19.6
2	11	9.7	11.3	12.9	14.4	16.2	18.0	19.8
3	0	9.8	11.4	13.0	14.6	16.4	18.3	20.1
3	1	9.9	11.5	13.2	14.8	16.6	18.5	20.3
3	2	10.0	11.7	13.3	15.0	16.8	18.7	20.5
3	3	10.1	11.8	13.5	15.2	17.0	18.9	20.7
3	4	10.2	11.9	13.6	15.3	17.2	19.1	21.0
3	5	10.3	12.0	13.8	15.5	17.4	19.3	21.2
3	6	10.4	12.1	13.9	15.7	17.6	19.5	21.4
3	7	10.5	12.3	14.1	15.8	17.8	19.7	21.7
3	8	10.6	12.4	14.2	16.0	18.0	19.9	21.9
3	9	10.7	12.5	14.4	16.2	18.2	20.1	22.1
3	10	10.8	12.6	14.5	16.4	18.4	20.4	22.4
3	11	10.9	12.8	14.6	16.5	18.6	20.6	22.6

4~5岁男童年龄别身高（厘米）表（立位）								
岁、月		-3S.D	-2S.D下	-1S.D 中下	中位数	+1S.D 中上	+2S.D上	+3S.D
4	0	90.2	94.4	98.7	102.9	107.2	111.5	115.7
4	1	90.7	95.0	99.3	103.6	107.9	112.2	116.5
4	2	91.2	95.5	99.9	104.2	108.5	112.8	117.2
4	3	91.7	96.1	100.4	104.8	109.1	113.5	117.8
4	4	92.2	96.6	101.0	105.4	109.8	114.2	118.5
4	5	92.7	97.1	101.6	106.0	110.4	114.8	119.2
4	6	93.2	97.7	102.1	106.6	111.0	115.4	119.9
4	7	93.7	98.2	102.7	107.1	111.6	116.1	120.5
4	8	94.2	98.7	103.2	107.7	112.2	116.7	121.2
4	9	94.7	99.2	103.7	108.3	112.8	117.3	121.8
4	10	95.2	99.7	104.3	108.8	113.4	117.9	122.5
4	11	95.7	100.2	104.8	109.4	114.0	118.5	123.1
5	0	96.1	100.7	105.3	109.9	114.5	119.1	123.7
5	1	96.6	101.2	105.8	110.5	115.1	119.7	124.3
5	2	97.1	101.7	106.4	111.0	115.6	120.3	124.9
5	3	97.5	102.2	106.9	111.5	116.2	120.9	125.5
5	4	98.0	102.7	107.4	112.1	116.8	121.4	126.1
5	5	98.4	103.2	107.9	112.6	117.3	122.0	126.7
5	6	98.9	103.6	108.4	113.1	117.8	122.6	127.3
5	7	99.3	104.1	108.9	113.6	118.4	123.1	127.9
5	8	99.8	104.6	109.3	114.1	118.9	123.7	128.4
5	9	100.2	105.0	109.8	114.6	119.4	124.2	129.0
5	10	100.7	105.5	110.3	115.1	119.9	124.7	129.6
5	11	101.1	105.9	110.8	115.6	120.4	125.3	130.1

4~5岁男童年龄别体重（公斤）表（立位）								
岁、月		-3S.D	-2S.D下	-1S.D 中下	中位数	+1S.D 中上	+2S.D上	+3S.D
4	0	11.0	12.9	14.8	16.7	18.7	20.8	22.8
4	1	11.1	13.0	14.9	16.9	18.9	21.0	23.1
4	2	11.2	13.1	15.1	17.0	19.1	21.2	23.3
4	3	11.3	13.3	15.2	17.2	19.3	21.4	23.6
4	4	11.4	13.4	15.4	17.4	19.5	21.7	23.8
4	5	11.5	13.5	15.5	17.5	19.7	21.9	24.1
4	6	11.6	13.7	15.7	17.7	19.9	22.1	24.3
4	7	11.8	13.8	15.8	17.9	20.1	22.3	24.6
4	8	11.9	13.9	16.0	18.0	20.3	22.6	24.8
4	9	12.0	14.0	16.1	18.2	20.5	22.8	25.1
4	10	12.1	14.2	16.3	18.3	20.7	23.0	25.4
4	11	12.2	14.3	16.4	18.5	20.9	23.3	25.6
5	0	12.3	14.4	16.6	18.7	21.1	23.5	25.9
5	1	12.4	14.6	16.7	18.8	21.3	23.7	26.2
5	2	12.6	14.7	16.9	19.0	21.5	24.0	26.5
5	3	12.7	14.8	17.0	19.2	21.7	24.2	26.7
5	4	12.8	15.0	17.1	19.3	21.9	24.5	27.0
5	5	12.9	15.1	17.3	19.5	22.1	24.7	27.3
5	6	13.0	15.2	17.4	19.7	22.3	25.0	27.6
5	7	13.1	15.4	17.6	19.8	22.5	25.2	27.9
5	8	13.2	15.5	17.7	20.0	22.7	25.5	28.2
5	9	13.4	15.6	17.9	20.2	23.0	25.7	28.5
5	10	13.5	15.8	18.0	20.3	23.2	26.0	28.9
5	11	13.6	15.9	18.2	20.5	23.4	26.3	29.2

6岁男童年龄别身高（厘米）表（立位）								
岁、月		-3S.D	-2S.D下	-1S.D 中下	中位数	+1S.D 中上	+2S.D上	+3S.D
6	0	101.5	106.4	111.2	116.1	121.0	125.8	130.7
6	1	101.9	106.8	111.7	116.6	121.5	126.3	131.2
6	2	102.4	107.3	112.2	117.1	122.0	126.9	131.8
6	3	102.8	107.7	112.6	117.5	122.5	127.4	132.3
6	4	103.2	108.1	113.1	118.0	123.0	127.9	132.8
6	5	103.6	108.6	113.5	118.5	123.4	128.4	133.4
6	6	104.0	109.0	114.0	119.0	123.9	128.9	133.9
6	7	104.4	109.4	114.4	119.4	124.4	129.4	134.4
6	8	104.8	109.8	114.9	119.9	124.9	139.9	134.9
6	9	105.2	110.3	115.3	120.3	125.4	130.4	135.4
6	10	105.6	110.7	115.7	120.8	125.8	130.9	136.0
6	11	106.0	111.1	116.2	121.2	126.3	131.4	136.5

6岁男童年龄别体重（公斤）表（立位）								
岁、月		-3S.D	-2S.D下	-1S.D 中下	中位数	+1S.D 中上	+2S.D上	+3S.D
6	0	13.7	16.0	18.4	20.7	23.6	26.6	29.5
6	1	13.8	16.2	18.5	20.9	23.8	26.8	29.8
6	2	13.9	16.3	18.7	21.0	24.1	27.1	30.2
6	3	14.0	16.4	18.8	21.2	24.3	27.4	30.5
6	4	14.1	16.5	19.0	21.4	24.5	27.7	30.9
6	5	14.2	16.7	19.1	21.6	24.8	28.0	31.2
6	6	14.3	16.8	19.3	21.7	25.0	28.3	31.6
6	7	14.4	16.9	19.4	21.9	25.3	28.6	31.9
6	8	14.6	17.1	19.6	22.1	25.5	28.9	32.3
6	9	14.7	17.2	19.7	22.3	25.8	29.2	32.7
6	10	14.8	17.3	19.9	22.5	26.0	29.5	33.1
6	11	14.9	17.5	20.1	22.7	26.3	29.9	33.5

0~23个月女童年龄别身长（厘米）表（卧位）							
月龄（月）	-3S.D	-2S.D下	-1S.D 中下	中位数	+1S.D 中上	+2S.D上	+3S.D
0	43.4	45.5	47.7	49.9	52.0	54.2	56.4
1	46.7	49.0	51.2	53.5	55.8	58.1	60.4
2	49.6	52.0	54.4	56.8	59.2	61.6	64.0
3	52.1	54.6	57.1	59.5	62.0	64.5	67.0
4	54.3	56.9	59.4	62.0	64.5	67.1	69.6
5	56.3	58.9	61.5	64.1	66.7	69.3	71.9
6	58.0	60.6	63.3	65.9	68.6	71.2	73.9
7	59.5	62.2	64.9	67.6	70.2	72.9	75.6
8	60.9	63.7	66.4	69.1	71.8	74.5	77.2
9	62.2	65.0	67.7	70.4	73.2	75.9	78.7
10	63.5	66.2	69.0	71.8	74.5	77.3	80.1
11	64.7	67.5	70.3	73.1	75.9	78.7	81.5
12	65.8	68.6	71.5	74.3	77.1	80.0	82.8
13	66.9	69.8	72.6	75.5	78.4	81.2	84.1
14	67.9	70.8	73.7	76.7	79.6	82.5	85.4
15	68.9	71.9	74.8	77.8	80.7	83.7	86.6
16	69.9	72.9	75.9	78.9	81.8	84.8	87.8
17	70.8	73.8	76.9	79.9	82.9	86.0	89.0
18	71.7	74.8	77.9	80.9	84.0	87.1	90.1
19	72.6	75.7	78.8	81.9	85.0	88.1	91.2
20	73.4	76.6	79.7	82.9	86.0	89.2	92.3
21	74.3	77.4	80.6	83.8	87.0	90.2	93.4
22	75.1	78.3	81.5	84.7	87.9	91.1	94.4
23	75.9	79.1	82.4	85.6	88.9	92.1	95.3

0~23个月女童年龄别体重（公斤）表（卧位）							
月龄（月）	-3S.D	-2S.D下	-1S.D 中下	中位数	+1S.D 中上	+2S.D上	+3S.D
1	1.8	2.2	2.7	3.2	3.6	4.0	4.3
1	2.2	2.8	3.4	4.0	4.5	5.1	5.6
2	2.7	3.3	4.0	4.7	5.4	6.1	6.7
3	3.2	3.9	4.7	5.4	6.2	7.0	7.7
4	3.7	4.5	5.3	6.0	6.9	7.7	8.6
5	4.1	5.0	5.8	6.7	7.5	8.4	9.3
6	4.6	5.5	6.3	7.2	8.1	9.0	10.0
7	5.0	5.9	6.8	7.7	8.7	9.6	10.5
8	5.3	6.3	7.2	8.2	9.1	10.1	11.1
9	5.7	6.6	7.6	8.6	9.6	10.5	11.5
10	5.9	6.9	7.9	8.9	9.9	10.9	11.9
11	6.2	7.2	8.2	9.2	10.3	11.3	12.3
12	6.4	7.4	8.5	9.5	10.6	11.6	12.7
13	6.6	7.6	8.7	9.8	10.8	11.9	13.0
14	6.7	7.8	8.9	10.0	11.1	12.2	13.2
15	6.9	8.0	9.1	10.2	11.3	12.4	13.5
16	7.0	8.2	9.3	10.4	11.5	12.6	13.7
17	7.2	8.3	9.5	10.6	11.8	12.9	14.0
18	7.3	8.5	9.7	10.8	12.0	13.1	14.2
19	7.5	8.6	9.8	11.0	12.2	13.3	14.5
20	7.6	8.8	10.0	11.2	12.4	13.5	14.7
21	7.7	9.0	10.2	11.4	12.6	13.8	15.0
22	7.9	9.1	10.3	11.5	12.8	14.0	15.2
23	8.0	9.3	10.5	11.7	13.0	14.2	15.5

2~3岁女童年龄别身高（厘米）表（立位）								
岁、月		−3S.D	−2S.D下	−1S.D 中下	中位数	+1S.D 中上	+2S.D上	+3S.D
2	0	74.9	78.1	81.3	84.5	87.7	90.9	94.1
2	1	75.6	78.8	82.1	85.4	88.6	91.9	95.1
2	2	76.3	79.6	82.9	86.2	89.5	92.8	96.2
2	3	77.0	80.3	83.7	87.0	90.4	93.8	97.1
2	4	77.6	81.0	84.5	87.9	91.3	94.7	98.1
2	5	78.3	81.8	85.2	88.7	92.1	95.6	99.0
2	6	79.0	82.5	86.0	89.5	93.0	96.5	100.0
2	7	79.6	83.2	86.7	90.2	93.8	97.3	100.9
2	8	80.3	83.8	87.4	91.0	94.6	98.2	101.7
2	9	80.9	84.5	88.1	91.7	95.4	99.0	102.6
2	10	81.5	85.2	88.8	92.5	96.1	99.8	103.4
2	11	82.1	85.8	89.5	93.2	96.9	100.0	104.3
3	0	82.8	86.5	90.2	93.9	97.6	101.4	105.1
3	1	83.4	87.1	90.9	94.6	98.4	102.1	105.9
3	2	84.0	87.7	91.5	95.3	99.1	102.9	106.6
3	3	84.5	88.4	92.2	96.0	99.8	103.6	107.4
3	4	85.1	89.0	92.8	96.6	100.5	104.3	108.2
3	5	85.7	89.6	93.4	97.3	101.2	105.0	108.9
3	6	86.3	90.2	94.0	97.9	101.8	105.7	109.6
3	7	86.8	90.7	94.7	98.6	102.5	106.4	110.3
3	8	87.4	91.3	95.3	99.2	103.1	107.1	111.0
3	9	87.9	91.9	95.8	99.8	103.8	107.8	111.7
3	10	88.4	92.4	96.4	100.4	104.4	108.4	112.4
3	11	89.0	93.0	97.0	101.0	105.1	109.1	113.1

2~3岁女童年龄别体重（公斤）表（立位）								
岁、月		−3S.D	−2S.D下	−1S.D 中下	中位数	+1S.D 中上	+2S.D上	+3S.D
2	0	8.3	9.4	10.6	11.8	13.2	14.6	16.0
2	1	8.4	9.6	10.8	12.0	13.5	14.9	16.4
2	2	8.5	9.8	11.0	12.2	13.7	15.2	16.8
2	3	8.6	9.9	11.2	12.4	14.0	15.6	17.1
2	4	8.8	10.1	11.3	12.6	14.2	15.9	17.5
2	5	8.9	10.2	11.5	12.8	14.5	16.1	17.8
2	6	9.0	10.3	11.7	13.0	14.7	16.4	18.1
2	7	9.1	10.5	11.9	13.2	15.0	16.7	18.5
2	8	9.2	10.6	12.0	13.4	15.2	17.0	18.8
2	9	9.4	10.8	12.2	13.6	15.4	17.2	19.1
2	10	9.5	10.9	12.3	13.8	15.6	17.5	19.4
2	11	9.6	11.0	12.5	13.9	15.8	17.8	19.7
3	0	9.7	11.2	12.6	14.1	16.1	18.0	20.0
3	1	9.8	11.3	12.8	14.3	16.3	18.3	20.2
3	2	9.9	11.4	12.9	14.4	16.5	18.5	20.5
3	3	10.0	11.5	13.1	14.6	16.7	18.7	20.8
3	4	10.1	11.6	13.2	14.8	16.9	19.0	21.1
3	5	10.2	11.8	13.3	14.9	17.0	19.2	21.3
3	6	10.3	11.9	13.5	15.1	17.2	19.4	21.6
3	7	10.4	12.0	13.6	15.2	17.4	19.6	21.8
3	8	10.5	12.1	13.7	15.4	17.6	19.8	22.1
3	9	10.6	12.2	13.9	15.5	17.8	20.1	22.3
3	10	10.7	12.3	14.0	15.7	18.0	20.3	22.6
3	11	10.8	12.4	14.1	15.8	18.1	20.5	22.8

4~5岁女童年龄别身高（厘米）表（立位）								
岁、月		-3S.D	-2S.D下	-1S.D 中下	中位数	+1S.D 中上	+2S.D上	+3S.D
4	0	89.5	93.5	97.6	101.6	105.7	109.7	113.8
4	1	90.0	94.1	98.1	102.2	106.3	110.4	114.4
4	2	90.5	94.6	98.7	102.8	106.9	111.0	115.4
4	3	91.0	95.1	99.3	103.4	107.5	111.6	115.8
4	4	91.5	95.6	99.8	104.0	108.1	112.3	116.4
4	5	92.0	96.1	100.3	104.5	108.7	112.9	117.1
4	6	92.4	96.7	100.9	105.1	109.3	113.5	117.7
4	7	92.9	97.1	101.4	105.6	109.9	114.1	118.4
4	8	93.4	97.6	101.9	106.2	110.5	114.8	119.0
4	9	93.8	98.1	102.4	106.7	111.1	115.4	119.7
4	10	94.3	98.6	102.9	107.3	111.6	116.0	120.3
4	11	94.7	99.1	103.5	107.8	112.2	116.6	121.0
5	0	95.1	99.5	104.0	108.4	112.8	117.2	121.6
5	1	95.5	100.0	104.5	108.9	113.4	117.8	122.3
5	2	96.0	100.5	105.0	109.5	113.9	118.4	122.9
5	3	96.4	100.9	105.4	110.0	114.5	119.1	123.6
5	4	96.8	101.4	105.9	110.5	115.1	119.7	124.2
5	5	97.2	101.8	106.4	111.0	115.7	120.3	124.9
5	6	97.6	102.2	106.9	111.6	116.2	120.9	125.5
5	7	98.0	102.7	107.4	112.1	116.8	121.5	126.2
5	8	98.4	103.1	107.9	112.6	117.3	122.1	126.8
5	9	98.8	103.5	108.3	113.1	117.9	122.7	127.5
5	10	99.1	104.0	108.8	113.6	118.4	123.3	128.1
5	11	99.5	104.4	109.3	114.1	119.0	123.9	128.7

4~5岁女童年龄别体重（公斤）表（立位）								
岁、月		−3S.D	−2S.D下	−1S.D 中下	中位数	+1S.D 中上	+2S.D上	+3S.D
4	0	10.9	12.6	14.3	16.0	18.3	20.7	23.1
4	1	10.9	12.7	14.4	16.1	18.5	20.9	23.3
4	2	11.0	12.8	14.5	16.2	18.7	21.1	23.5
4	3	11.1	12.9	14.6	16.4	18.9	21.3	23.8
4	4	11.2	13.0	14.8	16.5	19.0	21.5	24.0
4	5	11.3	13.1	14.9	16.7	19.2	21.7	24.3
4	6	11.4	13.2	15.0	16.8	19.4	21.9	24.5
4	7	11.5	13.3	15.1	17.0	19.6	22.2	24.8
4	8	11.5	13.4	15.2	17.1	19.7	22.4	25.0
4	9	11.6	13.5	15.4	17.2	19.9	22.6	25.3
4	10	11.7	13.6	15.5	17.4	20.1	22.8	25.5
4	11	11.8	13.7	15.6	17.5	20.3	23.0	25.8
5	0	11.9	13.8	15.7	17.7	20.4	23.2	26.0
5	1	11.9	13.9	15.9	17.8	20.6	23.5	26.3
5	2	12.0	14.0	16.0	18.0	20.8	23.7	26.5
5	3	12.1	14.1	16.1	18.1	21.0	23.9	26.8
5	4	12.2	14.2	16.2	18.3	21.2	24.1	27.1
5	5	12.2	14.3	16.4	18.4	21.4	24.4	27.4
5	6	12.3	14.4	16.5	18.6	21.6	24.6	27.7
5	7	12.4	14.5	16.6	18.7	21.8	24.9	28.0
5	8	12.5	14.6	16.7	18.9	22.0	25.1	28.3
5	9	12.5	14.7	16.9	19.0	22.2	25.4	28.6
5	10	12.6	14.8	17.0	19.2	22.4	25.7	28.9
5	11	12.7	14.9	17.1	19.4	22.6	25.9	29.2

6岁女童年龄别身高（厘米）表（立位）								
岁、月		-3S.D	-2S.D下	-1S.D 中下	中位数	+1S.D 中上	+2S.D上	+3S.D
6	0	99.9	104.8	109.7	114.6	119.6	124.5	129.4
6	1	100.2	105.2	110.2	115.1	120.1	125.1	130.0
6	2	100.6	105.6	110.6	115.6	120.6	125.7	130.7
6	3	101.0	106.0	111.1	116.1	121.2	126.3	131.3
6	4	101.3	106.4	111.5	116.6	121.7	126.8	131.9
6	5	101.7	106.8	112.0	117.1	122.3	127.4	132.0
6	6	102.0	107.2	112.4	117.6	122.8	128.0	133.2
6	7	102.4	107.6	112.9	118.1	123.4	128.6	133.9
6	8	102.7	108.0	113.3	118.6	123.9	129.2	134.5
6	9	103.1	108.4	113.8	119.1	124.4	129.8	135.1
6	10	103.4	108.8	114.2	119.6	125.0	130.4	135.8
6	11	103.8	109.2	114.7	120.1	125.5	131.0	136.4

6岁女童年龄别体重（公斤）表（立位）								
岁、月		-3S.D	-2S.D下	-1S.D 中下	中位数	+1S.D 中上	+2S.D上	+3S.D
6	0	12.8	15.0	17.3	19.5	22.9	26.2	29.6
6	1	12.8	15.1	17.4	19.7	23.1	26.5	29.9
6	2	12.9	15.2	17.5	19.9	23.3	26.8	30.2
6	3	13.0	15.3	17.7	20.0	23.6	27.1	30.6
6	4	13.0	15.4	17.8	20.2	23.8	27.4	31.0
6	5	13.1	15.5	18.0	20.4	24.1	27.7	31.4
6	6	13.2	15.7	18.1	20.6	24.3	28.0	31.8
6	7	13.2	15.8	18.3	20.8	24.6	28.4	32.2
6	8	13.3	15.9	18.4	21.0	24.9	28.7	32.6
6	9	13.4	16.0	18.6	21.2	25.1	29.1	33.0
6	10	13.4	16.1	18.8	21.4	25.4	29.4	33.5
6	11	13.5	16.2	18.9	21.6	25.7	29.8	33.9

第八章

幼儿疾病预防与意外损伤应急处理

第一节　幼儿园传染病管理

一、控制传染源

1. 保健人员职责

幼儿园发生了传染病，应立即隔离患儿；保健人员要在第一时间向幼儿园领导及所在的疾控中心汇报。把认真做好晨检工作作为幼儿入园的第一关，如发热38℃以上的幼儿，以及疑似患病的幼儿，要求家长带去医院就诊，凭医生证明方可入园。保健人员每天必须了解幼儿缺勤原因，便于及时做好预防工作。还要采用多种形式对幼儿、家长及保教人员进行卫生知识宣传，提高自我防病意识。

2. 保教人员（炊事人员）职责

保育员要做好各环节消毒工作。检疫班级不得招收新生，幼儿不得参加园内集体活动，保教人员不得串班。炊事人员要认真做好食品留样及验收记录，采购人员在采购过程中做好索证工作。在职工作人员定期进行健康检查。

3. 家长配合

积极做好家长卫生安全宣传工作，家庭或亲友中患有传染病的，家长务必告知老师或保健室。幼儿与病人有过密切接触的，应在家隔离观察，隔离期满凭相关医院的有效证明方可入园。

二、切断传播途径

1. 保健室消毒

在传染病流行期间，保健人员应严格按照规定定期对医疗器械及室内用品清洗消毒，下班前对保健室进行臭氧消毒。对隔离幼儿用过的物品，要放入消毒柜消毒。要开窗通风，并做好消毒登记。

2. 班级消毒

发生了传染病或在传染病流行期间，保育老师要按照不同传染病消毒要求，每天对班级物品、空气进行消毒，持续时间为两周。教师对幼儿加强卫生教育，使他们养成良好的卫生习惯，如食前便后用肥皂洗手，不喝自来水，不用脏手取食物等。

3. 饮食卫生

炊事人员管理好饮食卫生。在实际工作中要严格执行卫生制度和操作规则，认真做好食品、餐具消毒等安全防护工作。传染病检疫班级的餐具应单独清洗消毒，直到检疫期结束。

三、保护易感人群

1. 预防接种

预防接种是保护易感人群的最有效措施之一。要按年龄和季节要求，协助卫生防疫部门完成计划内预防接种管理工作。除禁忌症外，要做到一个不漏，全程足量。

2. 预防性指导

在传染病流行期间，家长尽量少带孩子去人多拥挤的公共场所，减少被感染的机会。偏食挑食的孩子免疫力易下降，为了增强孩子的抵抗力，合理、均衡的营养很重要。家长要有意识地丰富孩子的饮食，增加优质蛋白，多摄取水果蔬菜；食物做到粗细搭配，避免高脂肪和油炸食物；同时督促孩子多饮水，促进体内毒素的排出。要适当锻炼，保证睡眠，增强机体的抗病能力。在家中，要经常将孩子使用的卫生用具等物品放在太阳光下暴晒消毒。平时多打开窗透气，保持家庭有足够新鲜空气对流，这是最简单、最有效的预防方法。

3. 隔离时间

按各种传染病规定的检疫期进行检疫，隔离检疫期以最后一个人发病算起。隔离期间不办理入园、转园手续，控制传染病的续发和蔓延。回园时须持医院开具的痊愈证明，经保健老师检查同意后方可入园。

传染病隔离及接触儿童检疫时间：

水痘：隔离至皮疹干燥结痂，检疫21天。

麻疹：隔离至疹出后5天，合并肺炎后10天，检疫14～21天。

风疹：隔离至疹出后5天，不检疫。

流行性腮腺炎：隔离至肿消，检疫21天。

流行性感冒：隔离至症状消失，检疫4天。

手足口病：一般需要隔离2周。

乙型脑炎：隔离至体温正常。

脊髓灰质炎：隔离40天，检疫35天。

传染性肝炎：隔离40天，检疫42天。

猩红热：隔离至治疗后7天，检疫12天。

百日咳：隔离至发病后40天，检疫21天。

流行性脑脊髓膜炎：隔离至体温正常，检疫7天。

急性细菌性痢疾：隔离7天，检疫5天。

伤寒副伤寒：隔离14天，检疫25天。

四、幼儿园常见传染病

（一）流行性感冒

1. 流行性感冒症状

流行性感冒简称流感，是由流行性感冒病毒引起的急性呼吸道传染病。传播途径为空气飞沫传播。流行性感冒潜伏期短，一般1～3日，最短数小时，最长4日，传染性强，传播迅速。

流行性感冒临床症状为急起高热，全身症状较重，呼吸道症状较轻。显著头痛、身痛、乏力、咽干及食欲减退等。部分病人有鼻阻、流涕、干咳等。查体可见急性热病容，面颊潮红，眼结膜及咽部充血。

2. 流行性感冒的预防

（1）在流感流行时，应尽可能隔离患儿，室内勤开窗户通风，加强环境消毒。

（2）减少去人口稠密的公共场所，平时防寒保暖，加强体育锻炼，增强身体抵抗力。

（3）在流感流行时外出应戴口罩，以减少传染机会。

（4）衣服被褥宜常洗晒。有条件的提前接种流感疫苗是有效的预防方法。

（二）手足口病

1. 手足口病症状

手足口病是肠道病毒引起的常见传染病之一。易感年龄为5岁以下的儿童。传播途径为人与人直接传播，亦可经水、食物、苍蝇间接传播。手足口病的潜伏期为2~7天。隔离期限一般需要2周。少数患儿可引起心肌炎、肺水肿、无菌性脑膜炎等并发症。个别重症患儿病情发展快，易导致死亡。

手足口病的临床症状，首先表现为口痛、厌食及低热，约占半数，亦可不发热。口腔内可见散在性小疱疹或溃疡，舌、颊黏膜、硬腭等处为多，偶尔波及牙龈、软腭，手、足掌背可见几个至几十个斑丘疹，后转为疱疹，比水痘疹小，2~3天后吸收，不留痂。临床上不痒、不痛、不结疤。也可见于臂、腿及臀部，躯干少见。具有上感的症状，病程一般在1周左右，病情轻，预后良好。

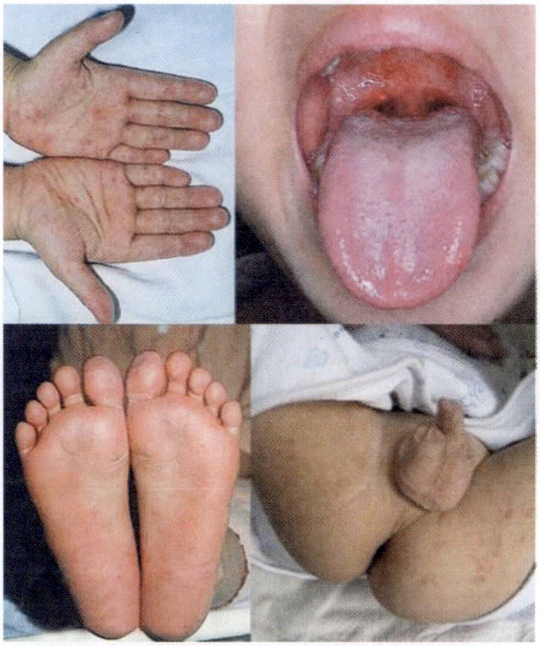

手足口病症状

2. 手足口病的预防

（1）做好疫情报告，发现病人及时向疾控部门和教育行政部门报告，积极采取预防措施，防治疾病蔓延扩散。

（2）加强消毒隔离工作。首先应及时将患儿隔离，留在家中，直到热度、皮疹消退及水泡结痂，一般需隔离2周。流行季节，活动室和午睡室等场所要保持良好通风。每日对玩具、个人卫生用具、餐具等物品进行清洗消毒。进行清扫或消毒工作（尤其清扫厕所）时，工作人员应戴手套。清洗工作结束后应立即洗手。每日对门把手、楼梯扶手、桌面等物体表面进行擦拭消毒。

（3）教育幼儿养成正确的洗手习惯。让幼儿知道勤洗手，不与别人共用毛巾、牙刷和餐具，避免病从口入。

（4）每日进行晨检，发现可疑患儿，要采取及时送诊、居家休息的措施。

（5）患儿增多时，根据疫情控制需要，教育行政部门和疾控部门可决定采取放假措施。

（6）加强营养，让幼儿经常参加室外活动，提高抵抗力。在病毒流行期间少带幼儿去人多的公共场所。

（三）水痘

1. 水痘的症状

水痘是由带状疱疹病毒引起的急性传染病，易感年龄为3～5岁。水痘的传播途径为呼吸道飞沫传播与直接接触传播。水痘的潜伏期为10～21天。隔离期限须至水痘疱疹完全结痂为止。

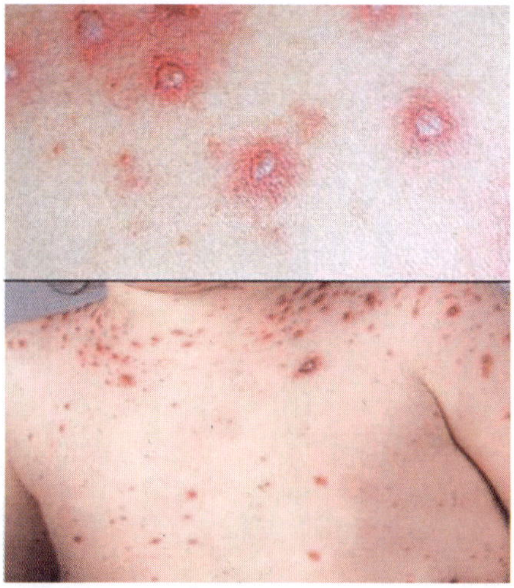

水痘症状

水痘的临床症状，典型水痘起病急、轻、中度发热，且出现皮疹，皮疹分布呈向心性，开始先发于头皮、躯干、面部，分批出现红色斑丘疹或斑丘疹，迅速发展为清亮、圆形、露珠状小水泡，周围有红晕；经24

小时，水泡内容物变浑浊，水泡易破溃。疱疹持续时间3～4天，然后开始干缩、结痂。

2. 水痘的预防

（1）管理传染源：对可疑或确诊为水痘的患者应进行隔离，一般可在家中隔离，隔离病儿至皮疹全部结痂为止，一般为2周左右。

（2）切断传播途径：幼儿园对已经接触的易患者应检疫21天。要加强对空气和物品的消毒，以防疾病流行。

（3）保护易感者：预防接种是保护易感人群的最有效措施之一。

（四）流行性腮腺炎

1. 流行性腮腺炎的症状

流行性腮腺炎是由腮腺炎病毒引起的急性呼吸道传染病，易感年龄多见于3～5岁。流行性腮腺炎的传播途径系通过直接接触、飞沫、玩具等传播。流行性腮腺炎的潜伏期为14～25日，但以17～18日最为多见 。其隔离期限，须隔离至肿消。并发症，脑膜炎与睾丸炎较多见。

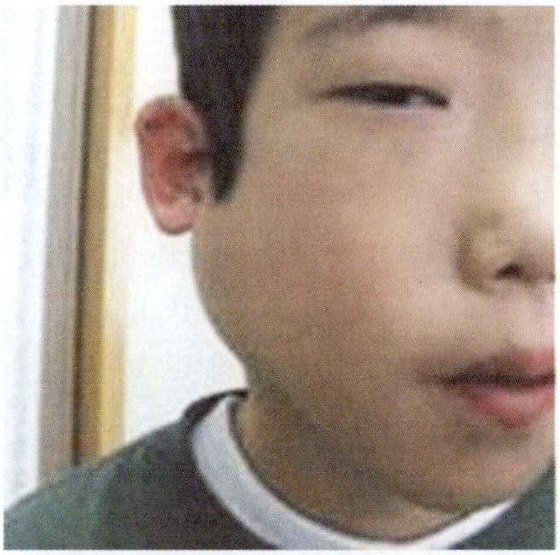

流行性腮腺炎症状

临床症状：前驱期1～2日，常有发热、倦怠、肌肉酸痛、食欲减退、呕吐、头痛、结合膜炎、咽炎等症状，偶尔可首先出现脑膜刺激征，多数患者可无前驱期，以耳下部肿、痛为最早症状。腮肿期：腮肿一般多为两侧性，可先见于一侧，1～2日后另一侧亦肿大，肿胀的腮腺以耳垂为中心，向周围蔓延，2～3日达高峰，局部疼痛，张口或咀嚼时更明显，表面灼热，颊内腮腺管口可见红肿，颌下腺及舌下腺亦先后受累。腮腺肿胀4～5日后减退，全病程约1～2周。

2. 流行腮腺炎的预防

（1）管理传染源：早期隔离患者直至腮腺肿完全消退为止。检疫期3周，对可疑者应立即暂时隔离。幼儿园在检疫期间要加强晨检和全园消毒工作。

（2）主动免疫：常规给予减毒腮腺炎活疫苗或麻疹、风疹、腮腺炎三联疫苗，99%可以产生抗体。

（3）药物预防：板兰根30克或金银花9克煎服，每日1剂，连续6天。

（五）风疹

1. 风疹的症状

风疹是一种症状较轻的急性病毒性呼吸道传染病，多见于1～5岁儿童。传播途径为通过空气飞沫传播。风疹的潜伏期为12～19天。隔离期限为5～7天。

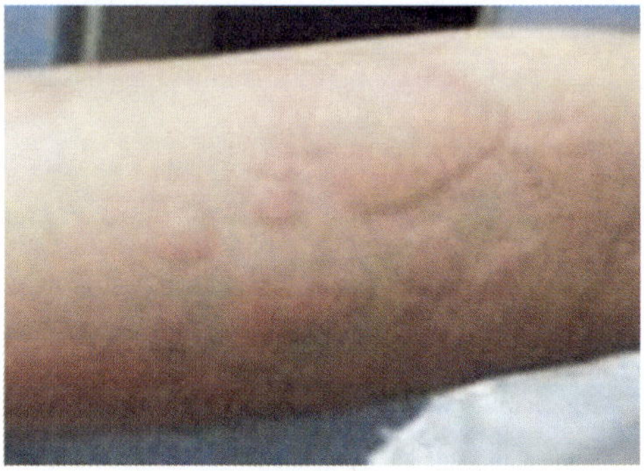

风疹症状

风疹的临床症状，常以低热、全身不适及皮疹起病，伴有咽痛、轻咳和流涕。在耳后、颈部及枕部出现淋巴结肿大，可触摸到豆粒大小的淋巴结且伴有轻度触痛。皮疹于发热后很快出现，呈充血性斑丘疹，多见于面部和躯干部。2～3日后皮疹消退，一般退疹后不留痕迹。全身症状较轻，不少风疹患儿常无病状、饮食玩耍如常。

2. 风疹的预防

（1）隔离患儿5～7天。回园时须持医院开具的痊愈证明，经保健老师检查同意后方可入园。

（2）密切接触者医学观察21天。检疫期间停止参加集体活动，加强晨、午、晚检工作，流行期间不接受或转出幼儿。

（3）室内开窗通风，保持空气新鲜。

（4）对幼儿、家长、教工开展健康教育活动，加强防治知识的宣传。

（5）接种风疹减毒疫苗。

（六）急性出血性结膜炎

1. 急性出血性结膜炎的症状

急性出血性结膜炎俗称“红眼病”。这是一种由病毒引起，在夏季、高热、高湿条件下，极易导致大流行的急性传染性眼病。其传播途径为接触传播，最常见为眼——手——眼的传播。急性出血性结膜炎的隔离期限为7～10天。急性出血性结膜炎潜伏期短，接触病毒后一般于12~24小时内即可发病。

急性出血性结膜炎临床症状为眼红、刺痛、异物感，伴畏光、流泪及水样分泌物，有时为血性分泌物。

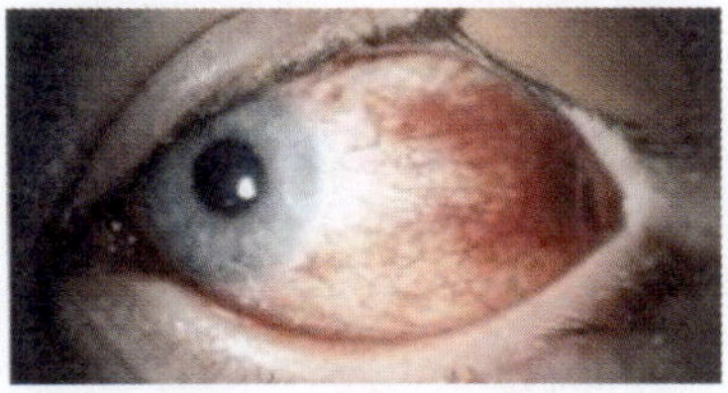

急性出血性结膜炎症状

2. 急性出血性结膜炎的预防

（1）对幼儿开展有针对性的健康教育，养成良好的卫生习惯，饭前、便后、外出回家及触摸眼睛前后要用洗手液或肥皂流动水洗手。避免用手揉擦眼睛十分重要。

（2）不要与别人共用毛巾或个人卫生用品。

（3）流行期间，要尽量少去人群密集的公共场所。

（4）流行期间，幼儿园要对水龙头、楼梯扶手、门把手、玩具、电脑键盘等幼儿常触摸的地方进行消毒，以防疾病蔓延。

（5）饮食清淡，多食蔬菜、新鲜水果等，保持大便通畅。

第二节　幼儿园常见病和多发病的管理

一、询问病史

了解新生有无高热惊厥、癫痫、过敏性疾病（包括哮喘、食物过敏）、习惯性脱臼、先天性心脏病等病史，以便保健老师和本班老师在园内有针对性地对幼儿进行观察和护理。

二、突发事件的处理

幼儿在园内突发性发烧、腹泻、腹痛及损伤等，应及时送保健室进行诊治、处理和观察，并将病儿在园内患病及处理、治疗情况书面告知家长，以便病儿到医院进一步确诊治疗。对重病儿应及时通知家长或直接由保健老师护送到医院。

三、用药注意事项

1. 内服药

最好站着服药，服药时应用足量的水（200～300毫升）送服，任何药物千万不能干吞，以免药物（尤其是胶囊）附在食管壁，对食管造成损伤。服药后不要马上躺下，站立或走动1分钟，以便使药物完全进入胃里。另外寻找最佳服药时间也很重要。为减轻药物对消化系统刺激，大多数药物应在饭后服用。但有一部分药物必须饭前空腹服用，以延缓食物对药物影响，发挥药物的最佳功效。如止泻药要在饭前服用，便于药物进入肠道后发挥作用。

2. 外用药

酒精：一般医用酒精的浓度是75%。酒精是最有效的皮肤消毒剂之一，多数皮肤感染，用酒精涂擦，可起到杀菌消炎作用。

双氧水：可以用于伤口消毒，用棉花棒蘸双氧水清洗伤口即可。

红汞：俗称红药水，是一种常用的皮肤消毒剂，适用于各种外伤，本身刺激性小，皮肤粘膜发生外伤者也可使用。

3. 用药管理

家长委托用药必须由保健老师统一给幼儿喂服，不允许幼儿自己随便拿药吃。用药前仔细核对班级、姓名、药品的剂量，保健老师务必看着幼儿把药吃完才可以离开。

助消化药、对胃有刺激的药和祛痰药饭后服；止泻药要在饭前服用，便于药物进入肠道后发挥作用；驱虫药空腹服。

在服止咳药的时候应该注意，每次服药时应先吃消炎、治感冒的药物，再服化痰止咳的糖浆，服完糖浆后不要立即喝水，以增强化痰效果，缩短病程。

滴眼药水时要注意手的卫生，不要让瓶口碰着眼毛或眼睑，瓶口离眼的距离约2厘米，以免造成眼药水污染。

不是所有的药都适合用温开水送服，例如助消化药是通过药中所含的一种活性蛋白酶发挥作用的，这种酶遇热后会凝固变性失去作用，达不到助消化的作用；止咳糖浆如果用温热的水送服，可能会稀释糖浆，降低粘稠度，就不能形成“保护膜”，也会影响药物疗效。

四、 体弱儿管理

1. 从每次的体格发育测量中，筛查出肥胖儿和营养不良儿；在每月的疾病统计中筛查出反复呼吸道感染、反复腹泻的幼儿；在每年的新生体检及年度体检中筛查出贫血患儿。对以上体弱儿按常规进行收案管理。

2. 通过与家长个别交谈、开家长会、出宣传栏、请专家授课等形式，建立体弱儿家园联系方式，加强对体弱儿的管理。

3. 保教人员要全面做好体弱儿童的生活、保健、护理、治疗和教养工作，按要求定期学习有关业务知识，做好体弱儿童的全日观察工作。

4. 建立并认真做好体弱儿童的个案记录，每月记录一次，发生疾病及时记，每月一次统计分析，对营养不良和肥胖儿童，每月测量身高、体重一次，对贫血儿童每月查血色素一次。

5. 体弱儿具体管理范围如下：

名　称	收案标准	结案标准
轻度贫血	Hb<110g/L	连续2次Hb≥110g/L
营养不良	体重小于年龄别体重中位数的15%	连续2次体重达中－或身高别体重达中－
矮小症	身高小于年龄别身高中位数的30%	
肥　胖	体重大于身高别体重中位数的20%	体重大于身高别体重中位数15%以下
反复呼吸道感染	每月呼吸道感染1次，连续3个月或每月呼吸道感染2次	连续2个月无呼吸道感染症状
哮　喘	医院明确诊断	连续2个月无呼吸道感染症状
器质性疾病	心脏病、肾脏病等	治愈

第三节　幼儿园意外事故处理

在幼儿园里，由于幼儿年龄小，好动、好奇，又聚集在一起，容易发生意外事故。所以保教人员除必须具有高度责任心外，还应当具有对幼儿意外事故的预防和急救常识，这样才能防止意外事故的发生。即使不幸发生意外事故，也能沉着冷静及时正确地进行急救和处理。

一、常见意外事故类型

1. 外伤（摔伤、碰伤、烫伤）。
2. 脱臼或骨折。
3. 鼻出血。
4. 误服药。
5. 窒息。

二、意外损伤应急措施

1. 外伤

表皮擦伤、裂伤、软组织损伤及创伤出血，用双氧水或生理盐水清洗伤口，涂上红药水或万花油。伤口大、深、出血多时，应用消毒纱布把伤口紧紧包扎上，以便止血，1~2分钟后松开。如仍在出血应再包扎止血后，抬高受伤部位，立即送医院进一步处理。

2. 烫伤

简单说就是“一脱二冲三包”。

一脱：幼儿烫伤后，应立即使幼儿与热源脱离，防止损伤进一步加深和扩大；热液浸泡的衣服最好用剪刀剪开后再脱，以免撕脱表皮（注意不要伤及哭闹的患儿）。

二冲：幼儿烫伤后由于剧痛和惊吓会哭闹不止，止痛最方便有效的办法是用凉水冲洗，不仅降低创面皮肤的温度，清除污物，还防止损伤进一步加深，减轻肿胀。

三包：皮肤烫伤面积较大的幼儿，可用消毒纱布或干净、柔软的布直接包扎后用最快的速度送医院。

3. 脱臼或骨折

脱臼又称关节脱位，因外力或其他原因，造成关节面失去正常的对合关系。幼儿的肩、肘、腕、手指均有可能产生脱臼。

当幼儿肢体改变形状，不能转动时，不能随意运动，会引起疼痛和发肿。脱臼时不能盲目乱动，自己拉装，而应该把受伤的肢体固定后迅速送医院治疗。

骨折是因强力冲击，使骨全部或部分断裂。骨折千万不能乱拖乱抱，以免伤势加重，应及时做好固定及其他急救工作。用夹板固定时，夹板和肢体之间要垫上棉花，固定的部位要超过关节固定，先要固定骨折的两个断端，然后固定上下两个关节，再用绷带或三角巾悬吊固定。

4. 鼻出血

幼儿鼻出血时，紧张或大哭、用力揉擦鼻子等都会加重出血。应将幼儿抱起取半卧位，大龄幼儿可采取直立或直坐位，但不要低头或采用后仰位。弄清楚哪侧鼻出血后，用消毒棉球蘸1%的麻黄素或0.5%的肾上腺素塞进出血侧鼻腔，再用手捏紧两侧鼻翼。让幼儿用口呼吸，几分钟后即可以止血。另外，还可以在幼儿额部和鼻梁部放冷毛巾或小冰块帮助止血。在冷敷额部和鼻梁的同时，将双脚浸泡在热水中，也有一定的止血效果。如用上述方法处理仍不能止血，应立即送医院查明出血原因并进行处理。出血后数小时或数日内，鼻黏膜尚未愈合，要避免剧烈运动。

5. 窒息

窒息就是呼吸困难，甚至呼吸停止。气管异物阻塞是窒息最常见的原因，如果不及时抢救，患儿常在几分钟内因缺氧导致死亡。当异物进入气管，将幼儿面朝下，放在急救者的前臂上，保持幼儿的头部低于身体，再将前臂支撑在大腿上方，同一只手支撑幼儿的头、颈及胸部，用另一只手拍击幼儿两肩胛骨之间的部位，迅速拍击5次，使其吐出异物。较大幼儿可以趴在大腿上，保持幼儿的头部低于胸部的姿势进行拍背，用力不可太猛太大，以免造成幼儿胸腹部损伤。借助振动，使异物滑入左右一侧支气管内，来缓解窒息，以便争取时间，迅速将幼儿送往医院。

溺水急救，需立即倒水，使溺水者头朝下，借助重力的作用，用手掌迅速连续击打其肩后背部，让其呼吸道畅通，并确保舌头不会向后堵住呼吸通道。打通呼吸道后，要立刻倾出呼吸道积水——抢救者一腿跪地，另一腿屈起，将溺水者俯卧于屈起的大腿上，使其头足下垂；然后颤动大腿或压溺水者背部，使呼吸道内积水倾出；或者让溺水者俯卧于抢救者肩部，使其头足下垂，当抢救者来回跑动时就可倾出其呼吸道内积水，注意千万不能让溺水者头朝上抱着。然后清除呼吸道（口、鼻）淤泥、污物、拉出舌头、使幼儿呼吸道通畅。立即进行人工呼吸，用一只手捏住其鼻孔，嘴对嘴轻缓吹气，注意溺水者胸部有没有隆起和回落，如果有，说明呼吸道畅通。尽可能快做6次呼吸，然后每分钟12次，直到其恢复正常呼吸。

触电急救。发生触电后立即使患儿脱离电源，越快越好，因为电流作用的时间越长，伤害越重。在脱离电源中，救护人员既要救人，也要注意保护自己。

附件一：

事故定级标准※

1. 一级事故

（1）伤口较深、出血较多、皮肤缝合3针以上（包括3针）并有损容貌者。

（2）闭合性骨折，无功能损伤或肌腱损伤者。

（3）烫伤、局部出现水泡，面积小于10%者。

（4）头部血肿大于4×4厘米者。

2. 二级事故

（1）烫伤为二度，面积大于10%以上者。

（2）异物造成幼儿视力损伤、鼻咽部损伤、气管异物者。

（3）食物中毒、药物中毒、发生火情、溺水、电击等，无论轻重均为二级事故。

（4）走失或关在室内被遗忘2小时者。

※ 南京市教育委员会《关于重申加强幼儿园安全工作的意见》，宁教幼（2000）7号文件。

3. 三级事故

（1）头部血肿伴有脑部损伤者。

（2）食物中毒10%以上人数，药物中毒、火情、溺水、电击等危及幼儿生命安全或致残疾者。

（3）走失、关闭、被车撞伤等情节严重者。

（4）骨折局部残废者。

附件二：

幼儿园安全事故登记表

园　名			
园长姓名		保健员姓名	
幼儿姓名		当事人	
日期、时间			
地　点			
主要情节			
处理意见			
家长意见			
备　注			

填表日期：　　　　填表人：

附件三：幼儿园小班健康教案

小手真干净

活动目标

1. 教会幼儿正确的洗手方法。

2. 养成幼儿饭前、便后、手脏时洗手的卫生习惯。

活动准备

1. 绘制《洗手步骤图》。

2. 在盥洗间墙上便于幼儿观察的位置张贴《洗手步骤图》。

活动过程

1. 组织幼儿户外活动，发现手的变化

（1）教师提问“请小朋友们伸出你的双手来，如果小手脏了怎么办？”（引导幼儿说出小手脏了应该怎么办。）

（2）教师提问“谁能说说我们应该怎样洗手？”（请个别幼儿讲讲，也可以让幼儿小组讨论后再回答，同时也培养了幼儿的语言表达能力。）

（3）教师小结，适时给幼儿鼓励。

2. 引导幼儿正确洗手

（1）教师拿出关于洗手步骤的图片，幼儿边看老师贴的图片，边听老师讲解：卷袖子——湿双手——搓泡沫——手心搓——手背搓——交叉搓——转指搓——相扣搓——流水冲——擦小手。

（2）教师将图片打乱，请幼儿按顺序将图片挂好（进一步巩固洗手方法）。

3. 教师总结正确的洗手顺序，并通过念儿歌帮助幼儿学习洗手

（1）教师根据实际情况将幼儿分成若干小组，告诉幼儿一组一组地跟老师进盥洗间学习洗手。

（2）教师边念儿歌边教幼儿正确的洗手方法。

（3）教师提问：“什么时候我们要洗手？”（启发幼儿说出：饭前、便后、手脏的时候要及时洗手。培养幼儿爱清洁，讲卫生的好习惯。）

（4）教师和幼儿一起边念儿歌边洗手。

4. 教师示范讲解用毛巾把手擦干的方法

洗完手后用自己的毛巾将一只小手的手心、手背擦干，再将另一只手的手心、手背擦干，最后放下卷起的衣袖。

5. 操作活动

实地练习洗手。

活动建议

1. 活动延伸

此活动可作为专门的活动开展，并让幼儿进行练习；也可以在午饭前、吃点心前的洗手活动时进行。

2. 家园共育

在日常生活中，家长要注意观察幼儿洗手的情况，提醒幼儿洗手和用正确的方法洗手。

洗手步骤图

1. 卷袖子

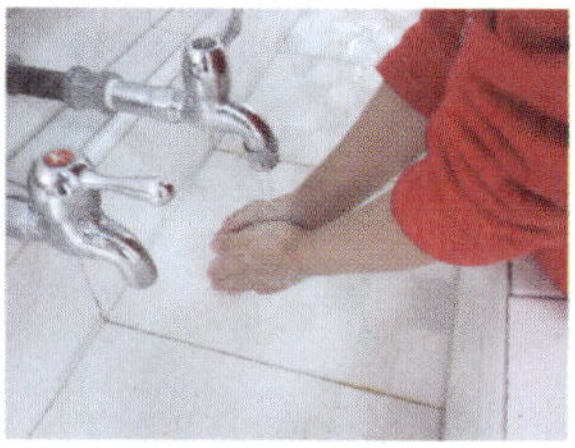

2. 湿双手

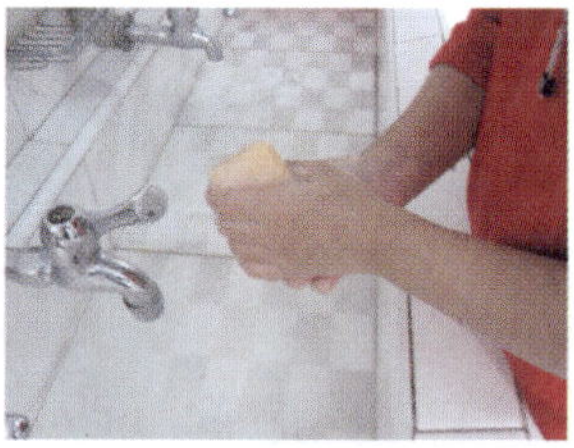

3. 搓泡沫

4. 手心搓

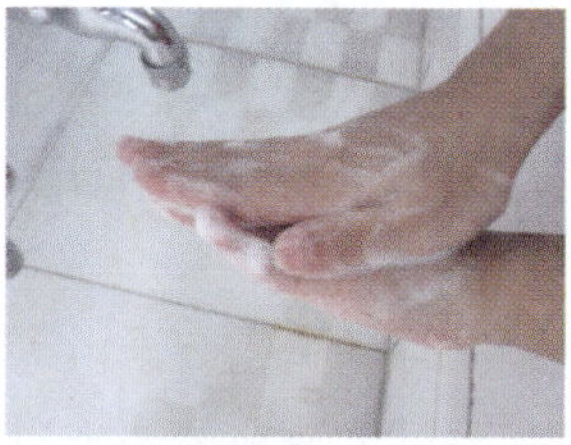

5. 手背搓

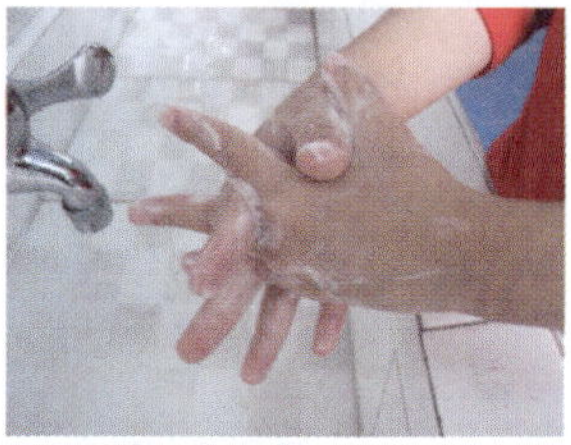

6. 交叉搓

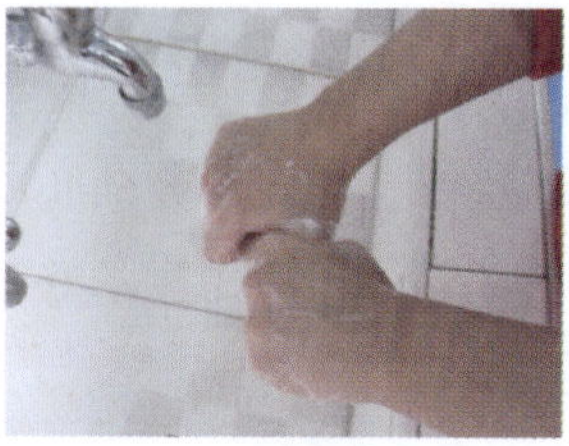

7. 转指搓

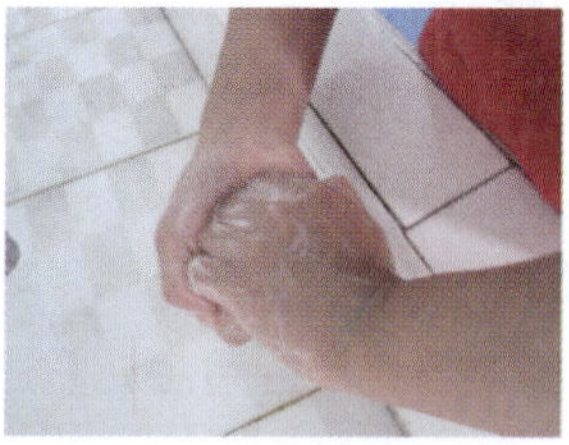

8. 相扣搓

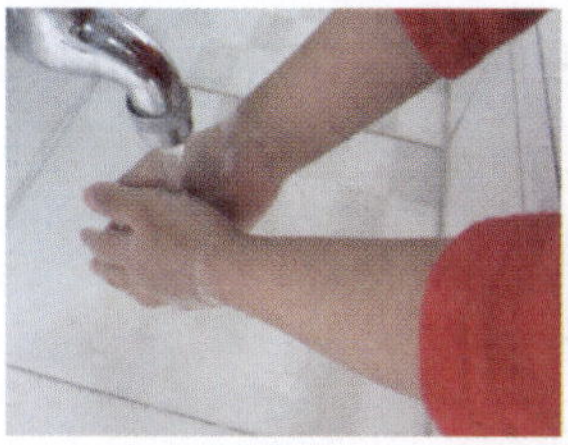

9．流水冲

10．擦小手

附件四：幼儿园中班健康教案

涩涩的眼睛

活动目标

1. 知道长时间看电视会危害眼睛，造成视力下降。

2. 学会关注自己的眼睛，愿意主动、积极地保护好眼睛，学习保护视力的方法。

活动准备

1. 事先和保健室取得联系，活动前给全班幼儿进行视力检查，并将幼儿的视力检查表制成统计表。

2. 图片2张（一张笑眯眯小朋友的图片、一张小男孩在揉眼睛的图片）。

活动过程

1. 出示图片，引导幼儿观察比较

教师：“这个小朋友叫萌萌，看一看，这两张图片上的萌萌有什么不一样？”

2. 听故事《涩涩的眼睛》

（1）教师讲故事：“有一个小朋友，他的名字叫萌萌，长着一双又圆又亮的大眼睛。可是萌萌有一个习惯，每天从幼儿园一回家就看电视、玩电脑，妈妈叫他吃饭，他总是说‘等会儿，等会儿，再等会儿’。天天这样，天天这样，结果有一天，萌萌觉得自己的眼睛有点涩涩的，墙上的照片也看不清楚了，用手使劲地揉眼睛还是看不清了。”

（2）讨论：萌萌眼睛为什么会不舒服呢？

（3）引导幼儿迁移生活经验。

教师："你经常看电视吗？看电视时间太长，眼睛会有什么感觉？"

教师："如果看电视，每次看多长时间最合适？"

（4）小结：电视是我们的好伙伴，但是看电视时间太长会伤眼睛，所以，小朋友每次看电视和玩电脑的时间不能太久。

3. 引导幼儿学习保护视力的方法

教师："除了不能长时间地看电视外，还有哪些方法能保护我们的眼睛？"（看书、画画的坐姿端正，不在强烈的光线下看书，不在昏暗的地方看书、不趴着绘画写字等等。）

活动建议

1. 活动延伸：在日常生活中，教师要关注幼儿的用眼卫生，注意提醒幼儿保护好眼睛。坚持每周给幼儿更换座位，防止近视。

2. 环境创设：在班级布置主题宣传栏，鼓励幼儿制作并张贴"保护眼睛"的系列宣传画，督促自己的行为。

3. 家园共育：家长要以身作则，在家中给幼儿起到榜样的作用，并提醒幼儿正确使用电脑。

附件五：幼儿园大班健康教案

换牙庆祝会

活动目标

1. 了解换牙是一种正常的生理现象，感受身体成长的喜悦。

2. 知道乳牙和恒牙的区别，学习用正确的方法保护新长出来的牙齿。

活动准备

1. 牛牛的2张照片：一张牙齿整齐，一张缺牙。

2. 乳牙、恒牙模型。

3. 排练好情景表演，主要情节是换牙的过程以及新牙的保护方法等。

活动过程

1. 观察2张照片

教师："咦，牛牛的牙齿怎么啦？发生什么事情了？"

2. 教师引导幼儿讨论，初步了解换牙的过程

（1）教师引导幼儿说说自己换牙的过程，幼儿自由发言。

（2）出示牙齿模型，幼儿观察情景表演，了解换牙的有关知识。

乳牙："大家好，我叫乳牙，是牙齿王国中的一员，大家在吃妈妈奶时长出的牙齿就是我——乳牙。我长得比较小，也不够坚硬。我和大家待在一起直到你们五六岁的时候，我就会开始松动，这时小朋友可千万不要摇晃我！我总是感觉有个小东西在把我往上顶，我越来越松动，最后掉下来。这时候你千万不要害怕，因为我的兄弟恒牙已经慢慢地长出来了。"（操作牙齿模型，慢慢抖动掉下来。然后，恒牙从牙床慢慢长出来。）

恒牙："大家好，我是恒牙，因为小朋友长大了，所以我才会长出来。我长得大大的，很坚硬。我要和小朋友待在一起很长时间，如果我掉了就再也不会长出牙齿了。所以，你们要好好保护我噢！"

（3）教师小结：乳牙很小，不够坚硬；恒牙较大，很坚硬，而且会伴随我们的一生。我们应当好好保护它。

3. 教师引导幼儿学习正确保护新牙的方法

（1）教师启发幼儿讨论：在恒牙长大的过程中，小朋友们应该如何保护它？

（2）教师组织幼儿继续看牙齿的情景表演，如教师操作"恒牙"的模型说："我在慢慢长大的时候，请小朋友千万不要用舌头去舔我、摇我，那样我会长得不整齐，长大以后会很难看，而且嚼食物不方便。有时候乳牙还没有完全掉呢，我就会很快从旁边长出来，这时候你应该让爸爸妈妈带你去医院把那颗快掉的乳牙拔掉，给我腾出好位置。"

活动建议

1. 活动延伸：在日常生活中教师和幼儿要主动关注牙齿的变化，发现变化时，幼儿能主动告诉教师，教师也能及时引导幼儿以一种平常的心态来对待，注意倾听幼儿此时的体验，让他们顺利度过这个阶段。

2. 环境创设：可以请换牙的幼儿把换下的牙齿（经过消毒处理）和牙齿模型放在班级健康角，供幼儿观察。同时，教师和幼儿一同制作乳牙和恒牙的牙齿模型，布置牙齿的场景，让幼儿扮演角色，表演换牙的过程。

3. 家园共育：在日常生活中，教师提醒家长发现幼儿有牙齿松动或牙齿出血的情况时，应帮助幼儿放松心情。并密切关注幼儿牙齿的变化，及时带幼儿到医院进行检查及拔牙。

第九章

幼儿园现代教育技术装备与使用

第一节　常规电教设备的配备、管理与使用

电视机、DVD机、多功能收录机等电教设备，可通过优美变幻的画面、悦耳的音乐、动听的解说，把一些抽象的内容转化为具体而生动的形象，用声、像、色、形等吸引幼儿。幼儿看到真切的画面，听到有声的示范，就会产生身临其境的感觉，激发起浓烈的兴趣和求知欲望。

一、电视机

（一）电视机的配备说明

当前的电视机按显像管分，有电子管彩电、液晶显示彩电、等离子彩电等，按屏幕显示比例分，有普屏（4∶3）、宽屏（16∶9）。现在有的电视机带有USB、VGA、HDMI接口，可以方便地外接U盘、机顶盒、摄像机、电脑等设备。

（二）电视机的基本运用

电视机在幼儿园班级中已是必不可少的设备之一，它不仅可以满足教师教育教学需要，也可以满足幼儿游戏生活需要，是师生共同的好助手。

1. 教学运用

现代的教学活动已不再是过去那种“老师说，孩子听；老师做，孩子看”的单一传授模式了。教师可以利用多种教具材料，采用多种方法手段，选择适宜的环境场景组织教学活动。电视机就是满足教师用电教手段，通过播放电视节目、录像片、多媒体课件或现场视频组织教学的必备设备之一。

电视机独立播放。

教学需要时可以选择需要的频道和内容，播放电视节目如“动物世界”、“七巧板”等儿童节目给幼儿观看；还有，如“重要新闻”、“特别

活动”、“重大事件”等，也可以组织幼儿观看，引导其关注社会、关心他人，获得更多有益信息。

电视机与视频投影机连接使用。

教学活动需要时，电视机可以与视频投影机连接，通过电视机展示作品或演示操作过程等，把幼儿不易观察到的细节或过程清晰地展现在他们面前，给幼儿提供必要的帮助和支持。

电视机与视频投影机连接使用

电视机与DVD机连接使用。

通常电视机与DVD机相连接，在活动需要时可通过操作DVD机，随时播放教学录像片供幼儿观看。由于操作简便，可以重复播放，供幼儿反复欣赏；也可以暂停画面，教师引导幼儿仔细观察画面；还可以倒放产生特殊效果，配合教学需要等。

电视机与DVD机连接使用

电视机与电脑连接使用。

电脑课件必须在电脑或多媒体上进行播放，但在没有多媒体的时候，或者电脑画面不能满足幼儿观看需要的时候，可以将电脑（手提电脑）与电视机连接，实现播放电脑课件的功能。将呈现在电脑屏幕上的课件内容，通过大屏幕的电视机呈现出来，让更多的幼儿观看，满足教学需要。

电视机与电脑连接使用

电视机与摄像机连接使用。

有些教学活动需要把孩子在活动中的表现及时拍摄下来，再回放给孩子们自己观察或欣赏。虽然摄像机具有回放功能，但摄像机的视屏较小，不能满足全班幼儿观看的需要。这就需要我们将摄像机与电视机连接，通过电视屏幕回放活动片段，且可反复播放，还可以实现摄像机上的快

电视机与摄像机连接使用

进、快倒等功能，配合教学需要使用。

2. 其他运用

幼儿园的活动丰富多彩，动静交替。餐前的故事会，周末的动画片欣赏，生日活动，游戏中的小影院等，电视机都可以发挥作用。如餐前故事会，既可以教师讲故事，也可以幼儿讲故事，还可以播放动画片给幼儿欣赏。周末下午，可以鼓励幼儿从家中带动画片光碟与全班幼儿分享。但无论是餐前还是周末的动画片播放，教师应严格把握时间，每周不超过3次，每次可在30分钟左右，注意保护好孩子的视力。

幼儿园给小朋友过集体生日时，可请一些家长播放孩子小时候的录像片段，让大家见证他们的成长，祝福他们的生日，为集体生日增加乐趣。

（三）电视机的管理

安装：电视机是班级里体积较大的一件电器设备，必须放置在安全稳固的台面上，高度以幼儿站立时的视平线为准（70厘米），电源插座高度不低于170厘米，或安装在幼儿不易接触到的隐蔽处，严防幼儿接触。

管理：电视机应由班级教师负责管理、使用。电视机不用时应关闭电源开关，拔掉电源插头，不应让电视机处在带电待机状态。这样，既节约用电，又不会发生意外。

电视机不用时应用软布盖好，既保护屏幕又减少灰尘落入。但在使用时应拿掉盖布，以免电视机工作时产生的热量不易散去，造成高温短路。

电视机长时间不用时（如放假），应取出遥控器中的电池，以免电池腐烂，损坏遥控器。电视机有灰尘时，应选用半干的软布，在不带电的状态下进行擦拭。

使用电视机时，应选择合适的音量、对比度、亮度和色彩度，确保幼儿的听力和视力不受过度刺激和影响。

电视机发生故障时，应对照说明书排除常见故障。如故障仍不能解决，不得随意擅自拆机，应请专业人员维修。

电视机应尽量避免与有磁性的物品接触，以免电视屏幕出现磁化现象，影响观看效果。如出现磁化现象，需请专业人员进行消磁后可继续使用。

二、DVD机

（一）DVD机的配备说明

DVD机也称为影碟机，是播放光盘中音频、视频信息的设备。普遍支持mp3、CD、VCD、SVCD等格式光盘播放，具备卡拉OK功能，有麦克风接口、USB接口，支持外接存储器的mpeg4、mp3、jpg等格式播放。

（二）DVD机的使用

DVD机必须与电视机或多媒体连接才能实现播放功能，因此DVD机总是与电视机组合摆放在同一组柜子中。DVD机是教师教学的好助手，也是幼儿认识世界的另一个窗口。

1. 播放所选内容

DVD机有一种可选择节目点播的功能，比如当你需要播放光盘中第5个节目时，可利用遥控器选择或直接在DVD机上选择，不必像用录像带一样事先倒好。如果在幼儿绘画过程中，为了营造一种氛围需要有背景音乐时，我们可以在光碟中选择需要的音乐，然后按重复播放键，就可以实现重复播放这一功能，非常简便，易于操作。

2. 定格特定画面

教学活动中经常需要定格正在播放的画面，组织幼儿仔细观察或教师加以介绍讲解，这就需要使用暂停键，实现这一目的。恢复播放时，只需再按一次暂停键即可。播放中可多次使用此项功能。

在讲故事活动中，教师经常会讲故事的前半部分，让幼儿猜故事的结尾，引发幼儿思考和进行逻辑推理。引用到看动画片时，也可以先播放前半部分，选择合适的段落停止，向幼儿提问，引发思考，猜想结果后，再接着播放后半部分，验证幼儿的猜想是否正确。为了保证连贯性，也需要使用暂停键，而不应选用停止键，否则不能实现连续播放的功能。

3. 快进快倒功能的利用

DVD机的快进快倒功能，可以为我们教育教学提供特殊的帮助，将所要播放的教学片制造出特殊的教学效果，实现教学目标。如“在一段城市的繁华道路上，人们驾驶着各种车辆或骑着自行车、电动车，或走在人行道上，匆匆赶往上班的路上”这一场景的教学片断，在播放时采用快进功能，就可以增加人群和车辆快速流动的效果，体现人们早上上班时的行色匆匆和道路上忙碌的景象。再如，当播放了一段片子后，为了让幼儿对刚才的情节再仔细观看一遍，老师可以用快倒的功能，将片子回到需要的段落，再重放一遍。快倒时，画面中出现了不同寻常的人物或动物 “倒行逆施”的行为，也可以达到一些特殊效果。

案例：大班语言活动教案

抬　驴

活动目标：

（1）欣赏寓言故事，能根据画面情节的发展线索，想象人物的对话。

（2）在欣赏和讨论交流中感受故事中蕴含的寓意：遇事要自己动脑筋做决定，不要总是听别人的。

（3）喜欢听寓言故事,能注意倾听并积极参与讨论。

活动准备：

（1）听过寓言故事，知道寓言故事的特点。

（2）故事图片一套，动画片《抬驴》。

活动过程：

1. 与幼儿简单谈谈有关毛驴的作用，引出寓言故事

教师出示毛驴图片，问：“它是谁？会帮我们做哪些事？”

教师引出故事《抬驴》。毛驴会帮我们做很多的事情，是我们的好朋友。可你听说过人抬驴的事吗？今天我们一起听一个《抬驴》的寓言故事。

2. 看故事图片，根据画面情节和发展线索，想象人物对话，并完整讲述故事内容

（1）出示第一张故事图片，引导幼儿观察画中人物。

教师：“这是故事的开头，故事里有谁？他们在干什么？”

（2）出示第5张故事图片，引导幼儿了解故事结尾，产生好奇。

教师：“这是故事的结尾，你看到了什么？为什么他们会抬着驴走呢？这中间发生了什么有趣的事情呢？”

（3）出示中间3幅故事图片，启发幼儿根据画面情节和发展线索，想象人物对话。

教师："为什么他们从牵着驴走变为抬着驴走呢？让我们仔细看一看，老爷爷、小孙子和毛驴的位置发生了什么变化。"

教师："为什么会发生这些变化呢？他们遇到了什么人？"

（4）教师连续讲述故事情节，省去人物对话，让幼儿去想象。

教师："他们遇到的这些人说了些什么呢？"

（5）师生共同连贯讲述《抬驴》故事。幼儿重点讲述人物对话。

3. 欣赏寓言故事动画片《抬驴》，进一步理解故事中蕴含的寓意

（1）欣赏寓言故事《抬驴》的动画片（用电脑或DVD与电视机连接，播放动画片《抬驴》）。

教师：（模仿老爷爷）"到底如何是好呀，我到底该听谁的呢？""小朋友你们说应该听谁的？"

（2）小结：我们在遇到事情的时候，应该自己多动脑筋，正确面对别人的意见，选择适合自己的方法，不能只听别人的，要有自己的想法。

（三）DVD机的管理

1. DVD机安装：DVD机一般安装在电视机柜的格子中或并排摆放在电视机旁并相互连接。DVD机较轻薄，不宜在表面摆放物品，也不宜将它放在电视机上，否则既不稳定也不美观。

2. DVD机管理：DVD机使用的是CD\VCD\DVD光盘，不可将其他异型光盘强行插入光驱，以免损坏内件。插入和弹出光盘时要随机器的工作步骤缓慢动作，不可强行鲁莽操作。

DVD机上不可摆放杂物，不能将水杯放置在上面，以免水溅入机器内造成短路。

停止播放光盘时，应选用停止键，不可选用暂停键，以免DVD机长时间处于待机状态，影响机器寿命。

DVD机使用的光盘应保持清洁，不得将有污物或有严重划痕的光盘放入机仓中，以免损伤机器或影响播放质量。光盘表面如发现污渍，可用干净的棉布蘸上专用清洁剂由光盘的中心向外边缘轻揉，切勿使用汽油、酒精等含有化学成分的溶剂，以免腐蚀光盘内部的精度。

三、多功能收录机

（一）多功能收录机的配备说明

幼儿园和班级通常配备的多功能收录机，具有播放磁带、CD，录音，复读，调频/调幅收音等功能。

（二）多功能收录机的运用

1. 教学运用

收录机是我们日常活动中使用频率较高的一种设备，特别是在各领域教学活动中用它播放故事、诗歌、散文，播放音乐、歌曲，播放事先录制好的幼儿或家长的声音等。有时还在教学现场录制声音，并随时播放，配合教学需要使用。在教学活动中使用收录机时，应注意控制好音量的大小，保护幼儿的听力。播放开始时，音量控制应由轻渐强；播放结束时，音量控制应由强到弱，再按下停止键，营造良好的艺术氛围。

多功能收录机不仅可以使用磁带播放，有的还可以使用CD光盘播放，必要时还可以选择广播电台的节目进行播放。

2. 游戏运用

在角色游戏中小朋友喜欢扮演各种人物、动物，进行舞台表演。在游戏过程中，录音机是必不可少的器材之一。它可以为幼儿播放表演音乐，让幼儿随音乐翩翩起舞；它可以播放故事，让幼儿根据故事情节表演人物动作；它可以播放歌曲伴奏音乐，让幼儿随音乐歌唱。

3. 日常生活运用

幼儿园一天的生活丰富多彩，动静交替，活动的过渡环节也很多。组织好各活动之间的过渡环节非常重要。它可以较好地稳定孩子的情绪，又可以较快地引导孩子进入下一个活动环节，减少不必要的等待。过渡环节的组织形式有很多，采用录音机播放音乐是较好的形式之一。如晨间锻炼时，老师播放一些背景音乐，增加活动气氛，当早操开始前的准备音乐响起时，就是提醒幼儿收拾锻炼器材，准备站队做操了。音乐既起到调节气氛的作用，又起到发出指令信号的作用。再如，在午睡起床时，老师播放轻柔的音乐（15~20分钟），既是提醒孩子们起床了，又给孩子们一个相对固定的时间，要求在音乐结束前穿好衣服。这里，音乐的信号作用非常显著。

（三）多功能收录机管理

1. 多功能收录机安装后第一次使用时，一定要先检查收录机的电源种类及电压，是否与使用时的电源、电压相符。交流电源一定要注意分清是110伏还是220伏；直流干电池或蓄电池应注意电压与正负极，以防烧坏机件或使机件失灵。

2. 多功能收录机须放在干燥洁净通风的地方,应避免阳光直射或接近火炉，应远离强磁场。

每次收听时间不要太长，特别是夏天高温季节，开机2~3小时后，应关闭30分钟后再使用。使用中如发现收录机外壳过热或发出特殊臭味，应马上关掉，等5分钟再开。尤其在炎热夏天或寒冷冬季，收录机受热、受冷、受潮都极易损坏或生锈。

收录机应避免磕碰、冲击。平时不用时可用布套罩住，防止灰尘侵入。不可将收录机放在易受风吹雨淋或阴暗潮湿处。收录机应经常通电，以驱除机内潮气。尤其是雷雨季、梅雨季或高温天气，每周至少要通电2~3次，借其自热除潮，不宜长期搁置不用。

使用收录机开关应适时，注意在5分钟之内，万万不要开了马上又关，这样易烧坏灯泡或其他机件；同时声音不易开得过大过响，防止损坏喇叭。禁止在按快进键之后立即按倒带键，两者的转换，应按停止键过渡。

用电池的收录机若不常用，应及时取出电池，以防电池坏了而腐蚀机件。用交流电源的，每次用完都要拔下电源插头，所有按键都要放至“0”位。

收录机应定期清洁磁头、压带轮和主导轴。对于磁头组件(录放头、抹音头、压带轮、驱动轴等），应每周清抹1次。可用棉签蘸少许乙醇或磁头清洁剂，从带窗伸进去擦拭。尽量不用价廉质次的磁带。对不常使用的录音磁带，定期用录音机快倒一次，防止粘连。

四、常规电教设备的管理

电视机、DVD、多功能收录机都是幼儿园班级常用的电教设备，使用频率较高。为了确保这些设备正常使用，降低损坏率，必须建立如下管理制度：

1. 规范设备管理，做到实物、账目、分类标签、资产编号统一。所有电教设备应科学分类，根据设备不同类型定橱定位，做到有序摆放并作好登记编号。每学年由分管领导组织有关人员将账物核对一次。

2. 所有班级电教设备要做到专人保管，电教设备只能用于教育教学活动，不得移作他用，非经领导同意，不得借出。

3. 严禁任何人使用电教设备接收、散布、录放谣言、小道消息或淫秽录音和录像。

4. 严格实行借用、归还、验收制度。开学初借用须办理借用手续，学期结束归还时由管理人员验收，并作好记录。如有丢失、损坏，由管理和借用人员负全责。

5. 电教人员必须加强业务学习，不断提高管理水平，经常检查所负责的电教设备，并作好保养工作。力争小修不出园，使设备性能处于良好状态。

6. 严格执行赔偿制度，因管理不善、私拆玩弄、擅自借用或用于非教育活动而致设备损坏丢失的，一律由借用人员按价赔偿。对于因不熟悉性能或操作不慎而致设备损坏，视情节轻重由管理人员负部分责任或全责。

7. 凡属正常报损设备，必须严格履行手续，经专业人员签定，并填报固定资产报损表，由园长审批，统一处理。

8. 加强对设备存放处的安全防范，每天下班前必须检查电源、防火、防盗状况。

9. 定期向园长汇报设备管理和使用情况，并根据教学需要请示补充必要设备。

第二节　交互式多媒体设备的配备、管理与使用

一、交互式多媒体设备的配备和操作

（一）交互式多媒体设备的简要介绍

交互式多媒体也称电子白板，是实现人机互动、教学演示的电子多媒体系统。白板能检测到电子笔书写的位置信息，并可将该信息传送给所连接的计算机，该位置信息与计算机的屏幕坐标整合在一起，通过投影机投射到白板上，这样就构成了一个完整的交互演示系统。交互式多媒体形象地把电脑屏幕放大了，还实现了白板屏幕上的触控操作，是现在比较先进的一种教学工具。

在传统教学中，我们使用幻灯机把做好的胶片投射到荧幕上，胶片上有老师写好的教案或者绘制的几何图形，放上一片就讲上一段。我们也使用投影机把做好的课件投射到屏幕上，像动画片一样播放，通过播放和暂停的控制来配合讲解，从而实现课堂教学的使用。如今，在现代化教室里，电子白板得到越来越多的应用，传统教学中的各种功能都可以实现，而且可以像触摸屏一样进行操作。

（二）交互式多媒体设备的配备

幼儿园配备的交互式电子多媒体一般由电磁感应式白板、投影机、电脑主机、扩音系统、无线键鼠、控制柜等组成。

❶ 控制柜
❷ 交互式电子白板
❸ 短焦距投影仪
❹ 摄像头
❺ 其他设备:音响+无线键盘+无线鼠标+无线耳麦

电子笔构造及按钮说明

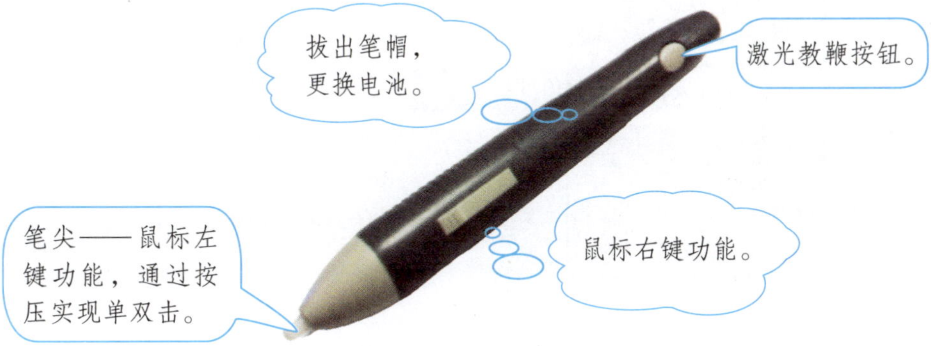
拔出笔帽，更换电池。
激光教鞭按钮。
笔尖——鼠标左键功能，通过按压实现单双击。
鼠标右键功能。

（三）交互式多媒体设备的基本操作

1. 开启步骤

（1）将控制柜里的电源依次打开；

（2）用遥控器打开投影机，直到投影机上红色指示灯变为绿色；

（3）开启电脑主机；

（4）电脑启动后，电子白板通讯软件（定位）默认为自动启动。在桌面右下角的托盘里有图标，打开此图标，选择定位，即进入到电子白板定位状态，如图：

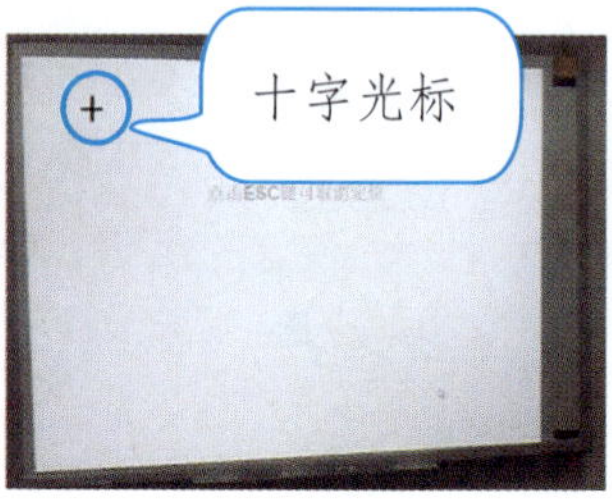

将电子笔的笔尖对准定位界面上的十字光标中心位置点击，并依次将陆续出现的共7个十字光标准确点击，即可完成定位。

（5）双击电脑桌面上“okboard

”图标，弹出如下对话框:

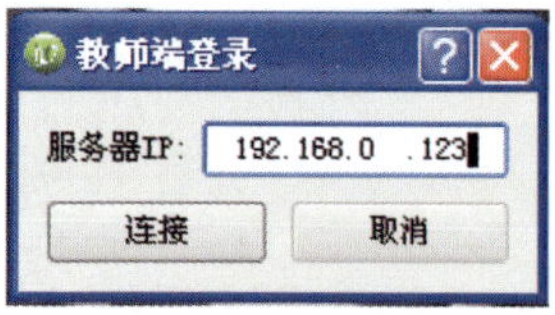

点击“取消”，进入白板软件。

（6）打开无线麦克风，开始使用。

2. 关闭步骤

（1）点击白板软件右上角的“”，弹出如下对话框：

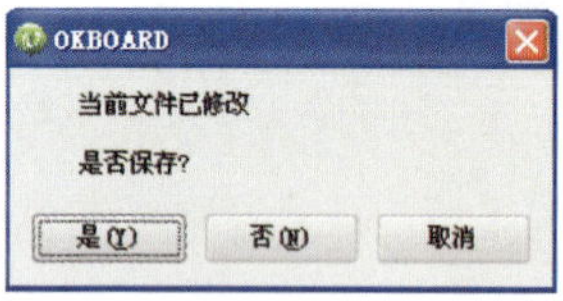

选择是否保存，退出白板软件；

（2）点击电脑“开始”菜单，关闭电脑；

（3）使用遥控器，按两次红色开关键，关闭投影机；

（4）关闭麦克风；

（5）依次关闭控制柜电源开关。

3. 软件界面及图标按钮说明

（1）操作界面展示

模　式	说　明	呈现图
鼠标模式	点击  图标进入鼠标模式，等同于计算机操作，电子笔完全代替鼠标，操作方便，简单易懂	
注解模式	点击  图标进入注解模式，可直接对计算机屏幕上的内容进行标注，并可新建页面进行书写和绘画	
白板模式	点击  图标进入白板模式，在白色背景下进行操作，方便调用图库资源，用户可自行定义管理背景颜色	

（2）图标功能使用说明

输入　点击“输入”图标 ，会出现以下几种输入功能：

	铅　笔	电子笔书写中获得铅笔轨迹的线条，电子笔抬起时结束输入
	毛　笔	电子笔书写中获得毛笔轨迹的线条，电子笔抬起时结束输入
	水彩笔	该模式下进行的操作可用于对重点部分的标记，电子笔书写中获得水彩笔轨迹的线条，电子笔抬起时结束，用户可自定义所使用的颜色透明度

	荧光笔	电子笔书写中获得荧光笔轨迹的线条，电子笔抬起时结束。调节界面的滚动条，可以对荧光笔颜色的透明度进行调节
	喷　涂	电子笔触及白板，即获得经过鼠标轨迹的喷涂区域，当在一个位置持续喷涂，会将当前位置喷洒成实心的圆形区域
	输入文字	当电子笔触及白板时会出现输入框，输入内容后再按下回车键确认输入，即可把输入的内容转化为标准字体

图形　点击“图形”图标，会出现以下几种绘图功能：

直线	直线	四边形	长方形
	带右箭头的直线		正方形
	左右都带箭头的直线		菱形
圆形	空心圆		梯形
	实心圆		空心四边形
三角形	直角三角形		实心四边形
	等边三角形	多边形	五边形
	等腰三角形		六边形
	普通三角形		自由多边形
	空心三角形		空心多边形
	实心三角形		实心多边形
标注	画出的直线有尺寸标注		画出的角度有角度标注

工具　点击“工具”图标，会出现以下几种工具功能：

	放大镜	放大选择区域内容，点击滚动条，放大倍数随之变化。或是点击按钮进行放大区域的大小设置	
	聚光灯	可对需要突出的内容做重点显示，屏幕的其他部分为暗光。聚光灯的大小以及背景色的明暗可以用两个滑动条分别调节	
	幕布		只可针对屏幕一个方向的内容进行遮蔽
			可对屏幕上下、左右的内容进行遮蔽
			可对屏幕的上下左右任一个区域进行遮蔽
			上下左右拖动按钮
	照相机		点击后可对整个当前界面进行拍照
			点击后，对需拍照的范围进行选定进行拍照
			拍照完成后进行图片的保存
	回放	对之前的操作进行回放，并可通过滑块对回放速度进行控制	
		停止	启动
		继续	暂停

公共菜单功能

	线条形状	可以选择所需绘制的线条形状
	线条粗细	可以选择所需绘制的线条粗细
	选择颜色	可以选择所需绘制的图形或字体颜色
	手写输入	可将手写体中文、英文、数字转换成标准体，同时可通过颜色、字体对文字进行设置 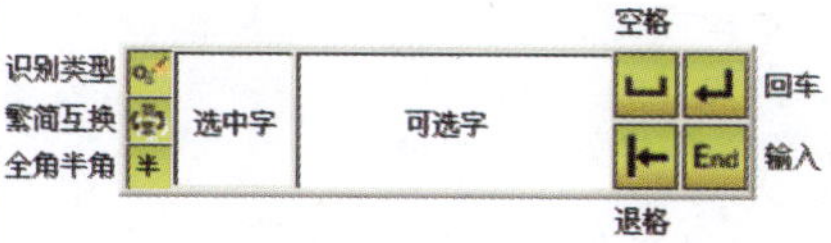

	橡皮擦	可随意擦除当前输入或图片
		可对所选定的区域文字进行删除
		针对某个对象进行删除
		对当前页所有内容进行删除
	屏幕移动	对正在操作的图片进行移动
		整个屏幕都可以移动
		使拖动的屏幕恢复到原来位置
	编　辑	点击编辑图标，可对选中的对象进行编辑，如旋转、克隆、复制、粘贴等操作
	撤　销	可撤销先前操作的一个或多个步骤
	恢　复	可对撤消的步骤进行恢复
	新建页	可重建新的页面；若当前页任何操作都未进行，点此键无效
	上一页	可显示到图库中保存的页面上一页的内容
	下一页	可显示到图库中保存的页面下一页的内容
	页面预览	对所有操作过的页面进行预览
	资源库	软件图库中提供教育图片资源，也可预览外部图片；音频avi.wav.mp3.wma.qxce.qxcf.swf.exe 等文件格式
	打印机	对当前页进行打印
	软键盘	出现软键盘界面，模拟键盘操作
	其　他	点击后即可打开已保存的.wb文件，若当前文件有修改，会弹出对话框提示，是否保存新建的进一步的操作
		可对文件进行保存，支持.wb文件
		点击后即可打开新的未命名文件，若当前文件有修改，会弹出对话框提示，是否保存新建的进一步的操作
		点击后出现钟表显示器
		点击后出现倒计时钟表

	背景色	白板模式下可对当前页背景色进行替换

二、交互式多媒体设备运用

（一）在班级活动中的运用

1. 绘制各种线条、图形和组合成不同图像

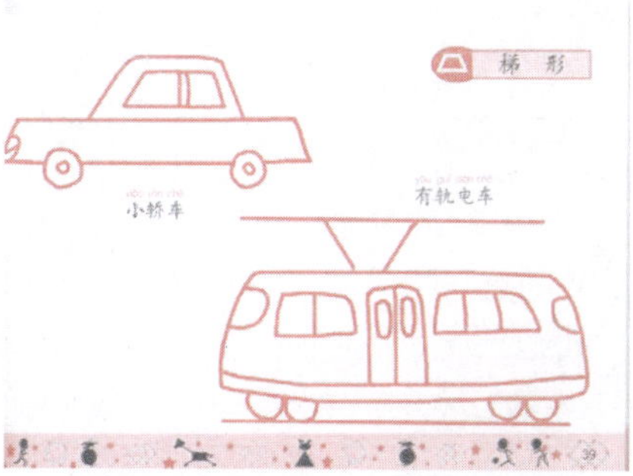

用梯形、圆形、直线、曲线等绘制汽车

2. 调用课件或外部资源（课件、音乐、动画、图片）开展教育活动

教师可以在平时积累各种不同的素材，如幼儿活动中的照片和录像，自然的景色和动物的声音等。

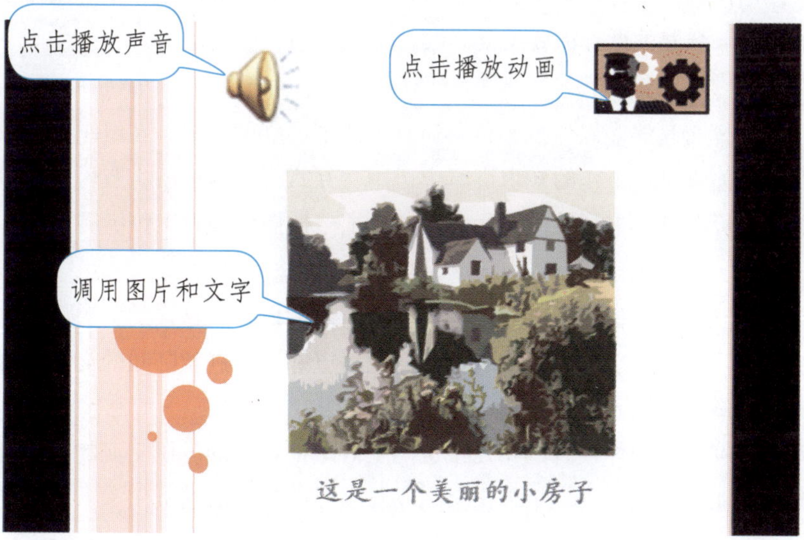

让幼儿亲手操作		将屏幕向下移动，让小朋友在伸手能够到的范围内用电磁笔画在屏幕图上的任意地方
放大特定区域		滑块调节放大倍数，放大镜面积也可调节。把小范围的图像放大，使幼儿能够细致观察到图像的细节，吸引幼儿兴趣
与幼儿问答互动		用屏幕遮挡功能，遮挡问题的答案，实现老师和幼儿的问答
用聚光灯突出重点区域		集中幼儿的观察注意力，使幼儿从较为复杂的画面中找到要关注的内容，老师可通过这种方式引导小朋友了解更多信息

（二）在教研与培训中的运用

1. 培训课件制作技巧

使用交互式多媒体设备介绍如何制作生动形象的幼儿课件：确定教学目标，是培养兴趣还是锻炼技巧——选取恰当的、生动直观的教学内容——设计创作脚本（即教案），摆脱传统模式和时间空间限制，精心制作每一页面——一个好的课件需要反复修改，精益求精。

2. 讲授保教知识

发挥交互式多媒体投影色彩逼真、清晰明亮的优势，在组织面向教师和保育员关于保教工作的知识讲座中运用交互式多媒体设备，既可由主讲人在电子白板上进行手写操作，又可通过电子白板播放保教工作优质资源。

3. 组织教研交流

交互式多媒体设备可以记录下老师所有的操作，这样的资源可以供大家观摩学习，有助于形成开放的教研文化，更好地促进教师间的交流和分享，也能积累一些优秀课例。

交互式多媒体设备的交互性也能更好地促进参加教研交流的老师充分发挥个人能力，把班级、年级、全园以及园际的教研活动推向深入，进一步提升保教工作的质量。

（三）教育资源的积累和交流

交互式多媒体还可以将教师的教学进程自动录制生成资源，实现优质教学资源的交流与共享。

教师可以通过优质教学资源的网络平台进行交流与共享，还可通过各种教研活动进行评比总结，优质资源可以通过网络传输、制作光盘等渠道和载体分享到每一所幼儿园。

案例：小班使用交互式多媒体设备教案

数学：影子里的秘密（匹配）

活动目标：

1. 根据事物的外轮廓特征，找出外形相同的事物并匹配；
2. 通过交互式多媒体设备，用两两比较的方法观察事物外形的局部特征；
3. 能积极参与游戏活动，情绪愉快。

活动准备：

1. 经验准备：玩过找影子的游戏，知道什么是影子；
2. 教具：交互式多媒体设备课件《影子里的秘密》；

学具：《找影子》操作材料3组：《它是谁》1组、《花儿朵朵》2组；黑水笔若干、抹布若干。

活动过程：

1. 出示《找影子》游戏，引起幼儿活动的兴趣

（1）经验迁移，幼儿自由讨论：影子是什么样的？

（2）出示课件《找影子》游戏，走进小猫的画室，请幼儿轮流在白板上操作，进行找影子游戏。

2. 引导幼儿学习观察物体的轮廓和细节特征进行匹配

（1）出示课件《它是谁》，引导幼儿观察小动物外轮廓的典型特征。

幼儿操作白板玩游戏。“它是谁？你是怎么看出来的？”

引导幼儿说出小动物的外形特征。

（2）出示课件《花儿朵朵》，引导幼儿观察花瓣和叶子的局部特征。

匹配影子和花朵。幼儿辨别，教师移动影子匹配花朵。

尝试将花朵和相应的影子进行连线。

3. 幼儿分组游戏，教师巡回指导

（1）出示不同难度的操作材料，请幼儿将物体和对应的影子连线。

（2）教师巡回指导，对有困难的幼儿，可通过选择合适难度的操作材料来完成。

重点：根据不同事物的外轮廓特征，与图片进行匹配。

难点：能根据相似事物的局部细微特征，与轮廓图进行匹配。

（3）活动小结。

4. 放松活动

和幼儿一同在操场上找影子、做游戏。

5. 活动延伸

（1）出示课件介绍其他找影子的游戏，并介绍两两辨别比较的方法。

（2）针对同一事物的细微特征差异，提供相关找影子游戏，供幼儿在数学课后去继续探索和提升。

案例：大班使用交互式多媒体设备教案

社会：我是怎么到幼儿园的

活动目标

1. 初步了解自己上幼儿园的路线，对了解自己幼儿园周围的环境有兴趣，尝试看地图。

2. 能清楚地在集体面前表述幼儿园附近的道路和标志物。

3. 为自己长大了而感到自豪。

活动准备

1. 幼儿对幼儿园周围的道路名称、代表性建筑等有所了解。

2. 每人1张幼儿园及周边环境地图。电子白板课件。

活动过程

1. 谈谈说说：我们的幼儿园在哪里

（1）由幼儿园的门牌号码引发谈话。

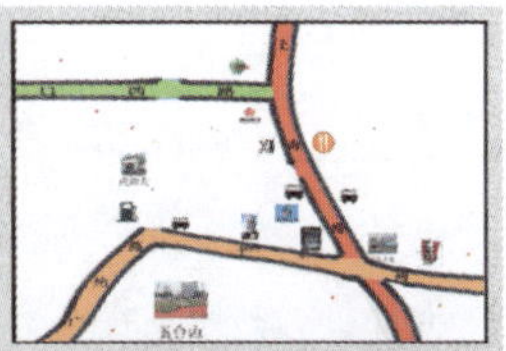

（2）引导幼儿围绕“我们幼儿园在哪里”，“我们是怎么来上幼儿园的”，“我们从家里到幼儿园会经过哪些地方”三个话题谈谈说说。

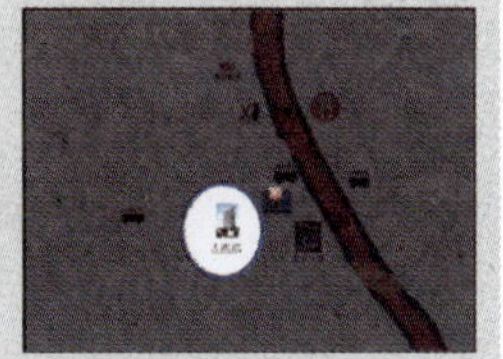

（3）教师根据幼儿的发言在白板上点出相应的图标。

2. 尝试看简单的地图

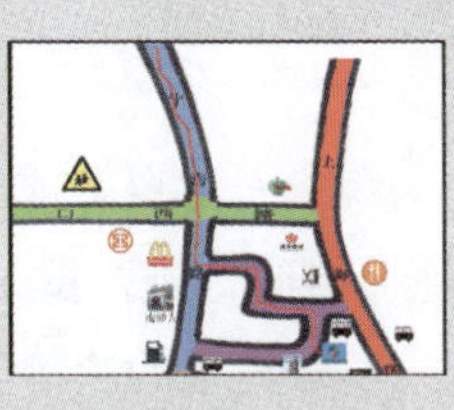

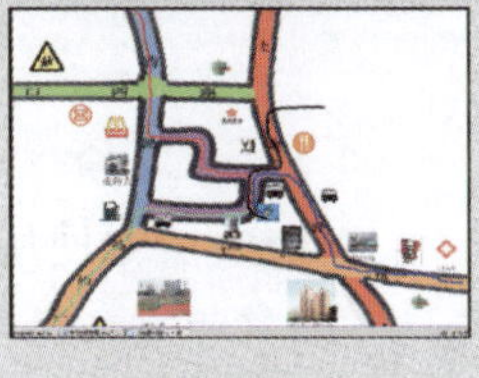

（1）完整出示幼儿园及周边环境的电子地图，引导幼儿学看地图。

（2）说一说幼儿园附近的道路名称和主要场所。

（3）教师按顺序说说自己来幼儿园经过的道路及路过的地方，引导幼儿观察地图，进一步理解地图上的方位。

（4）部分幼儿说说自己上幼儿园的路线和经过的地方，并尝试在电子地图上画出自己上幼儿园的路线图。

（5）幼儿在操作地图上画自己上幼儿园的路线图。

（6）交流分享：我上幼儿园的路线。

3. 讨论并小结

（1）我们大家住的地方不一样，到幼儿园的路线也不一样，真有趣。

（2）地图对我们有什么帮助呢？根据幼儿的发言出示城市交通图、公园游园线路图、中国地图，拓展幼儿经验。

（3）我们会看简单的地图，还能自己独立地画出了上幼儿园的路线图，真了不起。

活动延伸：

1. 根据幼儿的具体情况，尝试自己“独立”地上一次幼儿园（可以让其走一段路，家长跟在幼儿后面观察；也可让幼儿尝试带领家庭其他成员、朋友来参观幼儿园）。

2. 师幼共同设计“我上幼儿园”棋（可参照飞行棋的形式从四个大方向来上幼儿园）。

3. 后续活动：马路上的安全。

三、交互式多媒体设备的管理

交互式多媒体设备的维护及注意事项如下：

1. 板面切勿使用化学制剂直接擦拭，可使用拧干的洁净棉制湿布轻轻擦拭，但不要有液体流入白板边缘的边槽内，以防损坏电路；切勿使用尖锐的物体碰触板面，以防刮伤表面。

2. 电磁感应笔应由专人保管，并及时更换笔中电池，放置一段时间再次使用时，需先按压几次笔尖，后端的指示灯亮后方可使用。

3. 数据线：电子白板的USB连接线在不使用时请注意保管，特别是连接电脑端的一小段信号延长线，并且注意保护数据线的接口，以免幼儿踩踏导致变形而无法使用。

第三节 其他信息技术设备的配备、管理与使用

一、计算机

（一）计算机的配备和操作

1. 计算机的简要介绍和配备说明

不论何种计算机，它们都是由硬件和软件所组成，两者是不可分割的。人们把没有安装任何软件的计算机称为裸机。硬件也就是计算机系统中所使用的电子线路和物理设备，是看得见、摸得着的实体，如中央处理器（CPU）、存储器、外部设备（输入输出设备、I/O设备）及总线等。软件也就是对能使计算机硬件系统顺利和有效工作的程序集合的总称。程序总是要通过某种物理介质来存储和表示的，它们是硬盘、内存等，但软件并不是指这些物理介质，而是指那些看不见、摸不着的程序本身。可靠的计算机硬件如同一个人的强壮体魄，有效的软件如同一个人的聪颖思维。

计算机的软件系统可分为系统软件和应用软件两部分。系统软件负责对整个计算机系统资源的管理、调度、监视和服务。应用软件是指各个不同领域的用户为各自的需要而开发的各种应用程序。常用的计算机软件系统包括：①操作系统。它是系统软件的核心，负责对计算机系统内各种软、硬资源的管理、控制和监视，如Windows XP，Linux等。②实用程序。为增强计算机系统的服务功能而提供的各种程序，如Office办公软件、Photoshop做图软件等。

2. 计算机的基本操作

（1）开关机操作

开机：在电源及设备完全接好的前提下，先按下显示器的电源开关，电源指示灯亮后再按下主机上的电源开关。

关机：保证所有窗口都已正常关闭的前提下，用鼠标点击系统桌面左下角的“开始”按钮，点击“关闭”，点击“确定”。

（2）鼠标键盘操作

① 鼠标操作。鼠标上有左键和右键两个操作区域，有的鼠标中间还有滚轮。通常我们都是用右手来操作鼠标，手掌轻轻放在鼠标上，食指放在左键上，中指放在右键上。

食指在左键上按一下为单击，可以用来选中文件、文件夹或命令。

食指在左键上迅速按两下为双击，可以用来打开文件或文件夹。

中指在右键上按一下，可弹出快捷菜单。

② 键盘操作。键盘上的常用键包括：

Backspace	退格键，按一次该键，光标向前（左）退一格，如光标前有字符则会删除该字符。按住不放可连续退格（删除）
Caps Lock	大写锁定键，简称大写锁，按下该键，指示灯同时亮起，输入字符为大写；如需恢复小写输入状态，则再次按一下该键，指示灯即灭
Enter	回车键，用于选择某种结果或使电脑开始执行某项操作，起“确定”的作用。在打字时，不论光标在什么位置，按下该键后光标会移到下一行的行首，按住不放光标会连续向下移动
空格键	它是键盘上最长的一个键。按一下可在光标处输入一个空格，即光标向后（右）空一格。如按住不放，则连续空格
Esc	取消键，在某些操作中起取消或放弃的作用
Insert	在某些程序（如Word）里可用来设置字符的插入/改写状态
Delete	删除键，起删除的作用。打字时可删除光标后（右）边的字符，按一次删除一个字符，按住不放则会连续删除

（3）文件及文件夹操作

① 文件的复制。在目标文件上单击鼠标右键，选择“复制”→打开所要保存到的文件夹→单击鼠标右键，选择“粘贴”，这样就可以把一个文件（文件夹）复制到我们自己的文件夹中，而原来的位置仍然存在该文件（文件夹）。

② 文件的删除。单击鼠标左键选中目标文件→单击右键，打开快捷菜单并点击“删除”→提示“是否删除”→单击“确定”。

③ 文件的还原。打开“回收站” → 选中目标文件 → 单击鼠标右键，打开快捷菜单并点击“还原”。

④ 新建文件夹。由于电脑中的文件数目非常多，因此需要在电脑中创建“文件夹”，以便将文件分门别类地放入相应的文件夹中。在所要新建文件夹的地方的空白处单击鼠标右键 → “新建” → “文件夹” → 输入名称并按“回车”确定。

⑤ 把文件移动到文件夹中。方法是先剪切目标文件，然后在文件夹中进行粘贴。在目标文件上单击鼠标右键 → 在菜单中选择“剪切” → 打开所要保存到的文件夹 → 单击鼠标右键选择“粘贴”。

⑥ 将文件夹保存到U盘的方法是：

A、在目标文件上单击鼠标右键 → 在菜单中选择“复制” → 打开“我的电脑” → 打开U盘→单击鼠标右键 → 在菜单中选择“粘贴”；

B、在目标文件上单击鼠标右键 → 在菜单中选择“发送到U盘”。

注意：当计算机对U盘进行读写操作时，U盘的信号灯会不断闪烁，此时请不要随意拔出U盘，以避免丢失数据或损坏U盘。

（4）上网基本操作

① 上网浏览信息

浏览器是浏览互联网信息的必备工具，常见的有Internet Explorer，简称IE。双击桌面上的IE图标 ，就能打开浏览器窗口。在浏览器窗口的地址栏中输入要访问的网站网址再按回车键，就能打开目标网页了。

当网页打开后，可以用鼠标拖动右边或下边的滚动条，进行上下左右浏览；也可以在网页上的空白处单击鼠标，然后滚动鼠标中间的滚轮来浏览网页信息。

② 信息搜索操作

在电脑高度普及的今天，网络查找所需信息是最为及时和快速的渠道。搜索引擎是某些网站上提供的网站信息查询搜索程序，我们可以通过它来查找所需信息。常用的搜索引擎有谷歌、百度等。

③ 邮件收发操作

电子邮件（E-mail）比人工邮件速度快，可靠性高，而且它不像电话那样要求通信双方同时在场，可以一信多发，可以将文字、图像、语音等多媒体信息集成在一个邮件中传送。许多网站提供免费邮箱如新浪邮箱、163邮箱等。

3. 计算机的运用

（1）搜集业务信息，进行文字处理。

教师可以通过计算机上网，在网络中寻找需要的教学信息，通过下载或复制，运用到教学中。教师还可以运用计算机处理大量文本信息，如制订教学计划、写工作总结、撰写论文等等。还可以运用计算机中的文字处理软件，进行美术字的加工处理，并用打印机打印出来用于环境装饰。保健老师还可以运用幼儿营养计算和生长发育评价软件，对食谱进行营养分析，对幼儿的身高体重进行评价。

（2）进行多媒体播放。

计算机在班级教学中的运用越来越广泛，许多已开发出来的教学课件，通过计算机的播放，可以直接用于教学。由于直观形象，声形并茂，受到幼儿和老师的喜爱。有一些可操作的互动环节，更是教师的教学好帮手。

但由于计算机显示屏较小，不能满足全班幼儿观看，一般需要把计算机与电视机连接，通过电视屏幕播放多媒体课件，能收到较满意的效果。

（3）制作教学课件。

为了满足教育教学需要，教师可以自己利用计算机中的Office Power Point等软件（需要经过培训学习）制作课件，辅助教学。如音乐欣赏活动中，为了让幼儿在听的过程中对作品有更深入的理解，用计算机中的Office Power Point软件制作出表达音乐意境的画面，或连续变换的情境，帮助幼儿进一步理解音乐。再如科学活动中，为了让幼儿理解植物生长与阳光、空气和水的关系，我们可以制作一个拟人的动画片段，帮助幼儿形象地理解它们的关系。

（4）建立幼儿园网站，提供家园交流平台。

计算机具有强大的网络功能，建立幼儿园网站，提供家园交流平台，可以更好地促进家园互动，宣传自己，让社会了解幼儿园；宣传教育，与家长取得教育共识；接受监督，提高教育质量，实现家庭、社会、幼儿园共育的良好局面。因此幼儿园应聘请专业人员帮助建立幼儿园自己的网站，设立园况介绍、师资队伍、新闻播报、园长信箱、育儿论坛、保健之窗等栏目。

（5）资料存储。

如果班级中有数码相机，可以将数码相机拍摄的照片存入电脑中进行储存或处理。如教师用数码相机拍摄到的一些植物种子的照片，存入计算机中，教学需要时可随时播放给幼儿欣赏。

（6）游戏娱乐。

如果有适合中大班幼儿的电脑游戏，可以教会幼儿使用电脑的基本程序，并按游戏的提示操作计算机，玩一些有益的电脑游戏，有助于开发智力，锻炼手眼协调能力。但为了保护幼儿的视力，应严格控制游戏时间，一般不可超过30分钟。

4. 计算机的管理

（1）班级计算机在工作时间内，不可用于与工作无关的内容，更不可在集体活动时因为使用计算机分散幼儿注意力。

（2）计算机的接线插头较为复杂，应尽量避免将接线板暴露在幼儿可能接触到的地方，以免幼儿因好奇玩弄，发生触电危险。计算机不用时应关闭接线电源开关，节约用电。

（3）为保护计算机不受病毒侵害，必须安装正版杀毒软件。计算机在使用一段时间后会积累系统垃圾，需请专业人员进行清理，保证正常使用。

二、打印机

（一）打印机的配备和操作

1. 打印机的简要介绍和配备说明

打印机是计算机的输出设备之一，用于将计算机处理结果打印在相关介质上。衡量打印机好坏的指标有打印分辨率、打印速度等。打印机的种类很多，现在常用的有激光打印机和喷墨打印机，按成像颜色分，有黑白打印机和彩色打印机。

打印机

2. 打印机的基本操作（以惠普D2015打印机为例）

（1）连接USB电缆

将USB电缆一端插入打印机的USB接口，另一端插入计算机的USB接口中。

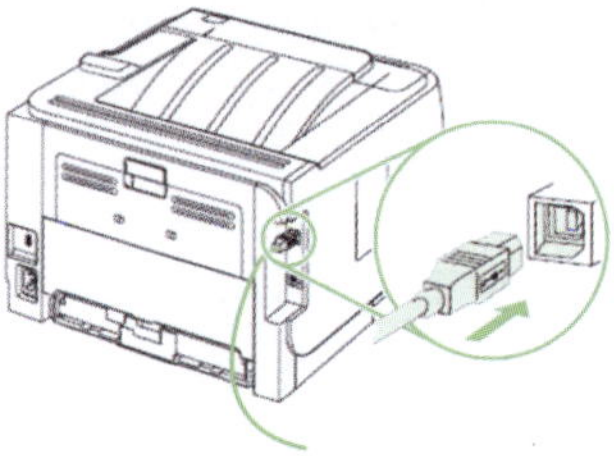

（2）装入纸张的方向

如果所用的纸张需要按特定方向打印，请根据下图中的说明装入纸张。

纸盘	单面打印	双面打印	信封打印
纸盘 1	面朝上 顶边先送入产品 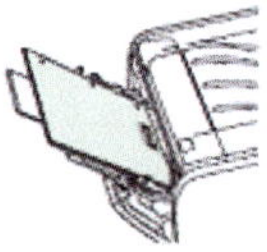	面朝上 顶边先送入产品 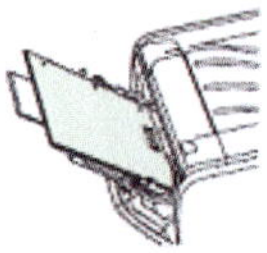	信封正面朝上 贴邮票的短边先送入产品 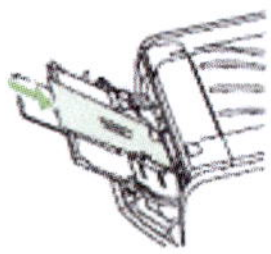
其它所有纸盘	面朝下 顶边位于纸盘前部 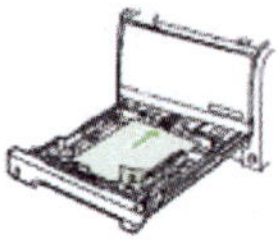	面朝下 顶边位于纸盘前部 	只使用纸盘 1 打印信封。

（3）打印常规操作

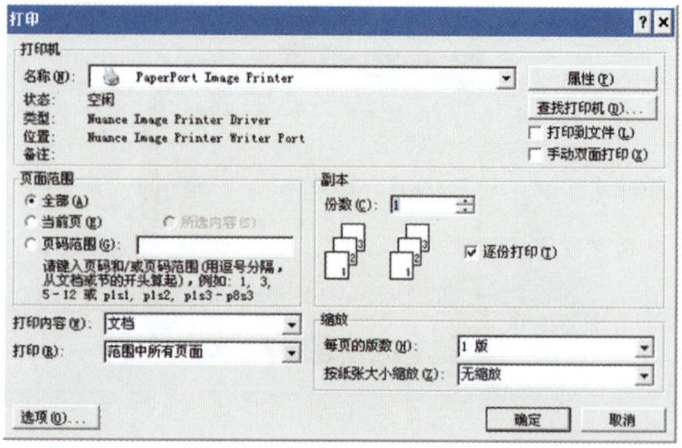

① 选择打印机。根据要使用的打印机，在“打印机”下拉菜单中选择。可点击“属性”按钮，进行打印机属性设置。

② 设定打印范围。默认为打印全部，可选择打印页面中光标所在的当前页，还可以选定任意的页码进行打印。

③ 设定打印份数。通过上下箭头或直接输入数字，设定打印文稿的份数，可勾选“逐份打印”。

④ 缩放打印尺寸。如有需要可以选择在一张纸上打印2版或更多版的文稿，还可缩放在其他尺寸的打印纸张上。

⑤ 按“确定”开始打印。

（4）取消打印作业

可以通过使用控制面板或软件程序来停止打印请求。

① 从控制面板停止当前打印作业——按下控制面板上的取消按钮⊗。

② 使用软件程序停止当前打印作业——依次单击开始和控制面板，然后单击打印机——在打印机列表中，双击本产品的名称以打开打印队列或后台处理程序——选择要取消的打印作业，然后按下 Delete 键。

（5）双面打印

打开打印机属性，然后单击“完成”选项卡，选中“双面打印”。

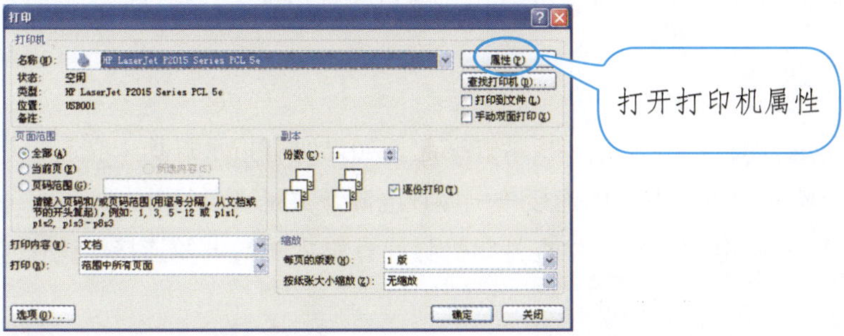

3. 打印机的故障处理

（1）卡纸处理

① 按下按钮以打开打印碳粉盒挡盖，然后取出打印碳粉盒；

② 如果能看到卡纸，请用双手抓住它，然后慢慢将其拉出打印机；

③ 重新装上打印碳粉盒，然后合上打印碳粉盒挡盖；

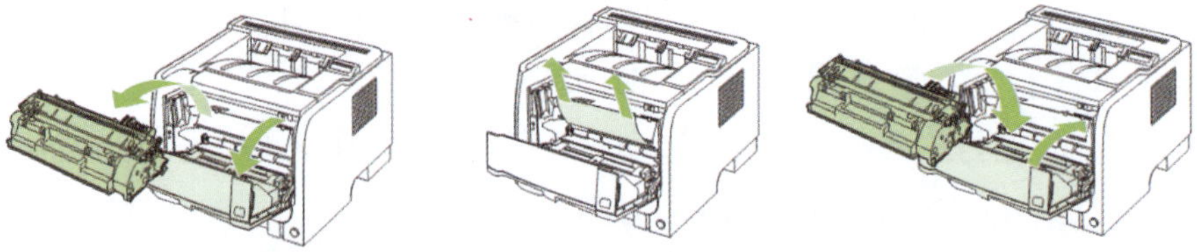

④ 如果打印碳粉盒挡盖内没有卡纸，请打开打印机后部的卡纸释放挡盖；

⑤ 如果能看到卡纸，请用双手抓住它，然后慢慢将其拉出；

⑥ 合上卡纸释放挡盖。

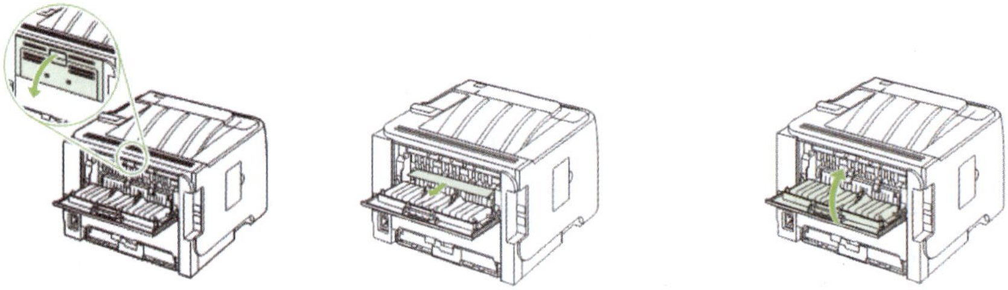

清除卡纸之前，先关闭打印机，拔下电源线。清除卡纸时，请小心操作，避免撕裂卡纸。如果一小片纸张遗留在打印机中，则可能会导致其他卡塞。

（2）常规检查

① 打印机的“就绪”指示灯亮起。如果所有指示灯均未亮起，请完成以下步骤：检查电源线的连接——检查电源开关是否已打开。

② 检查电缆线路。检查打印机与计算机之间的电缆连接，确保连接牢固。

③ 检查控制面板显示屏上是否显示任何消息。 如果出现任何错误消息，请参阅打印机使用手册的控制面板消息说明。

④ 单击计算机的开始——设置，然后单击打印机或打印机和传真。 双击打印机名称——检查是否已为打印机安装了打印机驱动程序。

（二）打印机的运用与管理

1. 办公资料打印

幼儿园打印机最常用的是打印办公资料，如计划、总结、教案、论文、报告、调查问卷等。各种需要上交的管理资料、需要存档的资料均需要打印出来，特别是资料需要量大时，打印机给我们带来了极大的方便。

2. 教学资料打印

打印机还可以帮助我们打印一些图片和美术字，用于教学和环境布置。当我们在网络上找到一些各地名胜古迹的照片时，用打印机打出图片，用于环境布置或教学，可以帮助丰富幼儿的经验。如我们利用计算机中的文字处理软件，制作出所需要的艺术字，然后用打印机打印出来，进行环境布置，也减轻了老师的负担，同时也可以取得较好的效果。

打印机打印的艺术字体

三、数码相机

（一）数码相机的配备和操作

1. 数码相机的简要介绍和配备说明

数码相机（英文简称DC），是一种集光学、机械、电子一体化的产品。数码相机与普通照相机在胶卷上记录图像的原理不同，数字相机利用电子传感器（CCD或者CMOS）把光学影像转换成电子数据。数码相机集成了影像信息的转换、存储和传输等部件，具有数字化存取模式、与电脑交互处理和实时拍摄等特点。光线通过镜头或者镜头组进入相机，通过成像元件转化为数字信号，数字信号通过影像运算芯片储存在存储设备中。常见的有单反相机，卡片相机，长焦相机等。不同类型的相机，在使用的专业性和方便性等方面各有所长。

2. 数码相机的基本操作（以爱国者F100数码相机为例）

（1）拍摄照片。打开相机电源——在LCD屏上选景——半按下快门，相机会自动对焦——完全按下快门，完成照片拍摄。

（2）录制录像。按下“场景”按钮找到“录像模式”——按下一次快门，开始录制——再次按下快门停止录制。

（3）数据导出。用相机自配的数据线连接上电脑的USB接口——相机的存储卡在“我的电脑”中显示为可移动磁盘——将该磁盘上的照片移动到电脑的文件夹中。

（4）浏览图像。按下“▶”按钮，最新拍摄的照片会显示出来——按下“向左”按钮，可以看上一张照片——按下“向右”按钮，可以看下一张照片——按下“确定”按钮，可以浏览录像。

（二）数码相机的运用

数码相机是我们工作的好帮手，它可以真实地记录我们工作的轨迹，记录幼儿成长的历程，是幼儿发展的“见证人”，是幼儿园变化的“记录者”。

1. 行政管理资料拍摄

幼儿园办园过程中，会经历各种各样大大小小的事件，如园庆活动、领导视察、评比验收、重要会议、获得表彰等。用数码相机记录下这些事件的过程，便于我们将这些资料采用图文并茂的方式保存到档案当中，也便于我们在一定范围内进行宣传，进一步扩大幼儿园的影响。

外出参观学习时，带上数码相机，记录下看到的有价值的内容，回园后让更多的同事分享，提高外出学习的效益。

2. 教学资料拍摄

幼儿园教学中也会经常使用到数码相机。如拍摄一些不同季节开放的花，在总结性谈话中，可以出示照片帮助幼儿回忆、总结；如拍摄一些幼儿园内各岗位工作人员的照片，贴在小班的环境里，在幼儿与各岗位老师直接见面、认识后，可以继续了解他们，熟悉他们，促使幼儿产生爱幼儿园的良好情绪体验；再如拍摄一些幼儿外出参观的照片，利用照片组织参观后的谈话，也会收到较好的效果。

3. 幼儿活动资料拍摄

幼儿在园内的活动丰富多彩，用相机捕捉精彩瞬间，不仅可以为幼儿建立成长档案，还可以通过幼儿活动拍摄，积累研究资料，开展教育研究工作，更好地提高教育质量。

为幼儿拍摄活动资料照片。幼儿在活动中的态度、情感以及能力都可以用相机拍摄下来。幼儿的优秀手工作品、建构作品或其他无法在纸张上表现的内容，都可以用相机拍摄下来，记录下幼儿的成长和变化。幼儿在与同伴交往中的表现是积极热情，还是消极退缩；是主动运用交往策略，还是乐意顺从别人，我们都可以用相机记录下来，再用文字记录下幼儿的当时表现，准确评价幼儿的发展现状。大量的照片资料还可为教育研究的开展提供有力的证据和帮助。

四、信息技术设备的管理

1. 专人管理。应安排一位热爱本职工作，努力钻研信息技术知识，熟悉各种设备性能的教师负责管理工作。

2. 信息技术设备应做好财产登记，登记册需两份，一份由幼儿园保管，一份由管理人员保管，做到物与账对应，设备损坏确无维修价值应及时履行报废手续。

3. 保持设施设备的清洁卫生，做到防尘、防火、防盗、防雷。

4. 对设备要进行定期检查、维护、保养，并有相关记录。设备出现问题或故障，应及时汇报及时解决。

5. 信息技术设备属幼儿园专用财产，只能用做教育教学活动，任何个人不得挪作私用或占为己有，严禁外借。因管理不当造成的丢失或损坏要追究有关人员责任。

6. 幼儿园要在每学期的经费预算中安排一定比例的经费用于设备的更新与维护。

7. 为充分发挥信息技术设备作用，必须做到每个教师都能使用信息技术设备，利用信息技术设备，提高教育教学质量。

附录一:

强化政府主导　促进农村幼儿教育均衡发展

——江苏省农村合格幼儿园建设工程概览

农村合格幼儿园建设工程是江苏省委省政府加强和改善民生的重要内容，是省委省政府在学习实践科学发展观活动中承诺为民办的10件实事之一。自2008年10月省政府在淮安召开工程实施推进会以来，经过各级党委和政府及其教育、财政等部门的共同努力，工程建设取得了巨大的成绩，在我省乃至全国产生了良好的效果和广泛的影响。两年来，农村合格幼儿园建设，省财政安排2亿元专项经费，调动地方政府及社会各方11.1亿元资金，扶持经济薄弱的苏北、苏中地区和黄茅老区56个县（市、区）的980所公办乡镇中心幼儿园建设合格幼儿园，共新增园舍面积68.5万平方米，新扩场地面积121.5万平方米，新建幼儿园187所，圆满完成了省委省政府交办的任务。农村合格幼儿园建设工程把农村幼儿园办成合格园，极大地改善了农村幼儿园的办学条件，使农村的幼儿得到有条件和质量保障的学前教育，使全省农村幼儿的受教育权利得到政府和社会的关心和保护，使幼儿教育的公益性、均衡性和教育性得到充分发挥。

一、江苏省农村合格幼儿园建设工程项目背景

近年来，党中央和国务院相继颁发了一系列发展幼儿教育的政策、法规和文件，教育部也下发了许多幼儿教育发展的规范性文件，进一步明确了幼儿教育改革发展的方针政策、目标要求和工作重点。党和国家的重要政策性、法规性文件有《面向21世纪教育振兴行动计划》、《中共中央、国务院关于深化教育改革全面实施素质教育的决定》、《国务院关于基础教育改革与发展的决定》、《国务院办公厅转发教育部等部门关于幼儿教育改革与发展指导意见的通知》、《幼儿园工作规程》、《幼儿园管理条例》和《幼儿园教育指导纲要》等。我省关于幼儿教育的指导性文件有《江苏省幼儿教育暂行条例》、《省委、省政府关于建设教育强省率先基本实现教育现代化的

决定》、《关于把幼儿教育纳入国民教育体系的意见》、《关于进一步加强农村幼儿教育工作的意见》、《江苏省幼儿园设置基本条件》等政策性文件。这些重要文件都把幼儿教育作为整个教育事业的基础，明确了幼儿教育的发展目标、发展方针、管理体制、重点领域和关键措施等，并从提高教育质量、加强师资队伍建设、加强法制建设和开展督导检查等方面提出了明确的工作要求，为江苏省幼教事业的科学发展、均衡发展、可持续发展指明了方向，提供了有力的政策保障。

在政策的推动下，近年来江苏省幼儿教育已经取得了较快发展，呈现了持续增长的良好态势。到2009年底，全省有幼儿园4100所，在园幼儿193.6万人，幼儿园在职教师11.2万人，其中在公办幼儿园任职教师74496人，在民办幼儿园任职教师37591人。全省幼儿教师学历达标率为98.1%，大专以上学历教师占64.4%。全省学前三年幼儿入园率达到95.6%，超过全国平均水平50个百分点，13个省辖市的学前三年幼儿入园率均已达到90%以上，全省已经基本普及了三年学前教育。城乡幼儿园布局合理，优质资源建设得到加强，整体办园水平比较高。

全省从2006年起规范幼儿园的评估项目，分省优质、市优质和合格园三个层次，分别由相应的省、市、县（市、区）教育行政部门负责评估。近三年多来，省已评估认定省优质幼儿园1618所，加上原有的省级示范园584所，总计占全省幼儿园数的51.8%，在优质幼儿园就读的幼儿人数已达到65%以上。江苏省通过教育现代化建设评估的62个县（市、区）有三分之二的幼儿园都是省优质幼儿园，较好地满足了人民群众对优质幼儿教育资源的需求。

在管理体制上，江苏省正努力实行政府负责、分级管理和有关部门分工负责的幼儿教育管理体制。农村幼儿教育实行“政府负责，县乡共管”的管理体制，有条件的地方也可逐步过渡到“政府负责，以县为主”的管理体制。省里明确提出每个乡镇须办好一所公办乡镇中心幼儿园，发挥好对全乡镇幼儿教育事业的示范、辐射和引领作用。乡镇人民政府承担发展农村幼儿教育的责任，负责筹措经费，改善办园条件。县以上人民政府负责制订区域内幼儿教育的规划、布局调整等。农村幼儿园布局可按照服务人口5000人左右设立一所幼儿园，逐步形成一个乡镇有一个中心园、下设若干个成型园和办班点的农村学前教育服务网络。

但是，当前我省的幼儿教育在投入体制、管理体制、准入机制和一系列相关制度等方面尚存缺陷，长期处于基础教育中最薄弱的一个部分，而农村幼儿园又是幼儿教育中最薄弱的一个环节。农村幼儿园条件不容乐观，生源太多，园舍陈旧，设施老化，办园条件逐年下降。有的幼儿园教室里采光不足，桌椅破旧、不配套，没有玩教具可供孩子使用；有的幼儿园规模超大，设施设备跟不上，管理也很难到位，存在一定安全隐患，也制约自身的发展提高。从总体上看，农村幼儿园的建设和发展水平还比较低，特别是苏北、苏中农村地区大部分公办幼儿园的办园条件相当薄弱，没有满足幼儿学习的园舍和场地，没有基本的保育和教育设备设施，严重影响着幼儿的身心健康发展，已经成为人民群众反应强烈的突出问题，迫切需要加快改善农村幼儿园的办园条件，切实提高幼儿教育的办园质量和水平。

二、农村合格幼儿园建设工程的实施

针对农村幼儿教育相对薄弱的实际，特别是苏北、苏中农村地区幼儿园的建设和发展水平偏低的现实状况，省教育厅成立了农村合格幼儿园建设领导小组办公室（简称“合格办”）专门解决农村乡镇中心幼儿园的建设与发展问题。省教育厅基础教育处、教育装备中心、省幼教与特教研究所以及合格办组成联合调查组，通过调研了解到，苏北和苏中农村幼儿园办园条件的总体情况不容乐观，尤其是苏北农村地区，办园条件难以满足保育和教育需求，乡镇中心幼儿园普遍缺乏标准的园舍、设施、外部活动的软质场地，室内外游戏和体育器材、卫生保健设备、教学生活设施、教玩具、音乐设备、图书资料等严重不足，适合幼儿的多媒体教学设备和软件十分匮乏。根据苏北、苏中地区农村幼儿园的现状，江苏省实施“农村合格幼儿园建设工程”，动员地方政府对农村幼儿园现有的园舍和场地等基础设施进行必要的更新和改造；省里拿出的资金提供各类最基本的保教设备（如教玩具、卫生保健及体育设施、课桌椅、电教设备等）。扶持1000所农村公办乡镇中心幼儿园首先建成合格幼儿园，对农村其他幼儿园的发展起示范、引领、辐射作用。

（一）准确定位建设工程实施的对象范围

为了把这个普惠民生的实事办好，合格办从调查研究入手，正确理解和准确判断幼儿园的实际需求，着力破解幼儿教育实践难题，向实践和基层问计。首先明确了农村合格幼儿园急待破解的核心问题。

一是要通过农村合格幼儿园建设，引导农村乡镇中心幼儿园积极参与到教育现代化建设中来。各地在创建教育现代化县（市、区）的过程中，对照“学前教育毛入园率达90%以上”、“幼儿园均建成省合格幼儿园，其中60%建成省优质幼儿园”的标准，都存在很大距离，幼儿教育成为制约教育现代化建设的重要瓶颈。如苏北教育大县涟水县，当时有幼儿园291所，其中成型幼儿园62所，成型园中合格幼儿园不足30%，全县没有一所省优质园。沭阳县有154所独立建制的幼儿园，其中乡镇中心园38所，只有一所省优质园，有20多所中心幼儿园尚未达到省合格园标准。苏北大多数地区情况与此相似。在情况较好的徐州市泉山区、淮安市清河区、宿迁市宿城区，优质园的比例也分别只有26%、35%和13%。因此，期望通过农村合格幼儿园的建设，大大提升幼儿园的整体办园条件，把教育现代化建设中的短板拉齐。

二是通过农村合格幼儿园建设，促进江苏省教育均衡协调发展。当前幼儿教育并没有真正纳入国民教育体系，还存在着投入体制、管理体制和一系列相关制度的缺陷，幼儿教育是我省整个教育的薄弱环节，而农村幼儿园又是幼儿教育中最薄弱的一环。苏北5市的县、镇农村幼儿园，多数规模小，班额大，硬件设施数年不曾投入，办园条件越来越差。调研组走进东海县的一所农村中心幼儿园，该园只有3个班，破旧教室中除了一块黑板再无其他教玩具，孩子一个抵着一个坐着，盯着黑板认字，没有一点点空间可以活动。涟水县城边有一所幼儿园，租用部队破旧营房当园舍，9个班共640名幼儿，只有一个共用的小旱厕；每班七八十名幼儿挤在黑暗破旧的教室上课、用餐，所有的桌椅都很破，无一玩教具可供孩子使用；有一间10平方左右的小屋竟是40多名幼儿的教室；尽管有的午睡室已是危房，仍有300多名幼儿在园午睡，一床4人。幼儿园反映：想来的人还有很多，因为这绝不是当地最差的幼儿园，实在招不下了才控制到这个份上。调研组所到之处无不呼吁：希望通过合格幼儿园建设，能够真正把幼儿园当成教育机构来对待，改善孩子和教师的生存条件，让幼小孩子的受教育权利一样得到政府和社会的关心，使幼儿教育的教育性、公益性和社会福利性得到充分发挥，让教育均衡发展在学前教育阶段得以真正实现！

三是通过合格幼儿园建设，为各级政府扶持和办好幼儿教育提供示范，引导地方政府切实履行举办幼儿教育职责。源于上世纪末的幼儿园改制，在有些地方出现了变卖和由个人租赁公办幼儿园的情况，一些县乡政府将幼儿园“卸包袱”，减少财政投入，不履行管理职责，幼儿教育发展遇到很大困难。很多合格的教师调离了幼儿园，临时代课教师成为幼儿园的主力军，其中至少1/3不合格。泰州市幼儿园教师中有80%以上是临时代课教师，涟水全县658名幼儿教师有536名为临时代课。长期以来，幼儿园办园主体多元化，政府财政对幼儿教育投入甚少，仅以办少量的公办园起一定的示范作用。公办园改制后，政府基本放弃对幼儿教育责任，给教育部门管理幼儿园带来很多困难。据涟水县不完全统计，全县有私人办园143所(个别乡镇私立园多达10多所)，取得办园资格的只有34所，大量非法举办的私办园低投入、低质量，造成无序竞争，严重制约着幼儿园健康发展。

基于此，本次农村合格园幼儿园建设工程首先把苏北、苏中经济薄弱地区的农村公办乡镇中心幼儿园（包括1999年区划调整时乡镇撤并前的原公办乡镇中心幼儿园）作为工程的实施对象，进而拓展到苏南茅山老区的有关县（市、区）；最后，实际上，全省有56个县（市、区）的980所公办乡镇中心幼儿园成为这次工程建设的帮扶对象。

（二）科学制订建设工程的实施标准

在深入调研的基础上，按照国家和省有关文件精神，省教育厅研究制订了《江苏省农村合格幼儿园办学条件基本要求（试行）》（苏教基〔2008〕37号）。《基本要求》是我省各类农村幼儿园建设的基本标准，也是每一所农村幼儿园都必须达到的基本办学条件要求。《基本要求》共10条，分别是①幼儿园必须设置在安全区域内，远离污染源。园内建筑和设施应与保育、教育相适应，符合国家安全、卫生标准。布局合理，道路平整，并创设绿化、美化、儿童化的活动环境；②幼儿人均占地不低于12平方米，人均园舍建筑面积不低于7平方米。园舍安全、坚固、实用，符合国家建筑设计规范和当地抗震设防要求；③有适应幼儿运动、游戏和活动需要的室外活动场地，其中软质和绿地面积不少于生均1平方米，并配有必要的大型玩具和体育活动设施；④有供幼儿集体活动的多功能专用教室，使用面积不少于90平方米，室内配有音响和音像设备，有条件的配备多媒体、钢琴等；⑤有符合卫生要求的保健室，使用面积不少于10平方米，消毒设施和保健器材配备齐全。有适合幼儿使用的水冲厕所；⑥有标准而符合卫生要求的厨房，为幼儿提供开水和副餐，有条件的要供应幼儿午餐。厨房应有当地卫生部门颁发的卫生许可证，从业人员应有健康证和上岗培训证；⑦每班有幼儿活动室，使用面积不少于50平方米；有条件的提供配套的寝室（两者合用的总面积原则上不少于90平方米）。活动室和寝室采光充足、通风良好，地面平整并防滑；⑧每班有适合幼儿身高的课桌椅、茶杯箱和消毒柜等，有保证幼儿游戏和教育活动需要的玩具，以及适合儿童阅读、观看的图书和音像资料；⑨每班有适应教学需要的、必备的教具和教育设备（电视机、DVD机、收录机、移动黑板、风琴或电子钢琴等），有条件的配备视频展示仪等；⑩园长、教师、保育员和保健员均具有国家规定的任职资格。专职教师每班配2人，保育员每班配0.8~1人。

教育厅要求各地教育部门和各幼儿园必须对照《基本要求》，科学制订本地区幼儿园改善办学条件的整体规划，加大投入力度，加快幼儿园建设步伐，力争到2010年把区域范围内的每一所农村幼儿园都办成合格幼儿园。各地在实施“农村合格幼儿园建设工程”中，要根据《基本要求》，积极改善农村公办幼儿园的办学条件。省帮扶地区要采取多种方式，努力筹措经费，加快对公办乡镇中心幼儿园园舍和场地的改造。在此基础上，省将为这些公办幼儿园免费配送保育和教育设备。通过共同努力，在2009年完成苏北、苏中地区1000所公办乡镇中心幼儿园合格园的建设任务。《基本要求》也是农村幼儿园注册登记和合格园创建评估的主要依据。各级教育行政部门要加强对农村幼儿园的指导和管理，特别是要督促社会力量举办者按照《基本要求》，积极改善民办幼儿园的办学条件，引导创建成为合格幼儿园。

同时，省里为确保工程质量和效益，按照《江苏省农村合格幼儿园办学条件基本要求（试行）》，制定了《江苏省农村合格幼儿园保教设备选配目录》（以下简称《目录》）。《目录》的制定遵循了以下原则：一是安全，要充分体现党和政府的关怀，尽最大可能让孩子更多受益，并确保幼儿的安全，尽量避免选择惊险、刺激、有危险的游戏、娱乐、体育用品和玩具；二是卫生，要针对农村幼儿的生活条件和习惯，尽可能提供有利于培养孩子良好的生活卫生习惯、养成健康生活方式的物品。所有选择的用具和玩具，也要符合卫生的要求；三是适用，符合幼儿年龄特点和保育教育要求，选择的玩具和教具，尽量充实班级活动室和户外活动场地，让教师和幼儿喜欢使用，并且便于操作和日常管理；四是现代，要考虑农村教师接受继续教育的局限性，提供操作简便的现代教育技术装备，有助于幼儿园开展互动多媒体教学，提高保教质量和水平，也便于优质教育资源送下乡。

此次保教设备配备分为基本配备和提高配备两个层次，其中基本配备分为园配和班配，而提高配备对于幼儿园来说更具有针对性和选择性。该设施设备配备标准的主要特点首先体现了科学指导。《目录》分保教设备基本配置和提高配置两个部分。既确保基本保教设备配备，又根据各地幼儿园的不同情况，提供高配的选择，满足不同需要。其次是引导广泛使用。《目录》又分幼儿园园配和班级活动室配备两个部分。侧重于班级活动室的设备配备，目的在于引导乡镇中心园老师和幼儿充分运用这些设备，开展幼儿园安全、卫生教育和进行运动、游戏、教学等各种基本活动。三是体现节约精神。提供的选配目录，有套餐式，也有自助餐。套餐式解决基本需求的满足，菜单式为提高服务。将两种菜单提供给幼儿园，让其根据本园实际情况进行选择，可以避免浪费。最后提高了服务要求。《目录》便于按园建立台账，满足幼儿园的实际需求；同时实行政府采购，省统一招标，降低成本，配送到县，设备安装到园，提高了服务水平。

（三）切实加强工程建设的实施管理

1. 科学制订规划

县级政府是实施农村合格幼儿园建设工程的责任主体，工程的实施由县统一规划，统一筹措资金，统一进行园舍和场地改造，统一质量管理。市负责复核工程规划，督查项目推进，组织项目验收。

2. 切实抓好建设管理

严格遵循基本建设程序，执行工程建设标准，尤其要认真落实国家和省的抗震设防标准。把好工程竣工验收备案关，是确保工程建设质量的重要环节。项目工程竣工之后投入使用之前，各县（市、区）要由县级教育部门会同建设部门对所有工程项目逐一进行验收，特别要重视检查工程的抗震设防要求，确保不留安全隐患。工程通过竣工验收后，应当及时到工程所在地建设行政主管部门办理备案手续，未经建设行政主管部门准予备案的工程不得投入使用。

3. 认真做好工程质量验收

各市、有关县（市、区）要严格对照验收标准，进行自查和验收。县级自查必须覆盖所有项目幼儿园的每一个建设项目，市级验收必须覆盖所有项目幼儿园，省级抽查中实地检查验收的项目幼儿园数量不少于该县（市、区）项目园总数的三分之一。以检查促建设、促完善，努力做到项项达标、园园合格。对经检查验收、所有项目园为“合格”或“基本合格”的县（市、区），可认定为通过验收，并给予奖励，省教育厅安排了4500万元奖励经费，对工程建设任务完成好、成效明显的县，如泗洪、邳州、如皋等，奖励经费达200万元左右。

4. 精心开展园长和教师培训

为巩固和扩大工程建设成果，省教育厅组织开展农村合格幼儿园建设工程项目幼儿园园长和教师培训。合格办精心组织全省理论与实践层面的幼教专家和特级教师集体研讨、认真编写相应培训教材，并于2010年3月进行了为期一个月的免费培训工作。在全省设立了连云港、宿迁、徐州、扬州4个培训点，共举办培训班28期，培训项目园园长、骨干教师、保健教师和装备教师近4000人次。

本次培训以发挥农村合格幼儿园建设工程省配保教设备育人功效、提高项目幼儿园保教水平为主线，以保教设备管理和使用的基本知识、基本技能为重点全面展开。通过高质量培训，切实提高省配保教设备的管理和使用水平，着力扩大工程建设的投入效益，促使参加培训的园长、教师树立先进的学前教育理念，增强相应的保教工作技能，充分发挥公办乡镇中心幼儿园对当地农村幼儿教育的示范、指导和辐射作用，全面提升我省农村幼儿园的保教质量和办园水平。

三、农村合格幼儿园建设工程的成效

（一）农村幼儿园办学条件显著改善

全省农村合格幼儿园建设工程，共有56个县（市、区）的980所公办乡镇中心幼儿园，基本完成了园舍和场地改造任务，共新增园舍建筑面积68.5万平方米，增加和扩大项目园场地121.5万平方米，其中绿地面积29.5万平方米，省财政安排2亿元为项目园配送的保教设备设施，配送到每一所项目幼儿园。工程的实施有效改善了农村幼儿园的办学条件，可惠及近25万名农村儿童。全省合格幼儿园建设工程总投入13.1亿元，地方各级政府用于项目园的园舍及基础设施建设改造投入11.1亿元，共新建公办乡镇中心幼儿园187所。

根据调查，在幼儿园占地面积建设方面，56个帮扶县中，邳州、清浦、启东、江都、丹徒5个县的占地面积新增幅度较大，均超过了100%，其中邳州的新增幅度最大，达到了608.84%，翻了6倍以上。

在幼儿园建筑面积建设方面，56个帮扶县中，宿豫、泗阳、邳州、兴化、新浦、灌南、清浦、洪泽、涟水、江都、丹徒、溧水12个县的建筑面积新增幅度较大，均超过了100%，其中邳州和江都的新增幅度较大，分别达到了525.70%和534.90%，翻了5倍以上。

在幼儿园绿化面积建设方面，56个帮扶县中，宿豫、泗阳、新沂、姜堰、泰兴、兴化、灌南、楚州、清浦、洪泽、盱眙、如东、通州、江都、仪征、丹徒、溧水17个县的绿化面积新增幅度较大，均超过了100%，其中清浦的新增幅度最大，达到了756.1%，翻了7倍以上。

在幼儿园户外场地面积建设方面，56个帮扶县中，泗阳、亭湖、阜宁、姜堰、兴化、新浦、灌南、楚州、清浦、涟水、启东、通州、丹徒、金坛、溧阳、溧水16个县的户外场地面积新增幅度较大，均超过了100%，其中楚州新增幅度达到851.78%，翻了8倍以上；还有个别县，如常州的溧阳和金坛，幼儿园户外场地面积基本是完全新增的。

（二）幼儿教育管理体制日趋完善

农村合格幼儿园建设工程提升了幼儿园房舍场地的建设、保教设备的配备，促使幼儿教师的归队、私立幼儿园的回收、幼教管理体制的理顺，每个乡镇办好一所公办乡镇中心幼儿园的政策基本落实。农村幼儿教育的管理体制得到进一步完善，在工程建设中，全省共回购改制幼儿园201所，大批幼儿教师实现了回流，幼儿教育的公益性明显增强，使得农村幼儿教育驶上了科学发展的快车道。

（三）农村幼儿教育发展取得突破

农村合格幼儿园建设工程促进了教育的均衡发展，有力改善了教育民生，成为了人民满意的工程。农村合格幼儿园建设工程的实施，进一步在全社会营造了重视幼儿教育的良好氛围，极大地改善了农村幼儿教育的办园条件，全省新建、改建的980所公办乡镇中心幼儿园，全部建成为合格幼儿园，根本扭转了农村幼儿教育的滞后局面。全省在园幼儿呈现大幅增长势头，比上年新增16万多人，学前三年入园率达到97%以上；项目园中有350多所已经或正在创建省优质幼儿园，快速提升了农村幼儿园的保育和教育水平，受到了广大农村师生和人民群众的普遍欢迎。

（四）工程建设的示范效益明显

省委、省政府实施的农村合格幼儿园建设工程，省财政安排专项经费用于幼儿教育发展，既是贯彻落实党的十七大精神的实际行动，更是给各级党委和政府起到了示范带动作用。工程实施以来，全省上下掀起了党委政府重视幼儿教育、财政支持幼儿教育的高潮，进一步在全社会营造了关心重视幼儿教育的良好氛围。无锡市政府启动实施了“村级薄弱幼儿园改造工程”，100所村级幼儿园的改造计划列入2009年市政府为民办实事项目；南京市也实施了“村级幼儿园建设扶持行动计划”；海门市、洪泽县、灌南县、盱眙县、东海县都相继出台了加强农村幼儿教育的政策措施，加大了政府的投入力度，促进了农村幼儿教育的快速健康发展。

四、农村合格幼儿园建设的思考和建议

从2008年起实施的“农村合格幼儿园建设工程”，动员基层政府对农村幼儿园现有的基础设施进行必要的更新和改造，省里拿出的资金对各类保教设备从最基本的配起（如卫生保健及体育设施、课桌椅、教玩具等），扶持1000所农村公办乡镇中心幼儿园首先建成合格幼儿园，对农村其他幼儿园的发展起示范作用。实施农村合格幼儿园建设工程，以公办乡镇中心幼儿园为重点，以配备必要的保教设备为主要方式，突出政府举办幼儿教育的职责；以公办乡镇中心幼儿园的合格园建设为示范和导向，积极改善幼儿园的办学条件，为我省率先基本实现幼儿教育现代化、均衡化打下了坚实的基础。

在合格幼儿园建设工程实施过程中，省教科院幼教与特教研究所对工程惠及的980所农村合格园的园长和教师分别做了问卷调查，收回有效问卷，园长406份、骨干教师440份。调查显示，46.79%的幼儿园达到省优质园标准，说明了有近一半的农村幼儿园在教育教学方面已经具备一定的水平，合格园工程在幼儿园的硬件方面给予的支持势必能促进这些幼儿园在办园水平上的质的飞跃。受调查的96.55%的园长学历达到大专及以上，整体素质水平较高。有86.84%的教师学历为大专及以上，其余均为中专或高中水平。教师普遍学历水平较高。另外，采取分别统计排序第一、第二和第三的各选项频次的方法，将每一位次频次最多的选项作为分析重点，调查结果显示，园长认为农村合格幼儿园建设工程项目最需要投放的设施设备中排在第一位的分别为电教设备和教玩具，骨干教师认为农村合格园建设工程项目所投放设施设备中最急需的是桌椅、床和教玩具。结果说明本次工程对于幼儿园设施的配备满足了农村幼儿园在硬件方面的燃眉之急，解决了农村幼儿园在办园条件方面的实际困难。

另外，有60.09%的受调查幼儿园参与指导与管理相应的村办园或办学点，其中45.6%的幼儿园指导1~2个办学点，26.37%的指导3~4个办学点，28.02%的指导5~6个办学点，甚至有的幼儿园指导26个办学点；大部分幼儿园指导的幼儿数量在100~500名左右，但也有一些幼儿园指导的幼儿数达到2000名以上，甚至达到4800名。这说明了农村合格园的辐射作用在农村幼儿教育中起着至关重要的作用。

但是，在调查中也发现农村合格幼儿园的发展在管理与师资队伍方面仍存在着一些问题。如在办园体制方面，部分幼儿园园长不是独立法人，不具有独立的民事行为能力，对于幼儿园管理不能独立承担民事责任。农村幼儿园的举办主体有乡镇政府，有小学，有私人；幼儿园有的是县乡共管，有的是乡镇管理，有的是小学管理，还存在个别幼儿园没有主管单位。这样造成了保教工作开展混乱、监督管理缺位，幼儿园法人地位不落实，以及个别幼儿园保教经费不落实。其次，教师收入水平低下和待遇不能得到保障，造成教师队伍的不稳定和农村幼儿园教师师资的老化和欠缺。再有班额数超标的问题，调查中有的班幼儿容量严重超出规定数量。幼儿班生数的严重超标说明农村教育资源的不足，尤其是优质教育资源的不足。

发展江苏农村幼儿园的几点建议：

（1）进一步强化政府举办幼儿教育责任，加大财政投入，加强农村幼儿园合格园建设的持续性，并推广到农村的村办幼儿园、集体办的幼儿园，开展专题专项的推进，体现对农村幼儿教育的倾向性，确保幼儿教育的公平性。

（2）各地政府可以根据地方收入水平制订相关配套政策，确保农村合格幼儿园的良性发展。制订幼儿园教师的最低工资标准（参照小学教师的标准），强制为幼儿教师办理各类保险。对于新毕业的大学生自愿去农村幼儿园工作的应给予一定的生活补助，在评聘职级方面给予一定的优惠。另一方面，适当提高成本收费，保障幼儿园与教师的基本发展。

（3）农村合格幼儿园建设工程完成后，要充分发挥工程建设的使用效益，贯彻落实《幼儿园教育工作纲要》，开展多种形式素质教育活动。同时发挥乡镇中心园的示范作用，将工程普惠范围延伸至村办园（点）。各地教育部门要加强对此次配备的设备的管理，确保设备使用的有效性。

（4）将农村幼儿教育发展纳入地方政府的政绩评估体系，同时加大优质幼儿园、合格幼儿园建设的评估和教育督查工作力度，以评促建，以督查促进步。

附录二:

江苏省农村合格幼儿园建设工程保教设备选配目录

一、基本保教设备

	类别	序号	品名	参考规格	单位	标配数量
园配	户外运动设施	1	大型体育运动器械	攀登、平衡、钻爬等功能器材各不少于1件	套	1
		2	小型体育运动器械	攀登网 200厘米×300厘米×150厘米 1架 平衡凳 395厘米×30厘米×18厘米 1套 钻圈 67厘米×63厘米×20厘米（8个/套） 1套 秋千 300厘米×110厘米×230厘米 1架 体操垫 60厘米×60厘米，折叠 8只 羊角球 Φ45厘米 8只 小皮球 Φ14厘米 80只 儿童篮球 3# 40只 儿童足球 3# 6只 球筐 2架 体操圈 Φ50厘米 80只	套	1
	保健室设备	3	儿童观察床	120厘米×65厘米×55厘米	个	1
		4	常用医疗器械及箱	体温计 1只 剪刀 1只 长方盘 20厘米×30厘米 1个 镊子 12、16、20、30厘米 1套 医用箱 1只	套	1
		5	臭氧消毒灯		具	1
		6	消毒柜		台	1
	多功能活动室设备	7	移动多媒体	含电脑、投影机、视频展台	台	1
		8	多功能收录机	播放CD/MP3、卡带调幅/调频收音	台	1
		9	打击乐器	小铃、圆舞板、铃鼓等25件	箱	3
		10	大积木	塑料	套	1
		11	清水积木		套	1
		12	翻转黑板	双面，900毫米×600毫米	块	1

	图书资料	13	教师用书		册	100
		14	教学图片资料		套	2
		15	教学音像资料		套	2
班配	保育设备	16	消毒柜		台	1
		17	紫外线消毒灯		具	1
		18	保温桶	20升	个	1
		19	茶杯箱		个	1
		20	茶杯		个	40
		21	毛巾架		个	1
	教育设备和教玩具	22	电子钢琴	81键	台	1
		23	电视机	29″	台	1
		24	DVD机		台	1
		25	多功能收录机	播放CD/MP3、卡带调幅/调频收音	台	1
		26	幼儿长方桌	120厘米×60厘米 小班　高49厘米 中班　高51厘米 大班　高53厘米	张	7
		27	幼儿靠背椅	小班　高27厘米 中班　高28厘米 大班　高30厘米	张	40
		28	多功能玩具柜	145厘米×35厘米×80厘米，6只	套	4
		29	幼儿图书		册	100
		30	图书架	100厘米×90厘米×45厘米	个	1
		31	金属黑板	900毫米×600毫米	套	1
		32	益智类玩具	数形玩具　1套 测量玩具　1套 智力玩具　1套 棋类　1套 牌类　1套	套	1
		33	建构类玩具	排列玩具　1套 接插玩具　1套 穿线玩具　1套 桌面积木　1套	套	1

		34	角色游戏类玩具	娃娃家　1套 医院　1套 超市　1套 理发店　1套 手偶　1套	套	1

二、提高配备

序号		品名	参考规格	单位	配置数量
园配	1	钢琴及附件	88键	架	1
	2	计算机	CPU主频1.8GHz，1G内存，120G硬盘，15″液晶	台	1
	3	打印机	单色，激光打印	台	1
	4	数码相机	500万像素数码相机	台	1
	5	三用儿童杠杆秤	最大秤量50公斤（分度值50克　）；身长器测量范围：（分度值0.5厘米）60厘米~160厘米；坐高：38厘米~100厘米	个	1
	6	视力灯箱	测量距离：2.5米；外形尺寸：69厘米×31厘米×10.5厘米	个	1
	7	洗衣机	全自动，3.6公斤	台	1
	8	消毒液发生器		台	1
	9	科学发现操作材料	声、光、磁演示操作材料，人体动物模型标本	套	1
	10	大型积木		套	1
	11	玩沙箱	含玩沙工具	套	1
	12	玩水箱	含玩水工具	套	1
班配	13	科学类玩具	动植物　1套 人体健康　1套 声、光、磁　1套	套	1
	14	幼儿小床	140厘米×58厘米×30厘米	张	40

参考文献

1. 教育部基础教育司组织编写.《幼儿园教育指导纲要（试行）》解读.江苏教育出版社，2002.

2. 周稽裘等编著.从理念到行为——《幼儿园教育指导纲要（试行）》行动指南.江苏少儿出版社，2003.

3. 顾荣芳著.学前儿童卫生学.江苏教育出版社，2009.

4. 黄欣欣主编.托幼机构卫生保健实用指南.江苏教育出版社，2010.

后　记

2008年，江苏省实施了农村合格幼儿园建设工程，为全省近千所农村幼儿园配送了体现科学办园理念，适应农村幼儿健康成长要求，符合幼儿园管理规范标准的保健、保育、教育、教学设备设施和幼儿操作材料。2010年，江苏省教科院幼教与特教研究所，依托江苏优质幼教资源，组织部分特级教师、名园长和学科带头人等骨干力量，就农村幼儿园设备设施配置及其使用与管理，进行了相关调研，并配合农村合格幼儿园建设工程，举办了关于设备使用与管理的专题培训。在这一过程中，我们深切感到，在农村幼儿教育蓬勃发展之际，广大农村幼儿园的管理者和教育工作者，迫切需要一本既符合现代教育观念，又切合农村实际的幼儿园设施设备配置标准和使用管理的指导书籍。因此，我们在培训教材的基础上，将相关体系结构进行重新构建、调整与修改，补充了更加符合农村幼儿园实际需求的内容，加强了对农村幼儿园教育教学和管理的针对性和指导性，强化了实践性和操作性，形成了现在这本《农村幼儿园设备配置与使用指南》，以期能对广大农村幼儿园园长与老师起到切实的帮助作用。

参加本书编写的专家有：南京市中华路幼儿园贾宗萍、南京应天学院教师教育学院季梅香（第一章）；南京市北京东路小学附属幼儿园吴绍萍（第二章）；南京市太平巷幼儿园邱梅蓉、匡莉、赵倩、汪丽（第三章）；南京市鼓楼幼儿园崔利玲（第四章）；南京市第三幼儿园周慧萍（第五章）；南京市第一幼儿园陈会菁、陆娴敏（第六章）；南京市实验幼儿园李琦（第七章）；南京市鼓楼幼儿园麦宁（第八章）；南京市实验幼儿园曲新陵、蒋炎、江苏省教育装备中心谭海波（第九章）；江苏省教科院幼教与特教研究所张晖、江苏省教育装备中心谭海波（附录）。此外，书中的教育活动案例由南京市实验幼儿园王戟、南京市鼓楼幼儿园曲敏、南京市第一幼儿园王莉莉等提供；尹坚勤和陈国强为全书统稿；江苏省教育厅倪道潜副厅长为本书作序，在此一并表示感谢。

江苏省教科院幼教与特教研究所

2012年6月6日